U0076406

# 慈濟人文志業

—— 法音宣流 大愛清流 ——

## TZU CHI
## Mission of Humanity

編 著 —— 慈濟傳播人文志業基金會

# 印證法源 廣行宗門

　　慈濟宗門本於一念慈悲濟世之心，五十五年來，超越宗教、種族、地域，撒播無量善種；在宇宙星河，則有一顆「慈濟」小行星，位於火星與木星間、距地球3億多公里，日夜繞行太陽。天上「慈濟」的星光，輝映著世間慈濟人的心光，心星相映，光光相照。

　　這顆「慈濟（Tzu Chi）」小行星，係 2007 年 5 月間鹿林天文台觀測時發現，中央大學為彰顯慈濟對世人之貢獻，命名「慈濟」行星。2010 年 7 月 26 日國際天文學聯合會命名正式通過，象徵以善、以愛為寶的「慈濟」躍上天際，代表無私、無所求的精神恆久傳遞。

　　為傳承慈濟宗門之廣行，各志業同仁發心編寫四大八印專書，蒐羅博采，揀擇核實，徵引大事紀，剖析大數據，匯編大歷史。《叢書》費時一年完成，以四大志業為綱，

八大法印為目；依各志業歷時性的發展為主軸，輔以共時性的學術論述，文理史論，交互輝映。各書以《無量義經偈頌》為標引，諸佛名號果德為指歸，啟發人人本具性德為路徑，誠正信實走入人群，慈悲喜捨濟度有情。

《慈濟慈善志業—洪注大乘　潤漬眾生》志承「如來」家業，如來者，乘如實之道，來成正等正覺。慈善志業以如法、如理、如是之道，成救苦、救難、救世之行。詳載難民援助、防災減災，行善半世紀，愛灑百餘國之紀錄。

《慈濟醫療志業—救處護處　大依止處》效法「大醫王」胸懷，創設全臺七家醫院，在缺乏資金、人力、土地，艱困籌建後，造福偏鄉原鄉；國際慈濟人醫會全球醫療援助，及析論臺灣醫療之永續發展。

《慈濟教育志業—曉了分別　性相真實》學習「天人師」之德行，興辦慈濟大學、慈濟科技大學、慈大附中、臺南慈濟中學四校，培育典範良師，作育人間英才，推廣國際教育、社會教育，援建海內外學校，闡述慈濟教師聯誼會與靜思語對教學之助益。

《慈濟人文志業—大愛清流　法音宣流》本乎「正遍知」之使命，宣揚正知、正念、正行，以期達到正確而普遍了知。回溯慈濟月刊、大愛廣播、大愛電視台、經典雜誌、人文真善美志工創立緣起，報真導正，傳播人間美善。

　　《慈濟急難賑災—無量大悲　救苦眾生》依止「明行足」之德行，結合智慧與實踐，圓滿而具足。在全球災禍連連之際，慈濟人研發救苦救難之科技設備，直接、重點、及時、務實、關懷五大洲、119個國家地區之歷程。

　　《慈濟社區志工—布善種子　遍功德田》立「調御丈夫」之志，各區志工以大丈夫之氣度，調伏煩惱，發揮功能與良能，全人、全家、全面、全程，就近就地，長期守護社區，成為安定社會的磐石。

　　《慈濟大捨捐贈—頭目髓腦　悉施於人》體現「善逝」之精神，亦即善巧教化，不執著、無分別，捨身度人。無語良師盡形壽獻身命於大體解剖學、模擬手術教學和病理解剖，貢獻醫學教育，培育良醫。骨髓捐贈則為救人一命，無損己身之例證。

《慈濟環境保護——扇解脫風　除世熱惱》尋求「世間解」之精髓，通達理解世間之事理，尋求解決環境之沈痾。面對氣候變遷、地球暖化，慈濟推行環保三十年，從回收品研發綠色產品，在生活中減塑、素食到身心環保。

　　總括八冊專書以「事」契「理」，修習理事圓融。以「行」入「解」，深明解行相應。以「悲」啟「智」，體悟悲智雙運。從「做中學，學中覺，覺後修。」實踐慈濟「行經」之宗風——行菩薩道，經真實路，尋根溯本，印證法源。

　　《無量義經》云：「譬如從一種子生百千萬，百千萬中，一一復生百千萬數，如是展轉乃至無量。」一生無量的慈濟人，秉承佛心師志，為佛教、為眾生，聞聲救苦，慈心悲願之文史得以付梓，感恩四大志業，合心編纂印證叢書，記載志業發展歷程，撰述全球援助事例，匯集人間美善行誼，見證宗門無邊大愛、無量善行。

釋證嚴

# 目　錄

卷首

# 「人文世」旅程的歷史新起點

「人類世」是人類演化活動的殘留足跡，「人文世」是生命轉識成智的精進旅程。

從「人類世」進化到「人文世」可能是我們唯一的救贖，人類未來最終的答案。

2019 跨越 2020 年，經過一場大瘟疫 COVID-19 衝擊之後，全球正走在巨大變化的發展分水嶺。不論官方或民間都苦思脫困與超越的可能策略，卻很難有所作為。其中最巨大的困境是，大多數的人把重點放在經濟重新出發，沒有意識到人文價值在此時此刻的重要性。特別是在總體成長的討論中，福祉的追求，沒有成為真正的國家目標，不論政府、財團，都是「利己主義」當頭，卻忽略了以眾生幸福為導向的「利他主義」，更遑論著手行動。

人類曾經在西元 1347 年，因戰亂而致黑死病大瘟疫

肆虐達半世紀之久，可是大災難之後，卻有人文主義的大興盛，造就了西元 1400 年之後，兩百年的文藝復興，大大影響了隨後的四百年。

人類在此「後瘟疫時代」，能否有再一次的「新文藝復興」？乃然取決於人文精神是否能夠「振興」。

從一個案例來省思，在新科技推動與數位轉型過程中，「智慧城市（Smart city）」計畫，成了全球爭相投資的目標。然卻都只著重經濟建設的硬體設施，缺乏人文價值的帶領。將人類生活智慧化，固然是一不可逆的世界潮流。但要探討的是，「智慧城市」不應只強調網路、設備、系統建制，更應該強調如何提升人與人之間的人文之美。

既然聲稱「智慧」，就更應該透過科技，將人文結合，以增進眾生的幸福感。聚焦在人文、生命、心靈，把社群融合、族群融合也容納進去，綜合成廣義的幸福指數。我們所講的幸福，是能力、是態度、是作為，不單單只是物質感受。

從實踐角度來看，要讓幸福成為力量，讓幸福進入生命、生存、生計、生活，這是超越「人類世」單純的演化

殘跡過程，是生命更加精進轉識成智「人文世」旅程的歷史新起點。

自己的自由與別人的自由之間要如何取得平衡？哪些傳統價值得保存？哪些應該現代化？本土化與全球化，如何取得平衡？環保與經濟發展，是否必然對立？必然衝突？未來涉及到全球公共衛生問題，有沒有更同舟共濟的互助機制？宗教自由的國際合作與以慈悲為核心的互動，淨化人心、祥和社會的「大愛」人際關係，是否可能成為人文世的關鍵行動？

臺灣官方民間的新南向政策正積極開展，重點也都是經貿主題，然而，從慈濟過去多年的扶助經驗了解，東南亞各國在心靈改革方面更有需求。也就是新南向，更應該有人文主義的積極參與。更精確地說，在策略聯盟「經濟共榮」的思維框架下，「心靈共好」恐怕才是真實的「正道」。

這是一個最有時間臨近感的實例——

2020 年 11 月初，菲律賓接連受到天鵝與梵高颱風重創，災民景況堪憐。菲律賓在地的慈濟志工隨即展開一連

串的勘災與援助，先推出高額工資的以工代賑，以扶助代替賑濟，協力重整家園。

進入 12 月，耶誕節即將來臨，菲律賓慈濟志工展開第二波的關懷行動：發放賑災的祝福金。無奈僧多粥少，募得的資源顯然不夠現實所需。

慈濟菲律賓分會副執行長蔡青山：

「風災發生後，還是有很多家庭沒有得到幫助，慈濟的善款涓滴來之不易，實在沒辦法擴及到所有的人，這時候該怎麼辦呢？」

慈濟志工的詳細說明，細膩闡述大愛的真諦，許多已領到善款的人家，都自動無私地挪出一部分善款投入竹筒；當地災民還自發性地，在實體的社區街巷以及社群的臉書上分別呼籲、號召募款。短短幾天之內統籌起來，竟然募得一百多萬菲幣，如此，又有 640 戶原本不具受助資格的家庭得到幫助得以迎接平安夜。

好多人有感而發：真的有耶誕老人來敲門。

即使在最無助的時候，仍有心力顯揚並實踐耶誕的精神：傳愛、分享、共好。

首先，菲律賓慈濟志工看見了人世間有一樣比金錢援助更可貴的資產，那就是人與人的互助與大愛；經由無私的引領和啟迪，世人才有機會共同見證：只要有心，人人都有機會成為幫助者。

　　《孟子》的〈梁惠王篇〉有所謂：「王何必曰利？亦有仁義而已矣。」哲人所揭櫫的仁義，似應是共好的必要手段，終極目標仍在於人文得以實踐的價值。

　　印順導師精研佛法，總結：佛在人間。佛法就是要解決此時、此地、此人的人生問題。用具體可行的方案，引導人人離苦得樂。以人而言，心靈之苦，來自不能知足。以「時」而言，這是一個物欲橫流、價值觀錯亂的時代。以「地」而言，臺灣固為寶島，如今面臨人為破壞，極端氣候衝擊的國土危脆危機。印順導師：「淨心第一，利他為上。」悲智雙運，強調智慧、利他、友善、成熟的菩薩道。慈濟是以宗教為核心的慈善團體，要透過人與人之間的互相協助，集合眾人之力，慈悲與智慧兼具的生活方式，在利他中安定社會，實踐有志者的生命價值，創造共善的生活環境。

「人文世」的核心價值是不反對經濟發展，也不反對開發，但不能過度開發傷害環境。不僅共知、共識、共行；還要共省、共覺、共享。「人文世」的核心價值就是人道主義，不唯物，也不唯心，因為菩薩道在人間實踐必須面對現實，提出可行的方法，並且聯結理念相同的國內外社團，以人為本開始，推己及人，最後推己及物，讓土地、環境、河川都要有幸福感，倡議知福、惜福、再造福，知恩、感恩，種好因、造好緣、才能結好果、享好報。讓人人故鄉皆是淨土，皆是樂園，以居住在生養自己的家園為幸福終極目標。

人文關懷的起點，就在此時、此地、此人的生命故事之中，在慈濟人文的初發，如今高掛於花蓮靜思堂銅門的圖像，鋪展了誠正信實的核心精神，從當年恆持剎那至今，延續不斷。

# 為佛教 為眾生

1963/3/17

證嚴法師趕赴台北臨濟寺參加三壇大戒，因為沒有剃度師，依法無法登記受戒，正好因為請購《太虛大師全書》，得遇印順長老，依止為師，印公即刻為他行了簡單的皈依禮後，賜法名「證嚴」，字「慧璋」，囑咐要「為佛教，為眾生」。之後，證嚴法師順利地趕赴戒壇受具足戒。

　　印順導師在《佛法概論》中有兩段話：

　　「中道的德行，出發於善心，而表現為合理的、有益自他的行為；又以合理的善行淨化內心，使內心趨向於完善──無漏。所以論到德行，應從內心與事行兩方面去分別。」（第十四章）

　　如此「淨心第一，利他為上」的修行心法，在 1963 年殊勝的皈依時，凝鍊為「為佛教，為眾生」六個字的胸懷和佛法創新的期許，從此，證嚴法師「不為己謀，為天下計利」終生奉行，並引領全球慈濟人走上善念與慈悲無量，以人為本，以救拔現世苦難為願的慈善之路。

# 法華經藏 救世良方

1963/4/18 起半年

證嚴法師回到花蓮秀林鄉的小木屋閉門清修，研讀、抄寫、禮拜《法華經》。每月燃臂供佛一次，燃臂時雖然身體很痛，但因一念虔誠，心卻是快樂的。每月抄好一部《法華經》就迴向眾生，日子大約都在農曆 24 日。民間興傳，法師駐錫的小木屋常發光，尤其是每月農曆 24 日凌晨一時特別強，即使屋內熄了燈火，小木屋仍是一片光明。

　　佛陀為度化眾生，觀機逗教，開展出各種方便，如：受持、讀誦、書寫、為他人說、乃至供養等等法門。這些菩薩行皆建立在戒、定、慧三學的基礎上，不同修行法門，符合不同根器的眾生需要，顯揚出佛陀的慈悲與智慧。

　　明朝憨山大師曾說：「不讀《法華》，不知如來救世之苦心」。《法華經》為初期大乘經典，咸認為經中之王，並揭櫫人人皆能成佛的理念。

# 甘願做 歡喜受

1965 冬

證嚴法師與弟子借住普明寺的日子，看見小木屋旁的空地荒廢日久，雜草叢生，決意開墾。於是向當地的原住民借來一頭老牛，但老牛欺生不聽使喚，有人建議他們拿鞭子抽打牛，證嚴法師不忍，靈機一閃，抱著一捆甘蔗尾在老牛面前搖晃，這頭牛為了追趕甘蔗尾，終於勉力邁出耕耘的架勢。此時，德慈法師推著犁耙在後面，順隨老牛奔走的方向耘田，花了一個多禮拜，總算耘整出可以播種的地來。

　　老牛與人一樣，同有血肉，同感苦樂，同具親屬，同解趨避，其謀求安吉，避開災難的天性，與人何異？不忍鞭笞之愛，即為佛陀所開示的平等觀，更是人文內蘊的核心所在：佛教主張世間萬法互為緣起，彼此關係密切；一切眾生佛性平等，無有差別。以平等心看待動物的真義所在，更是人類文明的極致表現。

# 自力更生 不受供養

1966/1 延續至今

證嚴法師自出家以來，秉持一日不作一日不食的精神，並要求弟子也同樣奉持。1966 年 1 月開始，糊水泥袋，兩個月後，換縫嬰兒鞋、織手套、嬰兒尿布代工、做塑膠花、作手拉坏、蠟燭、薏豆粉……等等，前後共做過 21 種物品。

　　傳統的佛教叢林，都是接受善信居士的供養來維持，然而證嚴法師自出家即發願，不受供養。自力更生的心志與作為，一直少有人理解，因而曾有此感觸：「數十年來，我在滾滾紅塵中，有誰能了解？總是有著孤單之感。」然而，如此孤單之感並沒有軟化證嚴法師的堅持，他確信出家人能在入世行菩薩道的同時，做到有如唐代百丈禪師所建立的叢林一般，倡導「一日不作，一日不食」，持修出世自食其力的修行生活。

　　這是成就一位修行人的基本態度：行入人群救拔苦難，結善緣卻不攀緣；心不攀緣，施無求，捨亦無求。

# 人間佛教 利群度生

1966/3

外界常難以定義慈濟。它源於佛教，卻不只是佛教。追溯慈濟的緣起，證嚴法師總不忘提起三位修女的啟示：1966 年，苦修中的法師偶遇到三位想來向她傳福音的修女。當雙方正為彼此的宗教義理辯證時，修女話鋒一轉：「天主教有養老院、有醫院、有學校，即使在深山、海邊或離島，也有天主教的教士、修女，去救助貧困人群。但是佛教徒呢？」

這是一個必須深思熟慮才能回應的大哉問。

法師一時無從辯駁，卻種下了「佛法人間化」的志願。法師尊崇入世救人的精神，說法開示時，從不避諱提起其他宗教布施救人的實例。在基督教、天主教設立的孤兒老人院裡，也看得到慈濟志工的身影。

因為不設限，所以吸納更多覺有情的眾生加入，因此，慈濟從來就不是佛教徒的專利，它是普世價值的「良善認證」。

# 滴水成河 粒米成籮

1966/3

印順導師一度希望證嚴法師前往嘉義妙雲蘭若主持道場，花蓮的信眾們聯名上書挽留，法師遂提出了佛法人間化的構想——人人觀世音，集合眾人的手和眼，到社會的暗角救苦救難。於是在借住的花蓮普明寺成立了「佛教克難慈濟功德會」。

　　佛陀教法、印順導師思想，成為證嚴法師行動背後的支撐力量。法師的視線，在眼前無數苦難的人身上：「我認為，我應該從最貧窮的地方開始做起。所以，慈濟的第一道門，開的就是『善門』。」

　　「佛陀從一己所處時空，深思人類的不平等現象，從而尋找人生真理，解救人們身心痛苦。這給我很大的啟示，使我覺得，佛教不單止於研究，也不是靠形態上的苦修，而是要把握生命的時間——亦即時代脈動，利用所處的空間——所生、所長的臺灣。『臺灣這個環境』以及『現在這個時代』應該連成一體，也就是說，臺灣這整個空間就是我的道場，我應該把握此時此刻，去發揚、落實佛陀的精神。」

　　如此，專注於此地，此時，此人的問題，佛法在人間，一生無量。

# 沒有人窮到不能助人

1966/5/14

一群家庭主婦每日上市場買菜前，投下五毛錢到竹筒裡，開始了慈濟濟貧的工作，這群家庭主婦同時將慈濟行善濟貧的精神帶到菜市場，五毛錢也可以救人的消息，就在市場裡菜販的口中傳揚開來。

　　超過半個世紀之後的今日，人們習慣將慈濟看成一個宗教團體，規模夠大，且是極有效率的慈善團體。然而，慈濟之大應著眼於它內在的「軟體」本質：富於原創、超越西方的人道主義實踐，及其所蘊涵的人文價值。

　　慈濟處處闡揚的「大愛」這兩個字，或可概括慈濟所做的一切，證嚴法師在每一次艱難跨越的步履中，都堅定「信人有愛」，然而，每一個個體的「無私」與「無我」，若未經由「共行」而編織成「大我」，菩提大道便無法開展，淨化人心的宏願便遙不可及。

　　1966 年，日存五毛錢，窮人幫助窮人的故事，便是緣於「大我」而成就「大愛」的典範。此所謂慈濟「竹筒歲月」的典範複製和轉移，從臺灣到國際，只要有慈濟人在的地方，便有大我與大愛。

# 一粒米中藏日月 半升鍋裡煮山河

1969

除了每月發放，每年春節前，慈濟也為照顧戶們辦年貨，又稱冬令發放。第一次冬令發放是 1969 年二月九日，在普明寺，除了發放慰問金、棉被、衣物與米食等，另備素筵款待。1970 年一月三十日，首次在剛落成的靜思精舍舉行發放，此後，每年農曆十二月的冬令發放，便成為慈濟人與感恩戶們圍爐的團圓日。

有一張十分珍貴的慈濟歷史照片，場景是花蓮普明寺後方的小木屋外，露天的一口大灶上，架了一口鐵鍋，幾個人於此剝花生。這個圖像，曾勾起證嚴法師的回憶：

「我和常住師父們做手工，維持生活都很困難，但每個月發放日，為了讓參加的人用過午餐再回去，經常要向普明寺借米、借油煮鹹粥供應；當人來得多時，只能多加幾瓢水。清清的粥湯，能映出周邊的景色，可以看見藍天、白雲，以及樹木。」

這便是「一粒米中藏日月，半升鍋裡煮山河」的情景：一群無力者在人間最無力處出力，這是壯闊如江河的慈悲行履。

## 沒有福祉就沒有成長

　　瘟疫與極端氣候，是天地給予人類最直接的警告；災厄魔考，不是未來，此刻正在發生。

　　COVID-19徹底摧毀了人們一手建構的所謂文明堡壘，也徹底翻轉了人類觀看世界的角度；當乾旱與高溫，燒毀了三個臺灣面積大小的森林，讓澳洲大陸正在面對史上最劇的野火⋯⋯人們順著時間的軸線、回看過去的五十年，甚或一百年，地球上，地、水、火、風大小三災發生的頻率來勢洶洶，人類無處遁逃。

　　疫情嚴峻的2020年三月，證嚴法師以濟世的憂懷，懇切地提醒人人：

　　這波疫情是大災難，也是對人類的啟發，啟發人人覺醒──災難臨頭了，眾生的覺悟要抬頭，要仰頭向天說懺悔，低頭向地說感恩，感恩大地的寬容，供應五穀雜糧、淨水，讓我們依賴大地生存；感恩大自然提供豐富的資源，給予眾生優美的生存環境。

瘟疫大劫，法師以人心覺醒來對治，期許人人愛護天地與一切生靈，是所謂「大哉教育」：以謙卑之心面對天地自然，還要敬天愛地。

　　證嚴法師特別以珍惜水資源為例，人需要水來養命，只要懂得節約，保護好大地的涵水能力，就不至於面臨缺水危機。過去日常用水來之不易，大家都很珍惜；現在只要打開水龍頭，就有乾淨的水可以使用，十分方便，卻讓人輕忽水資源有限而不知珍惜。

　　「大哉教育」共同的正向（positive togetherness）：這個以心靈改革及於人文為出發點的呼求，光由少數人倡導不夠，必需結合社會正向力量一同向前，人文主義最重要的行動是環保。

　　沒有福祉，沒有成長（no welfare, no growth）。經濟成長，環境保護，並非完全衝突，兩者皆能以為幸福當作目標，就可能找出其中的關連。

　　經濟成長到空氣、水、食物都出現公害，重創人民的健康，這就是福祉的負成長。「沒有福祉就沒有成長」no welfare, no growth, 已經是全球包括臺灣現階段發展的警告。

日本的環保政策理念始於 1967 年制訂「公害對策基本法」時，其中第一條的目的中敘述「以維護國民健康，確保環境生活品質為目的」。環境基本法之前除了「公害被害防止法」之外，尚有 1972 年制訂的「自然環境保全法」，二個法令形成日本環保政策的二大支柱，也是日本環保政策的一大特徵。日本自然環境保全法的基本理念是採取「讓廣大民眾能夠享受其環境的恩澤，而且下一代民眾也能夠繼承其恩澤之適當措施」。

　　於 1993 年 11 月 19 日正式公布日本的環保憲法跨世代的永續發展：使用「恩澤」來說明環境的傳承，表現出法律條文中「理性中的感性」，「環境是向後代子孫暫借的，而非繼承自祖先」；2.建構低環境負荷的「環境優先社會」；並揭示「污染共犯結構」，要求社會中的每種角色公平負擔責任；3.預防勝於治療；4.地球環境問題的積極參與和解決。在上述的基本理念引導下，本法有三個主要目標：1.確保環境要素（大氣、水、土壤）的良好狀態；2.確保生物多樣性以保護生態系；3.促進人與自然的共生及互動。

從對跨世代的自然環境優先理念，導引出人文倫理的共鳴。

　　為推動這個跨時代的「人文世」實踐，必須先在人文志業體中心裡集合智慧，做出內部研討，重新檢視，過去大愛電視與經典雜誌等人文志業的既有內容中，追找符合福祉議題探討的本土與國際項目，做出創新的連結，形成新創內容。一方面活化人文資產，一方面溫故知新，導引出新的整合方向。在此同時，就現有的組織架構如何變革，有一個比較合理的推算，可以從「既有科技」BAT（best available technology）到「將有科技」FIN（future is now）廣面考量。CMIBSTBI雲端，移動，物聯，大數據，智慧城鄉，通訊廣播網絡所建構的鍵結，依IICDP/SM整合，創新，策展，設計，製作，販售，行銷的大工作流，來思考溶媒體的新「大編輯台」的創新實作。

　　有了這個基礎後，為臺灣未來的成長與發展找出路，並集結出以跨世代的「幸福指標」為宗旨的「共同的正向」positive togetherness 網絡社群。並指定一個園區做為永續發展目標的實體展場，並規劃永續講座。走進來就透過

實體感受，知道多年來慈濟在做什麼，透過科技展示手法，讓眾生了解何謂幸福。

重視以人間淨土的再造為核心的國土地景重建，以保育自然（非貿易財）的行動價值觀，論述經濟「成長的極限」及防止公害保護環境的必要性，強調「非經濟因素」對臺灣未來發展的重要性，而多年來的工業發展將內部成本外部化，應誠實面對已經留下禍害給子孫，所形成的幾乎不可回復的「公害地圖」，從這個痛定思痛的最低角落出發，為臺灣乃至整個世界找尋共同與各自的「幸福指標」。

# 第一章
# 人文拓荒 靜思為家

這是一段證嚴法師與靜思弟子，緣起於初發的一念悲心，繼而引領眾人共同跨越層層阻障，涓涓滴滴之愛融匯入靜思法脈，開展慈濟宗門，終而回應佛陀慈悲本懷的艱辛之路。

## 第一節 克苦靜思 克難功德

臺北關渡慈濟人文志業中心大樓裡，有一個特別的角落：靜思人文。

這個單位的日常脈動離花蓮的靜思精舍最靠近；它也是精舍僧團向外連結社會大眾的一條紐帶。

從靜思精舍為起點：不管是承載法師淨化人心使命的靜思文化，抑或是護持靜思精舍恆持自力更生的靜思書軒、靜思小築，無一不是奠基於人文的脈絡而鋪展。

靜思精舍之於慈濟發展的意義為何，2005 年 7 月 11 日，證嚴法師曾對精舍僧俗二眾有如下開示：

　　**靜思精舍是基金會的靠山，不論在哪一個國家，慈濟志業都是從靜思精舍的中央點放射出去的光芒。**

　　**精舍要站得穩，成為慈濟的後盾，承擔起全球慈濟人歸來，亦包括參訪會眾與醫療志工在精舍的生活所需，以及慈濟志業體舉辦各項教育營隊的用度。**

　　「靜思」是青年證嚴法師現出家相之前，崇仰佛法、多次離家時期所自取的名字。

　　**「當初我離家後，因擔心會被找到帶回俗家，而自取『靜思』之名。」**

　　「靜思」二字，探其因緣乃於法師離家來到高雄，在等巴士要前往後山臺東時，看到有人在擦皮鞋，旁邊放了一本雜誌，證嚴法師為一則標題所吸引：「七十一歲開始學畫畫」、「二十年後成名」云云；便翻閱其中內容，當看到一篇佛教故事，言及佛陀在菩提樹下，金剛座上靜思……這「靜思」二字仿佛從千年前的虛空而來，躍然於心。當下，甫離家的法師正擔心會被家人找到勸回俗家，

遂決定暫以「靜思」為名。從此，走向一條迥異於常人的旅途。

1963 年，法師自行剃度為比丘尼，篤信佛教、花蓮在地的許聰敏老居士代取法號「修參」。在證嚴法師心中，許老居士的修行不亞於出家的比丘，僧俗平等的理念，在青年法師心中早有洞見，以致在往後的半個多世紀裡，建構慈濟成為一個以當代居士為特質與內涵的佛教團體，顯揚於外，實有內蘊，緣起甚深。

順此脈絡鋪展，日後靜思精舍的修行者，除了出家眾，還有方便走入人群的「清修士」制度，則是有別於傳統佛教極富新意的另一番創舉。

從俗家的「王錦雲」，到崇仰佛法、決意出家時期的「靜思」與「修參」，以至皈依印順導師座下之後的「證嚴」，這是一段靜寂清澄、志玄虛漠，不斷前行、不斷跨越的歷程；恆持不變的，唯有那一念悲心。

證嚴法師帶領弟子胼手胝足，於 1966 年開創慈濟，1968 年才啟建可供常住修行的精舍，並將之命名為靜思精舍。法師曾說，當年離家後之所以取名「靜思」，乃為

「提醒自心，時時刻刻皆要好好『靜心思考』人生方向。」再細細分析「靜思」二字的內涵，將靜字拆開來，就是青山無所爭，福出用心耕；思字上面是田，下面是心，寓意為用心體會生命的意義與方向，就如農夫一樣，努力耕耘才能收穫累累果實，其蘊義是慈濟的根本思想，與人文慧命息息相關。

慈濟緣起，因於「克難」；法師與出家眾的生活，克己、克勤、克儉，何嘗不是以「己身匱乏」，堅持「克難行善」，從「知易道」中，行「難行道」的歲月逆旅。

證嚴法師於 1966 年 5 月 14 日，農曆閏 3 月 24 日那一天，成立了「佛教克難慈濟功德會」。會址，就設在證嚴法師其時借住棲身的北埔農場地藏廟——花蓮縣秀林鄉佳民村普明寺；基本成員包括親近的信眾，頂多六、七人。

沒有特別的儀式，在普明寺小小大殿裡，3 排、不到20 張蒲團上坐滿了人，多是以往法師講經時的結緣眾；她們希望師父不要前往嘉義妙雲蘭若駐錫，而能繼續留在花蓮，遂承諾幫忙推動慈善工作。

有了大家的同心與承諾，法師向大家說明功德會的名稱由來：

　　**雖然沒有錢，雖然只有少少幾個人，但我們有心。開展救濟工作，事事必然都要從「克難」中起。慈，是「教富」、是「予樂」；濟，是「救貧」、是「拔苦」、是彌補眾生的欠缺。「慈濟」，就是要「教富濟貧」、要「予樂拔苦」。**

　　如此關鍵的歷史場景，在往後數十年，陸陸續續加入的絕大部分慈濟人，雖然都未及躬逢其盛；但在所有慈濟人的心田裡，卻都有著一個專屬於自己、熠熠流動著光影、用歡喜心建構而成的歷史圖像，眾人行善的啟迪之處，皆緣於此：慈濟克難功德會成立的那一天。

## 發心邁出濟貧之路 自己實則一無所有

　　就在功德會成立的前一年，1965 年，當時甫 28 歲的證嚴法師，帶著三位弟子，幾經輾轉，二度借住於花蓮普明寺。

　　粗簡的木板房子，夏熱蚊子多，冬天冷風穿窗刺骨，撿碎布縫成的被子，根本蓋不暖。借屋而居的清貧裡，一

日三餐靠自己種菜，青黃不接時，就採摘野菜充饑，境況之窘困，大弟子德慈法師的形容最生動：

**只差沒去海邊撿拾泡過海水「有鹹味的石頭」來配飯。**

清貧的修行之路，身無長物，普明寺後方的旱地，一度便成為生活的寄望。

毫無農事經驗的大弟子德慈法師，當時為了翻整那片荒蕪已久的貧瘠硬土，吃足了苦頭。推駛犁具，完全生澀，老牛又欺生硬是不肯走，慈悲的出家人哪忍鞭笞牛背、令其耕耘？證嚴法師於是向鄉人討來一大捆甘蔗尾，抱著走在老牛前頭，老牛受甘蔗尾吸引，終於才肯一點一點前進。

旱地收成不敷所需，證嚴法師的俗家母親看在眼裡，心疼不已。因此買下九分水田，讓師徒有所依靠勉予度日。

所有農事比如割稻、打穀、晒穀、拔花生，證嚴法師都親身參與。即使在 1966 年慈濟功德會成立後，白天要為會員解惑開示，早出訪查貧戶、晚歸處理會務，但凡遇

到農忙，依然捲起袖子分擔農事。

證嚴法師雖體弱多病但毅力驚人，每次收割稻子，他總是頭戴斗笠，臉上圍著面巾，露出清澈明亮的雙眼，一邊腳踏打穀機，一邊手捧稻穗，動作明快俐落。

## 縫製嬰兒鞋 大善啟於毫芒

看天吃飯的農事，仍難以維持基本溫飽，師徒為了另覓生計，各種手工副業不曾停息，糊水泥袋、做嬰兒鞋……在慈濟功德會成立前兩個月，嬰兒鞋開始成為生計主力。鞋底、鞋面的縫製，每人各司其職，證嚴法師專責最難的部分——鞋底周圍滾邊。他拿起針來沉著定靜又快速，一人抵得過所有人的製程，成品也最為漂亮。

行情本是三塊半的嬰兒鞋，花蓮商家有感於出家人不受供養、自力更生，因此以多出五毛錢的好價錢收購，一雙四塊錢。師徒六人每人每天縫一雙，一天就有 24 元收入。如此一針一線，勉強維持了生活，也織就了慈濟功德會誕生前的慘淡年月。

功德會成立後，為了濟貧救苦，師徒六人，每人每天

必須更加賣力多做一雙嬰兒鞋，以此收入為基礎，加上號召 30 位家庭主婦每人日存五毛錢的善款相加，每個月的慈善工作就從如此的 1,170 元起步了。

回看當時那無聲無息的一小步，踩地極弱音，幾乎沒有人聽見；然而誰也沒有想到，日後將有千千萬萬步履，奔赴馳援，救拔苦難，同心同道，踏遍寰宇。

## 救濟貧病 從一生百千萬

起始的慈善濟助步履，從花蓮在地開始，慢慢拓向鄰近的臺東。臺東第一顆慈濟的種子黃玉女（法號靜觀，第 46 號慈濟委員），曾經在 2019 年 6 月，回憶起那段濟貧的克難歲月：

四十多年前，我不太會看個案，如果有人提報，我就寫信給上人，描述狀況；上人看到信，就會來臺東，我們再陪著上人去訪視。上人教我們怎麼評估，看政府有沒有在幫助，如果沒有，慈濟差不多要補助多少才夠。我們訪查之後就寫訪視紀錄，每個月回去花蓮報告，漸漸地了解補助的標準與原則，就學會怎麼做了。

訪視經驗逐漸豐富後，從事教職的黃玉女以及她的夫婿，被她接引入慈濟、在學校擔任校長的王添丁（法號思安，第57號慈濟委員），雙雙成為慈濟人在臺東的「母雞」，母雞帶著小雞、一位接引一位。王添丁總是不吝對後繼者分享他的寶貴經驗：「訪視時，問案要細心，開案要小心。」意思是，不能隨便開案，因為一分一釐皆是眾人所託；這個案子如果不要資助了，也要深深地考慮，結案的原因或理由要清楚、要正確，以免行善未究竟。

「那個年代，臺東志工承擔四、五百件個案，遍布大武、池上、長濱等鄉鎮，分幾次訪視完，差不多就是一個月了。看個案時，會從最遠的地方看回來，第二天就不用跑那麼遠了。」

花蓮到臺東，距離160多公里，黃玉女每有新訪視的個案，都會將資料填妥寄往靜思精舍；證嚴法師接信後即會前往臺東，一行人搭著摩托車進行訪視。從寄信出去到法師前來，前後大約三天，黃玉女總覺得書信連繫，時效上有點不盡人意。之後，黃玉女家裡裝了電話，為求方便，她請求證嚴法師可以雙向直接聯繫：

「師父，您們那邊也申請電話啦！這樣我不用寫信，打電話比較方便。」

法師徐徐回應著黃玉女的請求：

「會啦！會啦！慢一點，慢一點……」

又過了一段時日，黃玉女看見毫無動靜，再次提及法師應撥出一點濟貧基金來裝設電話的事。這下，法師嚴謹地回應了：

「雖然是為了會務，但常住也難免需要使用電話，若從濟貧的善款裡撥出經費，不就公私不分了？」

黃玉女當時並不知，證嚴法師與常住眾們，在克難環境中有一餐沒一餐地自力更生，苦撐著日子力行救濟工作，但生活支出與功德會的善款是完全分開的，根本沒有多餘金錢可裝設電話。

精舍克難的生活，見微知著；慈濟濟貧的步履，從來就不是準備好，有餘裕，才開始的。

然而，靜思精舍的第一支電話，又是如何申裝起來的呢？

## 慈善現代化的第一步 精舍申裝電話

　　證嚴法師曾在 2011 年 5 月 28 日的志工早會上，藉著緬懷一對菩薩眷侶的因緣，兼而憶起這段過往：

　　這一位李實先（法號宏先，第 60 號委員），對師父是情長緣深，這個情真的很長，從第一次見面的時候，她自己說：「好像多生以前結來的緣，好像隔世的親人。」她從第一次看到師父，篤定了跟著師父行菩薩道。她是一位非常精進（的菩薩）。因為她的先生、是在慈濟成立的第五年，先生調來花蓮的林場，木瓜區林場的處長，他是在這裡、管這樣的林場的木材。所以他到了這裡，知道有慈濟在花蓮，他那個時候就來跟師父見面，了解慈濟的克難，了解精舍的生活，所以他非常的關心。

　　他了解到了，他就堅持要捐一支電話。那個時候、我們這一帶都沒有電話線，要一支電話要重新拉線，電話線要拉，要立電線桿、拉線等等，計算起來要七萬元。可要知道那個時候的七萬元、是他一年半的薪水，我不肯，不要讓他花這一筆錢。他非常的堅持，後來他一直堅持；在那個時候、我知道他抽菸抽得很兇，他就提出了，他自己

提出了，他說：「師父，這支電話您如果讓我安裝，我絕對戒菸。」就用這樣的條件來跟我談。那個時候我看他常常要咳嗽，而且一天抽了好幾包菸，這個手都黃色的。所以為了這樣子，我就答應他說：「你要說定，你不要抽菸，我這個電話就讓你安裝。」七萬元安裝這支電話，花他一年半的薪資。想到了那個時候，因為他的那樣的用心，夫妻同修、同道，那樣地護持慈濟。

李實先的夫婿鄭柏，便是證嚴法師口中的那位林場處長。

靜思精舍周邊一片田野，進入其中的路，兩旁均是甘蔗田，小到只容一輛車通行。法師或常住師父們要打電話，常得騎腳踏車到對面康樂村去打公用電話；有人打電話來，雜貨店老闆就會過來通知，他們再快快踩著腳踏車去接聽，無論白天或晚上、刮風或下雨；委員們若遇有急事報告，更急迫的，就得搭計程車專程趕來報告，時間與金錢均花費不少。

鄭柏深知，發願自力更生的法師，必當不會接受如此昂貴的電話裝設；他左思右想，便心生一計，對法師說：

**若裝電話，我就戒菸，把錢省下來。**

這招，應了法師的慈悲心懷，為弟子健康著想，只好點頭說：

**藉這件事讓你戒菸也好！**

電話裝設完成，第一通電話便是由證嚴法師親自撥打進來的。電話號碼是「266779」，法師說，這號碼的諧音，聽起來很像是「你落難，去去救（臺語）」，身為慈濟功德會本會所在的靜思精舍，有了這支電話，真可多多去救救人、幫助人……

如此，靜思精舍的第一支電話申裝了。私與公，小愛與大愛，證嚴法師心中自有一把尺，數十年如一，成為僧團恆定不變的持律。

靜思精舍力行清修生活的點點滴滴，早期的資深慈濟人都很有觀察和體悟。

## 一日不作 一日不食

慈濟委員編號 24 號的林阿日，法號靜蓉，便曾回憶精舍日常的一個小故事。

有一回，有人托了五把乾麵條，只說是要送給功德會，於是她便將麵條帶到精舍並放在廚房裡，準備炊煮。一位常住師父問道：

　　「這些麵條要做什麼用的？」

　　「人家要給功德會的呀！」

　　「人家是捐給功德會濟貧的，不是要給精舍的，所以我們不能煮來吃。」

　　她頭一次聽到常住師父如此說，心裡不免懷疑：有必要如此嗎？

　　又有一回，正值貧戶的發放日，她在廚房裡看著委員們忙著賑米，不慎有幾粒掉落地面，覺得很可惜，便俯身一粒粒拾起，疊成一小撮，順手放進米缸中；才一回身，證嚴法師就站在面前問道：

　　「你剛才手上拿的是什麼？」

　　「那是掉落地上的米粒，我撿起來放進米缸裡。」

　　「將米粒放進米缸是對的，但是這裡的每一粒米都是屬於貧戶的，如果放進我們的米缸，豈不等於精舍在接受救濟嗎？身為慈濟的一分子，一定要做到『誠』與

『正』，即使是幾粒米亦不例外，必須公私分明；救濟的歸救濟。」

證嚴法師在生活中真實的教導與實踐，簡短的幾句話，當下令靜蓉感動莫名，天下竟有這樣的法師，不跟隨她，要跟隨誰呢？這個令她一生難忘的小故事，靜蓉銘記在心，沒有或忘。

這些都是在慈濟世界中傳誦不已的動人小故事：

「靜思精舍申裝第一支電話」、「五包麵條」與「掉在地上的一小撮米」，無一不都是證嚴法師與弟子們恆持超過半世紀的清修實像。四方勸募而來的善款，絕不混用到靜思精舍的日常開銷裡，其背後實則有佛陀的慈悲精神為前導，有厚實的佛法義理做底蘊，靜思修行法門，緣起於證嚴法師於小木屋，一段獨自修習《法華經》的歲月。

## 第二節 木屋修行 禮拜法華

1963 年，崇仰佛法且已自行剃度的證嚴法師，從花蓮輾轉來到臺北臨濟寺，希望持受具足戒，卻因為沒有皈依師無法進入戒壇，而思想受戒因緣或許未臻成熟，原打

算請購一套《太虛大師全書》後，便返回花蓮自習；因緣不可思議地，在購書的臺北慧日講堂，午後的一場雨後，得遇依止師並皈依於印順導師座下，日後成就了一段廣為世人知曉的傳奇。

印順導師曾在多年之後，生動地回憶起當時因緣收下這個徒弟的情景：

那時候我住在慧日講堂，有位以前女眾佛學院的學生慧音，帶了一個人來，見了我之後，就到講堂的圖書處去買《太虛大師全書》。我這才聽慧音提起，這人本是要來受戒的，但因為在花蓮時，只依了一位許聰敏居士為老師，就削髮了；沒有出家的剃度師父，來了才知道無法進壇受戒。當時有人告訴他其實可以就近拜個師父，就能報名了，但他堅持師父要慢慢找，所以想到慧日講堂來買套《太虛大師全書》，就要回花蓮去了。沒想到買了書後，他就跟慧音講：『我要拜導師作師父！』因為他買《太虛大師全書》，所以我才答應。太虛大師雖然不是我直接的師父，但他是我的老師。所以，世間的事啊，不可思議，那真是想也想不到的因緣。」

從印順導師的角度，自己的這個弟子，是因著自己老師的書而來；一套書，就這樣在歷史的時空中，奇妙地串連了太虛大師、印順導師與證嚴法師三代師生、縱貫三個世紀的美妙因緣。

1963 年，證嚴法師依止於印順導師座下，並順利接受了 32 天比丘尼具足戒之後，回返花蓮。佛教大德許聰敏老居士發心，在普明寺後方，搭建了一間寬 10 尺、長 12 尺，不到 4 坪大小的木板小屋，提供作為證嚴法師的修行之所。法師在此屋內禮拜《法華經》，研究法華教義，每天誦《法華經》，每月抄寫一部《法華經》，並燃臂供佛，日進一食，睡兩小時，過著苦修的生活。

證嚴法師曾言，與《法華經》的因緣甚深。年輕時，因為養父往生，在豐原慈雲寺禮誦《梁皇寶懺》，開始接觸佛寺，從佛經探討生命的價值。曾因身體不適在慈雲寺靜養，一位信徒前來表示，有位阿公收存許多舊書，包括經書《大乘妙法蓮華經》；其後世子孫無人信佛，想當成廢紙賣給回收商。

乍聽經名，法師心生歡喜，覺得與此經特別有緣，便

出資買下。這七卷七冊的《大乘妙法蓮華經》，是明、清時代版本，書皮以木板製成，雖然老舊泛黃、有些蟲蛀，法師卻視作珍寶，且依經文學寫毛筆字。

　　法師決意出家時，身上別無一物，只有這部《法華經》隨身。寄居臺東佛教蓮社時，在馬蘭糖廠王耀民課長住處，看到一部全套十二本的日文版《法華經大講座》，知曉《無量義經》、《法華經》與《觀普賢菩薩行法經》，這三部經合稱為「法華三部」。隨手展閱《無量義經》，看見「靜寂清澄，志玄虛漠，守之不動，億百千劫」這十六字經文，不覺眼睛一亮，心頭一震，歡喜不已。

　　佛學研究者慣稱，大乘佛教有三部流布較廣的經王，分別是：開悟的《楞嚴經》、實相的《華嚴經》以及成佛的《法華經》。天台宗有所謂五時判教說，即依照佛陀說法的時間順序區分為：華嚴時、阿含時、方等時、般若時、法華涅槃時等五個時期，而《法華經》推斷應屬於佛將入滅時最後所說法。

　　常有人覺得《法華經》難讀難懂，經文中常出現：諸佛如何宣說、功德如何不可思議等等文字，至於本經的主

題思想是什麼？好像讀來常似懂非懂。然而，何以歷代高僧大德都高度崇尚法華呢？原因或在於《法華經》本就精深超妙，其精義是隱而不發、密而不顯的緣故。

《法華經·方便品第二》：爾時，世尊、告舍利弗：「汝已殷勤三請，豈得不說。汝今諦聽，善思念之，吾當為汝分別解說。」說此語時，會中有比丘、比丘尼，優婆塞、優婆夷，五千人等，即從座起，禮佛而退。所以者何？此輩罪根深重，及增上慢；未得謂得，未證謂證；有如此失，是以不住。世尊默然而不制止。

這是《法華經》所載，一個從未在其他經書上出現的現象，即佛說法華時，五千弟子退席，原因正如佛陀所開示的：此《法華經》最為難信難解，因佛所說的全是一乘佛法[1]，不再講羅漢與菩薩境界，而是直接講人人皆可成佛的真實法，眾弟子難信難解故而退席。

《妙法蓮華經》（梵文：सद्धर्मपुण्डरीकसूत्र Sad-dharma

---

1《法華經》方便品上有一句話說，「十方佛土中，唯有一乘法，無二亦無三。除佛方便說」，這首偈非常重要。換句話說，佛講三乘、講二乘是方便說；真實說呢？真實說就是一乘法。一乘就是指佛乘，這個法門是教人成佛的，而且是就在這一生成佛，這叫一乘法。

Puṇḍárīka Sūtra），梵文 Sad-dharma，中文意思為「妙法」，Puṇḍárīka 意譯為「白蓮花」，以蓮花（蓮華）出自淤泥而不染，比喻佛法的潔白、清淨。Sūtra 意為「經」，故全名為《妙法蓮華經》。

《妙法蓮華經》全經總共二十八品，前面十四品說一乘之原因，後十四品說一乘之結果。

妙法蓮華的「蓮華」即為蓮花。蓮花常被作為佛教的譬喻，象徵佛法的出泥不染、純潔清淨與藏而不露，更因為蓮花的生長特徵是花果同時，蓮花之奇在於有花就有果，蓮花為養蓮而開，花開蓮現，花落蓮成。其所代表的深意，便是《法華經》深藏大玄妙的根本旨歸所在，即：因果同時，人人皆可在這一世成佛的主張。

《法華經》文中最為濃墨重彩的一部分，就是佛陀為諸多人等「授記」，揭示未來人人都將成為佛的內容。「授記」在佛家是至為莊嚴的一件事情，《金剛經》便有記載，佛陀就是在過去世得燃燈佛授記而成佛的。而在法華會上，得佛授記的有哪些人呢？有五名上根和中根弟

子、有三千二百位根器不足的聲聞[2]弟子、有六千作為女人的比丘尼、有傷佛殺羅漢的大惡人提婆達多[3]、還有對今世後世聞法隨喜的眾生所授的普記、八歲就即身成佛的龍女等等。

在佛教傳統中，聲聞、惡人和女人都是不可能成佛的，然而，佛卻為這三種最無望的人授記，最後更為大眾普記，都明確指向佛陀慈允人人皆可成佛的大願。

於是，《法華經》中便有一〈常不輕菩薩品〉，描述一位名號為「常不輕」的菩薩，對誰皆不敢輕慢，為什麼呢？

**「我不敢輕於汝等，汝等皆當作佛。」**

這是源於多麼深遠的覺知明悟，交付出來的卻是最為平實質樸的世間法：謙卑、敬畏、恭敬。

這也可以說是一佛乘、法華精義的最後一層精髓：凡聖為一，妙諦俗諦為一，世間與出世間為一，諸佛皆出人間，終不在天上成佛也。

---

2 聲聞，音譯舍羅婆迦，意譯作弟子，指聽聞佛陀聲教而證悟的出家弟子。
3 為釋迦牟尼佛的堂兄弟，曾經加入釋迦佛的僧團，但是後來因為意見不合與權力鬥爭，另外成立教派。提婆達多在原始佛教中犯下五逆重罪，破壞僧團，背叛佛教，設計謀害釋迦佛，是極為負面的人物。

證嚴法師於小木屋中研習《法華經》的苦行歲月，山來照山，水來照水，不論何種境界現前，皆無所礙；清淨的本性，宛若一面澄澈明朗的大圓鏡，既不增也不減；無有雜念。從《法華經》文中躍然而出的一字一偈，日後皆將成為證嚴法師身教、口傳的依歸，成為靜思法髓流淌入眾人八識心田的養分。法師心中的智慧法海，將有千千萬萬人與之心心相印。

## 閱藏法喜 師徒緣起甚深

　　微妙的是，印順導師在其自傳《平凡的一生》[4]中也自述了一段博覽藏經之後，無限法喜的殊勝經驗：

　　**在國難教難嚴重的時刻，讀到了《增壹阿含經》所說：「諸佛皆出人間，終不在天上成佛也」，充滿現實人間的親切感、真實感，「為之喜極而淚」，因而深信佛法是「佛在人間」，「以人類為本」的佛法，反對天化、神話。**

　　印順導師在《印度之佛教》[5]自序中，亦曾申明不滿印

---

4 印順（1998），《平凡的一生（重訂本）》。
5 印順（1942），《印度之佛教》。

度佛教晚期之欲樂俗化、祕密神化，導師說：「**立本於根本**（即初期）**佛教之淳樸，宏闡中期佛教之行解。**」他堅持大乘、主張人間佛教的立場一生從未改變。

契理契機，人間佛教，不管是從原始佛典《阿含經》中溯源尋思，抑或是從《法華經》中志玄虛漠汲取大資糧，師與徒，在不同的時空裡，在經典中攝受、開悟其心門的，恰巧都指向佛陀慈允「人人皆可成佛」的悲願。

至於，何以「人人皆可成佛」呢？

諸佛世尊，唯以一大事因緣故出現於世，這一因緣便是：「**欲令眾生開佛知見，欲令眾生示佛知見，欲令眾生悟佛知見，欲令眾生入佛知見。**」而這一切的前提就是眾生皆具佛知見。而所謂「成佛之道」，證嚴法師亦有如下開示：

**其實利他就是利己，所以為什麼叫做成佛，佛陀就是自覺覺他，覺行圓滿，自利利他，利行圓滿，這就叫做佛，自覺覺他，覺行圓滿，就是智慧，自利利他，利行圓滿，那就是慈悲，慈悲智慧要合一，所以必定要先立志。**

## 第三節 行經於道 以經印心

2006 年，慈濟行善屆滿四十年，從侷促一隅的佛教克難慈濟功德會到廣布全球的國際非營利組織，12 月 16 日那一天，證嚴法師正式宣告成立「慈濟宗」，並揭櫫「靜思法脈勤行道」、「慈濟宗門人間路」，且言明開立宗門的意涵：

> 曾經有人問我，慈濟既不是禪宗，也不是淨土宗，屬於佛教何種宗派？現在我告訴大家，我們是「慈濟宗」，以人與人之間為道場，修行無量法門。

慈濟開宗立派，對於講求傳承、固守傳統的佛教界，可謂石破天驚，故而，質疑困惑之聲，兼而有之。證嚴法師特以廣大慈濟人在人間行善的法門鼓勵人人，有道是：「人能弘道」，「非道弘人」，慈濟人相信念經、聽經，莫如行經；人人戮力行善與付出便是行經，如此所形塑而出的修行之路，有適應於現代的創新性，也緊密扣合千年前佛陀慈悲的教誨：

> 二千多年前佛陀所說法，在二千多年後的現在，慈濟人做到了。而且不只是在臺灣做到，我們見證了五十多個

國家與地區的慈濟人，他們在各個國度所做，多麼踏實；不只是「如是我聞」，且是「如是我做」、「如是我行」、「如是我見」、「如是我感受」，所做的一切與經典是如此吻合！

　　大家珍惜法脈宗門，用心傳承。師父是「為佛教，為眾生」而做慈濟，自慈濟創立之始，即開始傳承法脈。為佛教，不能停滯在二千多年前的社會，要適應現代；所以我們要讓眾生所接收到的，是現代的人能接受的佛法。

　　慈濟精神理念從靜思起始，人人須先自我淨心，並非只在口頭唸「阿彌陀佛」求生淨土，而是要把西方極樂世界化現在我們的心裡──心淨即國土淨。要淨化到什麼程度？達到「靜寂清澄，志玄虛漠」，心靈無煩惱、無得失、無是非，當下即是淨土。

## 信解行證 首重力行

　　1966 年，在未來的佛教史冊上必是濃墨重彩、足可大力書寫的一年。

　　那一年，印順導師應聘在文化學院授課，成為全臺第

一位和尚教授，於大學校園中以佛法的智慧澆灌青年學子。

同一年，證嚴法師在花蓮成立「佛教克難慈濟功德會」，開始以 30 位信徒為基底，溫渥貧病人群，喚醒人心大愛，日後引動出滾滾江河的隊伍浩蕩長。

證嚴法師曾經如此說過：

**吾師對大乘教義之弘揚不遺餘力，不僅強調「理入」，更強調「行入」。**

綜觀慈濟行經跨越半世紀的軌跡，導師所強調的「行入」應是直接影響證嚴法師孜孜於慈善事業的根源。導師點起當代人間佛教的光源，慈濟人循著這條明鑑之道而行，承接著當空照眼的啟迪，卻也每走一步，自有新意。

原來，學佛有所謂「信、解、行、證」四個次第。

「信」是信受，佛法博大精微，若不先具信心，深入研究，絕難融會了義，所以學佛歷程，起信第一。

其次是「解」。起信之後，就要瞭解它的內容，佛法何以能使眾生轉迷成悟，又何以能使眾生了生脫死。只有正確的瞭解佛法的內容，信心才會堅定不移，學佛的過程

中才不會動搖信心，發生障礙。

　　起信求解之後，進一步就是「行」，行是實踐。學佛，是在明白佛的教法之後，躬行實踐，依法修持，端正行為，澄清妄念，才能明心見性，獲得學佛的利益。

　　學佛最後的一個階段是「證」。學佛的人，如果信心堅定，教法透澈，且依法修持，力行不懈，最後在心境上必有所得，這就是「證」。

　　《雜阿含經》[6] 記載，有一位修行者問佛陀，究竟是「有我」抑或是「無我」，佛陀選擇了緘默。因為他知道，這位修行者只想辯證理論，而不是想要尋求如何破除障礙的方法。也就是說，於佛陀而言，實踐並且獲得解脫的成果，才是最重要的，光談理論而不實踐並不具有意義。而且有時還容易迷失在語言的困局裡，壞處更大。慈濟人回應佛陀的本懷，所謂修福與修慧本就並行不悖，並沒有孰輕孰重的分別。儘管在學佛之路上，若論信、解、行、證

6《雜阿含 961 經》。如是我聞：一時，佛住王舍城迦蘭陀竹園。時，有婆蹉種出家來詣佛所，合掌問訊。問訊已，退坐一面，白佛言：「云何，瞿曇！為有我耶？」 爾時，世尊默然不答。如是再三，爾時，世尊亦再三不答。

四種次第，慈濟人尤以「行」與「證」的修為最特出。

## 行經證道 看見菩薩在人間

2019 年底開始，新型冠狀病毒 COVID-19 在全球擴散，截至 2021 年 3 月 23 日為止，超過 200 多個國家地區、超過一億兩千三百六十二萬人感染確診，兩百七十二萬人 [7] 喪生。在這期間，世界各國紛紛進行封城鎖國，對全球經濟衝擊甚鉅。在這一波世界性的大災疫中，援助足跡已遍及 121 個 [8] 國家地區的慈濟基金會，一如過往五十多年，專注於濟弱扶傾所積累的慈善力，防疫物資至 2021 年三月，已援助了 89 個國家地區，總計 27 種品項，超過 2,508 萬件；因疫情而啟動的紓困援助也多達 38 個國家地區 119 萬戶次、500 萬人次受惠。透過廣布於全球的分支會和聯絡點，一波波的防疫需求，仍不間斷地傳回花蓮本會，尋求奧援。

旅居美國紐約長島的慈濟人醫會志工陳欣蘭（Sheena

---

7 截至 2021 年 3 月底的統計資料。
8 截至 2021 年 3 月底的統計資料。

Chen），是聖查爾里斯醫院的復健師。2020 年三月中，因為在第一線照顧病人不幸感染了新冠肺炎。和當時大部分同事一樣，她每天必須面對大量病患，自身的醫療防護措施卻嚴重不足。眼看著同事們──倒下，有些人甚至沒能逃過死劫。陳欣蘭算是非常幸運的，經過居家隔離，她幸運地康復了。

當有機會走出家門，她從受助者積極成為伸援者。每一次美國慈濟人醫會志工運送防護與救援物資到各個醫療院所的行程，因為感同身受，陳欣蘭都會主動報名參與積極加入。

**我真的很幸運，從這次疫情中康復存活下來。非常理解第一線工作人員，有足夠的防護措施，真的是最大的護身符。**

五十多年來，在慈濟世界中，像陳欣蘭這樣的例子可謂千千萬萬。他們之所以成為慈濟人，未必全然是佛教徒服膺宗教信仰的緣由，更多時候，是因著不同的現實需要：從慈善訪貧、從急難救助、從跨國義診、從資源回收等等，不同的專業功能團隊而加入慈濟。

分布於全球的慈濟人，投身於不同的行善領域，他們所彰顯的真實作為與發揮的影響力，實則都在回應佛法智慧的精要、顯揚佛陀慈悲的精神。

　　《法華經・藥王菩薩本事品》，有所謂「不惜身命」的教導。經中所描述的藥王菩薩，願以焚身、燃臂來供佛與求法，揭櫫的是所謂難行能行，修持大苦行的捨身法門。廣布在全球的慈濟人，又是用什麼樣的勇猛精進心「不惜身命」，親身示現「地獄不空、誓不成佛」的悲願呢？

　　中國大陸青海玉樹藏族自治州，從 2018 年入冬之後，便連續下了好幾場大雪。

　　雪災，讓海拔 4,400 公尺高原上的牧民，陷入缺糧危機。慈濟志工經過勘災評估，過不久，又回到高原上來進行生活物資發放。慈濟是雪災後，第一個伸出援手的民間慈善團體。

　　清晨的玉樹，攝氏零下 25 度，這一趟參與物資發放的慈濟志工們，必須強忍住高山氣候的不適應。為災民們準備的食物、保暖用品一應俱全，每一戶藏民家庭可以領到的物資，足以撐持至少三個月。

巴甲，是一位七十歲的藏民老者，看到身穿藍天白雲的慈濟志工，他掩不住喜悅之情，高興的說：

**我認得你們！**

這讓慈濟人好驚訝。長年在高山上過活的他們，怎麼會認得慈濟人呢？

原來，在二十多年前，1996 年同樣有場雪災，當時就是靠慈濟志工送來物資，他們才得以度過難關。受人點滴，老人家一直記得。收到慈濟人送來的慰問信和得來不易的物資，老人將珍寶頂在頭上，這是藏人最敬禮。

達哇江才，是稱多縣草原工作站長，應也是這群藏民的意見領袖之一：

**二十三年以後，又看見你們了。我們感覺特別特別的感恩，心裡特別的激動，收到這些物資，我們會天天祈禱，天天念經，祈禱慈濟人平安、健康、幸福。**

發放進行到第二天，已經在前一天領到物資的法師更求文江，帶著他的兩件傳家寶，專程來到發放現場。原來，老人帶來的是 1996 年慈濟救災當時，一張羅列有賑災物資清單的薄紙，以及當時裝有慰問金的空紙袋。更求

文江法師之所以專程前來，是想讓慈濟人看看這些他們視若珍寶的歷史文件。

**我父親去世之前，他都很珍惜這兩樣東西，他都用箱子裝起來，父親交代要好好保存，因為您們給我們藏族的幫助這麼大，所以要保留好，好好感謝你們。**

快要風化了的兩張紙，有人收存在保險箱，有人夾在虔誠念誦的佛經裡，現場的慈濟志工很驚訝：高原上的他們，竟是如此慎重地收存著那份感恩與思念。信而有徵，行經於道，以經印心，哪怕在外人看來，或許微不足道。

兩場雪災，兩批面容與身分截然不同的慈濟人，不變的是受助者的感恩之心，不變的是助人者不捨身命的慈悲之愛。

一條織滿時間印記的線縷，緊緊拉住了山下與山上的長情；當下與過往、橫亙二十多年的大愛。


## 受持法門 深入經藏

慈濟人用腳走向苦難「深入經藏」的因緣，示現了「智慧如海」的殷實果報，這一切皆應歸功於證嚴法師在

不同時期，三度宣講《法華經》，並以此作為慈濟人學佛路上的導引，層層深入佛智慧的大功德。

經典是法寶，見經如面佛。《法華經》屢屢提及的修行法門：受持、讀、誦、解說、書寫，表徵上雖在——體現修持《法華經》的功德與不可思議力，然而，對於「力行為善」且「實踐不懈」的慈濟人來說，不斷「走在最前」、「做到最後」，其間的勇猛精進與恆持力，無一不來自「受持」法門的薰習。

聽聞諸佛菩薩的教法，接受其精要且不忘失，且終身信受奉行，即為「受持」。這是印順導師賜下「為佛教」、「為眾生」六個字之於證嚴法師；證嚴法師「佛心」、「師志」之於全球慈濟人，佛門與善門廣啟的殊勝因緣。

## 從善門入佛門 福慧雙修

歷史的時間軸線回到 1963 年，小木屋潛心苦修的時空裡。年輕的證嚴法師，一面潛心修習《法華》，二方面當即立下了不化緣、不做法會、不趕經懺、不收弟子的出家悲願；其後，世事的因緣相應，終究被一群執意追隨其

修行的弟子所感，唯有不收弟子這一椿，未能遂其心志，而於後來超過半世紀的歲月裡，引領千千萬萬佛弟子於菩薩道上廣行無量義。

1966 年，佛教克難慈濟功德會創立，既為「克難」，其過程必然有種種考驗。既志於「拔苦予樂」，即使萬分艱難，也要為眾生萬分堅強。過程中，類此冷言者有之：

**他們自己都吃不飽了，哪有辦法救濟別人？**

蓄意毀謗者亦有之：

**他不是自命清高、堅持要自力更生嗎？現在生活不下去了，就組織慈善會，想藉此募款。真聰明啊！**

這些聲音，傳到了一向自愛自重、護惜清譽的青年法師耳中，當下不免驚訝與難過，但他卻未曾自傷自憐、放棄退縮。法師回想出家修行以來，從棲身的小木屋，到借住慈善院、普明寺，一路走來不也正是許許多多的「逆增上緣」，涵養出更為堅定的道心：

**假如一切都很順暢，我說不定會在小木屋終老一生，自修自度，做個自了漢。若不是為了有個地方掛單，到慈善院講經，也不會與幾位弟子結下師徒法緣；更不會因為**

醫院地上那灘血，而發願成立慈濟……

自力更生，是一條真正「安貧」與「樂道」的時間軸線，一縷貫串著證嚴法師出家前的初衷，直至慈濟功德會成立後的自立堅持；貫串著「一日不作，一日不食」的百丈清規；貫串著精舍數百位出家眾，以及從世界各地前來精舍，奔忙於會務的慈濟人，一日三餐的衣食用度；這一縷綿綿密密的繩線，針針入裡，落實為脈脈相傳的「靜思家風」。

為了堅持自力更生，從最早師徒幾人借住普明寺木板房，到如今的靜思精舍，前後嘗試過數十種手工製造營生。證嚴法師更感恩於俗家母親買田以供耕作、買地以蓋精舍，是母親的助緣，才能堅守自力更生的志願。

前後從事數十種手工的因緣、起落生滅，早年的出家眾如數家珍；過程中的周折圖像，彷若靜思精舍完全扮演慈濟後盾的承擔史，慈濟人到靜思精舍，都說是：「回家」，有著歸依心靈故鄉的意涵，更有著體解師父們持家不易的不捨。

從上個世紀 60 年代進入 90 年代，「手工」的自立精

神，邁向新的範疇。創立於 1993 年的「靜思人文志業股份有限公司」（前名「靜思文化公司」），跟著時代的推演進程，成為自力更生的現代化模式。

## 社區客廳 人文空間

1989 年前後，採擷自證嚴法師精妙法語的《靜思語》出版。有一回，證嚴法師到臺北，一個弟子帶他參觀一家很大的書店。法師看到《靜思語》被歸為宗教類書籍，他告訴弟子，《靜思語》是勵志書籍，應該讓大家容易看到。

明珠在懷，虛靈不昧。原在書店冷門區裡的《靜思語》依著讀者的詢問熱度，慢慢地被挪置到顯眼之處，繼而成為銷售排行榜上的暢銷書。也就是從那時候開始，慈濟人漸漸萌生一個念想，希望建構一個「人文空間」，能將靜思人文出版的各類有益人心的書籍，一本一本、好好的陳列在書架上，供有緣的讀者細細品閱，以免受到商業機制的約束。

這個念想逐漸具體成形，這個「形」，就是靜思書軒。

千禧年前後，馬來西亞檳城，全球第一家靜思書軒成

立。結合書店與咖啡店的特質，靜思書軒的營運模式就此建立。

在往後的二十年間，全球總共有一百多家靜思書軒，從馬來西亞而臺灣，從臺灣本島而世界各地，只要是慈濟人所在地，因緣具足，便常看到書軒定靜在不同場域。

在焦慮不安的醫院角落，它是病者、家屬與醫療團隊紓解高壓的寬心所在。

在喧囂的商業街區，行色匆匆間忙與盲，旅人偶然推開靜思書軒大門，常會被裡頭的一草一木，書頁上的一段文字，而佇足靜思，重新找到出發的力量。

在古樸的蘇州庭園中，書香、茶香、咖啡香；溫婉有情的問候之聲，穿越古建築的廊道與庭院而來，沒錯，這家書軒就設立在中國蘇州一間古樸的義莊古蹟裡。

由靜思人文以專款設立的靜思書軒，沒有一分一毫來自慈濟會員的捐款。在證嚴法師淨化人心的理念下，靜思人文所發行的圖書、影音光碟以及環保產品等，透過直營店面，直接與大眾結善緣，其間營運所得，加上法師著作的版稅，勉於維繫靜思精舍的生活用度。

靜思書軒可以讓來客將架上的任何一本書，還未結帳就拿到座位上閱讀，品嚐一杯咖啡，同時品讀一本好書。書軒裡多以靜思人文所出版的書籍為主，涵蓋了知識、心靈、教育、醫療、社會關懷等不同層面。精舍常住師父手作的蠟燭、五穀粉、薏豆粉等等生活產品，歲歲年年，受到眾人的喜愛。基於環境保護、資源回收的再生產品，環保用具的推廣，在靜思書軒門市都成為熱門請購品。

　　外界更常評說書軒是「愛的連鎖店」，除了職工之外，還有一群志工，每天輪番來顧店。他們不領薪，卻放下身段，以主動、微笑傳達真誠的關懷。

　　2005 年開始，更有書軒小志工加入服務的行列。孩子們在樂於付出的氛圍中接受人文的薰習，善的教育從此開始。

　　五十多年來，靜思精舍自力更生的一貫清規不變，這裡的生活用度，不僅沒有一分一毫來自慈濟會員的捐款，反而提供飲食、住宿接待全球慈濟人。證嚴法師認為，慈善、濟貧屬於生活層面的救助，然而人心淨化、精神滋養，必須仰賴人文的力量。從縫嬰兒鞋，到靜思書軒內種

種化人文美善於產品中的用心，皆源自於證嚴法師「自力更生」的最初一念。

對於佛教徒的供養僧侶，證嚴法師別有見地：

**雖然我都說我不接受供養，其實在精神上、人力上，慈濟人無所求地付出再付出，做我想做的事，這不就是對我的供養嗎？**

法師更進一步解析供養有兩種：

**一種是以物質供養「生命」，另一種是以心力供養「慧命」。慈濟志業是一個慧命，大家為這個慧命盡力，就是用「行為」來供養我，給我精神力量，所以我也是接受供養。**

## 一字一句　人文緣起

早年臺灣寺院在舉辦法會時，善士都會捐米、捐錢來贊助，寺方多以書寫明細張貼在寺外以資感謝。沿襲這個傳統，證嚴法師在創辦功德會起始，即要求委員們必將每一筆捐款，詳細記錄在勸募本上，以便隨時公開資料，作為「徵信」。昔時借住普明寺，小小空間難以張貼逐日增

加的會員捐款明細，後來搬遷入靜思精舍有了自己的家以後，大殿外的灰色牆面上，自然成為捐款芳名的公告處。在功德會成立後的第十四個月，1976 年 7 月 20 日，一份四開形式的報紙《慈濟》創刊了。《慈濟》雜誌創刊，最重要是繼續以更為現代流通方式，承擔起「徵信」之責。因此在日後，因本會的會務而生、與本會同聲息的慈濟人文志業，如是開枝散葉。

　　《慈濟》雜誌草創的初期，採訪編務也是克難。每次證嚴法師出訪時，用以記錄的紙張所需，就用每天順手撕下的日曆紙，法師把親眼所見所感一一記下，就成了最好的故事素材，再交由早期的花蓮在地記者，也是仗義幫忙的侯蔚萍、陳貞如等人，改寫成新聞報導，刊載在雜誌上。每張日曆紙經常寫滿了用鉛筆、藍色原子筆、紅色原子筆、甚至毛筆等，密密麻麻、深淺不同、層層覆蓋的字跡，這是證嚴法師跋山涉水、看盡人間苦相的實錄，若真的要問：誰是啟動人文志業的第一個慈濟真善美志工，當推法師為一。

# 第二章
# 慈濟月刊

證嚴法師倡導「佛法生活化，菩薩人間化」，以「四無量心──慈、悲、喜、捨」為慈濟的精神內涵，並依此開展出四大志業，從慈善延伸到醫療、教育而至人文，正是藉著有形的志業來淨化無形的心靈空間，進而提升社會的祥和美好。

若將慈濟比喻成一棵樹，那麼，慈善是根，醫療是幹，教育是枝椏，而人文則是接收雨露的樹葉。

佛陀說世間有「成、住、壞、空」四相，因人心貪欲、對立等造成戰禍不斷，再加上天災，使得承載萬物的地球慢慢崩壞。要消弭人世間的災難，唯有淨化人心，「臺灣無以為寶，以善為寶」，證嚴法師勗勉人文志業必須做為人們的耳目，收集美好，播送光明。

1967 年 7 月創刊的《慈濟》月刊始於徵信，但其間

刊載的人間佛理與好人好事，是慈濟人文志業的濫觴。如今，包括定期刊物、出版書籍乃至廣播、電視，皆以闡揚人性真善美為依歸，正人聽聞，傳播「真」的訊息、透過「美」的作法、導往「善」的方向。

## 第一節 勸募行善 信而有徵

1965 年，美援終止，是臺灣從二次大戰後復原開始自力的時候了，此後十年，世所矚目，為臺灣經濟發展的黃金十年。國人充分發揮勤儉的美德，每人平均儲蓄率達百分之三十，全球第一。

這時，1966 年成立的佛教克難慈濟功德會，不忍見到東部貧病交迫的百姓，於是號召婦女每日省下五毛買菜錢，出手助人，就在成立後第二個月，濟助了一位從大陸來臺尋夫未著而流落異鄉的林曾老太太，開始慈濟慈善之路。

在當時那麼節儉的社會，家庭主婦還願意捐輸救人，多難得，但每一分募來的錢都救了些什麼人？

證嚴法師想起每次寺廟在做法會時，都會把什麼人捐

了多少東西、多少米、多少油，寫在紅紙上張貼在廟門口，以昭公信，「**誠，就是心甘情願付出。正，是善款要點滴不漏。只有秉持著誠和正，腳踏實地去付出才能取信於人。**」證嚴法師用「誠、正、信、實」四個字，為慈善工作的人文精神定調。只是功德會成立最初三年借住在普明寺，小小的空間要把所有捐款者名字公布出來是有困難的，如果有一份刊物就可以解決問題了。

在花蓮市區經營委託行、兼任《民聲日報》記者的陳貞如，是最早跟隨證嚴法師從事慈善工作的婦女之一。她看到需要幫助的人很多，靠一天存五毛買菜錢，累積善款的速度緩慢而且有限，就想到透過媒體將功德會行善的想法廣布眾人，於是提出辦雜誌的構想，有了雜誌也就等於有了募款和徵信的工具。證嚴法師衡量當時功德會的狀況，再怎麼做嬰兒鞋及匯集眾人善款，要支付每個月的救濟費用都很勉強了，哪來的多餘資金辦雜誌？

陳貞如和舅母吳玉鳳商議後，兩人決定每日節省三十元、每月集資一千八百元，共同分攤出版費用。接著，陳貞如又找上《中央日報》花蓮分部主任林志勝、《中華日

報》特派員侯蔚萍及《中國時報》特派員溫煥元等，幫忙辦申請登記。陳貞如說，以當時還在戒嚴時期的政治氛圍，出版都要被嚴格審查，還好有他們三個被花蓮傳播界稱為「三仙老公仔標」的資深記者幫忙，《慈濟》雜誌才得以出刊。

功德會成立十四個月又六天，《慈濟》雜誌在花蓮創刊。從徵信出發，字字句句都是慈悲、濟世，「《慈濟》雜誌顧名思義是慈悲為懷，濟世為志，但卻是廣義而非狹義、積極而非消極。所以，創刊主旨雖然是闡揚佛教真諦、報導佛教動態，不過我們的主要用意卻完全在乎：介紹好人好事、挽轉社會頹風。闡揚佛教真諦和報導佛教動態，是以慈悲為出發點的；而介紹好人好事與挽轉社會頹風，乃是以濟世為總歸驟。」這是 1967 年 7 月 20 日，在四開報紙型的《慈濟》雙周刊創刊號上所登出的發刊獻辭。

發刊辭強調，《慈濟》雜誌版面不大，卻非常珍貴，所以「絕不浪費一字一行，說那無益於人、無利於世的話，今後也絕不違背主旨與用意，去做那無關潛移默化，無關慈悲、濟世的事。」

創刊號頭版有一則啟事，呼籲佛弟子「體佛陀之悲懷、追大士之芳蹤」，加入功德會濟貧救苦：

　　佛法以離苦得樂為宗，解脫其生死苦迫，誠為要著。而於人間現有之苦，若貧病、孤老無依、災橫，尤為發大心者所宜出於同情之慈愍，而予以救濟者也。況今地處穢土，時當濁世，苦難偏多，吾佛弟子尤宜體佛陀之悲懷、追大士之芳蹤，隨分隨力有以救濟之矣。爰發起組織「慈濟功德會」廣徵會員，月施淨資用以救苦救難之需，善款寄存於第一信用合作社，推許老居士聰敏負責保管。每月24日由證嚴法師為持誦藥師經咒，以資迴向，消災延壽。

　　佛說救苦為先，世稱為善最樂。此舉也，定能會員日眾，善款日集，受援濟者日多，而發心者功德日日增長也，是為啟。

慈濟功德會啟

　　兩百多字出自印順導師之手，是導師對弟子克難從事慈善工作的支持。

「一個女人可以不只提家裡的菜籃，可以五毛錢幫助人，這一句號召帶動了非常多善女人。」早期《慈濟》雜誌有固定專欄「慈濟委員聯誼會講話」，是靜淇師姊每月整理師父講講稿而成。「我很感動，就把很多自己的心得變成小品文，寫在月刊寫在月刊上，成為『如是我聞』專欄。」

在一篇篇的雜誌文字間，接引更多傳統女性走出廚房，加入慈濟善行行列。原本要徵信，想記載慈濟歷史的刊物，也逐一記下了臺灣社會點滴的變化。

## 第二節 有情相挺 物力維艱

1967 年 7 月 20 日正式發刊的《慈濟》雜誌，由林志勝任發行人、陳貞如與吳玉鳳分任社長及副社長、侯蔚萍為總編輯、《民聲日報》特派員李業漢兼任記者，首期發行三千份。

頭版標題：「寡居貧病老婦林曾 獲慈濟會長期救助 按月付生活費 並雇人照料」。

陳貞如在出刊前兩天的傍晚，為了趕著將編排完成的文稿送去精舍，騎車在拐進靜思精舍的小徑時，沒有路燈

視線不明，撞上一個阿伯，兩人都受傷，警員將他們送去醫院包紮好，陳貞如來到精舍已一片漆黑。法師見她手腳纏著紗布，心疼的關懷了好一會兒。

次日，陳貞如拿著即將送印刷廠的版樣，來到新港街記者聯合辦公室時，侯蔚萍見到：「這是好彩頭啊！」

《慈濟》雜誌創刊迄今超過五十年，發行量一度衝破三十萬，成為全臺灣發行量最大的免費期刊。

陳貞如社長出資、負責編務三年多，就回歸靜思精舍發行，但她還是常隨法師外出訪貧、記錄資料，照樣供稿。

一次，一行人到屏東探視一名烏腳病患，一進屋，惡臭撲鼻而來，很多人忍不住跑到屋外嘔吐，陳貞如負責照相，憋住了氣，「**我看到那人的傷口爬滿了蛆，還有蒼蠅在上面沾吸，令人不忍卒睹！**」這樣的描述和照片都透過《慈濟》雜誌，傳達出去，相對於無動於惡劣環境，照樣慈愛關懷的證嚴法師，讀者看了都如臨現場萬分感動！1982 年，負責印刷的光文社印刷廠老闆林敏隆，幾乎天天開車到精舍取稿，也幫忙購置日用品；等稿子到了一定

數量，林敏隆再送去總編輯侯蔚萍家修潤和下標，證嚴法師每個月在出刊前，也必定親自到侯家關心內容和進度。

侯蔚萍協助月刊編務二十多年，直到1986年慈濟醫院啟業，編務才轉由臺北專人負責。

除了侯蔚萍，因採訪而認識慈濟的張新舟也是早期筆耕者之一。

1975年他考上《更生日報》，來花蓮任職。初出茅蘆的阿舟無特定路線便常到門諾醫院發掘題材；隔年開始跑慈濟功德會，一去就被黏住了。他經常參加委員間的討論，因為言談當中太多動人題材。有時一些關懷戶住在偏遠地區，老委員到不了，就會委託阿舟代勞做調查，他靠著一部摩托車，最遠曾到鳳林和光復。

因為常跑訪視個案，阿舟很能體會貧苦人家的需要，因此號召年輕人一起幫忙打掃；後來還組織炬光青年工作隊，隸屬在功德會下，定期去孤兒院、殘疾收容機構等關懷。

還有一位中央日報特派員邱錫英，是在花蓮慈院建院時期因為採訪而自動加入月刊幫忙撰文。他工作量很大，

白天在報社發完稿，一有空就跑精舍幫忙審稿和編輯；從會務報導寫到建院報導，邱錫英筆下見證了慈濟的演進，留下很多寶貴史料！在靜思精舍德宣師父眼裡，邱錫英簡直是一位「沒問題」先生，有求必應！

早年雜誌 64 頁，徵信名單就占去三分之二篇幅，剩下三分之一要摘錄印順導師《妙雲集》文章、會務報導、個案資料、委員小傳等，每個月都得精算，才能將這些內容擠入版面。

邱錫英總戴著一副眼鏡、臉上常掛笑容，是很和藹的長者，大家稱他「歐吉桑」，雖然個性大而化之，但對文字的要求卻非常嚴謹，字斟句酌。在月刊創刊四十周年當天，證嚴法師追念歐吉桑：「**這位令人敬重的長者，如今雖已離我們而去，但重睹照片，腦海中仍浮現他的笑容，彷彿聲音還在我耳邊迴盪……**」

陳貞如、侯蔚萍、邱錫英等在最克難之際，無私奉獻，為慈濟人文志業的初始開創出一片天。

## 第三節 誠正信實 守之不動

《慈濟》雜誌每一期必定要刊載「每月樂捐名單」，密密麻麻記載著捐款者姓名和金額。儘管以五元、十元居多，證嚴法師仍強調，每一分毫都要清楚透明，不能有無名氏，「一分一毫點滴不漏，就是『正』，唯有做到『正』，才能取信於人，廣招來眾。」

慈濟人除了捐款、勸募，還親自走到一個個苦難人的身邊，確實徵信，他們是急待救助的對象，所以每一期版面上也刊登「每月受救濟名單」，讓捐款人知道，善款用在哪、救濟了誰。

**「訪視不只要撥出時間，還要自付車馬費，這分心甘情願就是『誠』。」**

跟隨證嚴法師的腳步，慈濟委員都看到也學到了腳踏實地的付出。**「就像馬拉車，要有橫擔，『信』就是慈濟和會員之間的橫擔，有『信』才能啟發人的善根、培養功德。」** 師父以身教告訴弟子，做慈濟人就要傳達慈濟理念，架起善的橋梁。

《慈濟》雜誌創刊那年的 11 月 18 日，立冬剛過，強烈颱風吉達登陸東臺灣，是當時氣象觀測史上「全年最晚侵臺」的颱風，最大風速出現在花蓮，許多日治時代留下來的傳統木屋擋不住強風吹襲，全縣全倒或半倒的高達三千七百多間，消防人員第一時間撤離住在危險區域的民眾，超過一萬人。短短數小時，全臺五死五十七傷，尤其貧窮的後山花蓮，災情相當慘重。

　　入冬後東北季風漸強，住在板房的證嚴法師感同身受，憂心著：「天氣愈來愈冷，貧窮又受災的人要如何過冬？」

　　災後兩天，11 月 20 日第九期《慈濟》雜誌出刊，頭版標題：「吉達颱風猛襲，花蓮災情慘重，有待各界發揮同情心，慷解義囊濟萬千災民」。

　　國民黨花蓮縣黨部號召民眾捐錢捐衣捐食物，功德會立即響應，挨家挨戶勸募，收集一件件舊衣，匯集三元、五元不等的零星捐款，轉交給花蓮縣黨部，再透過黨部各鄉鎮聯合服務大隊配送給災民。

　　災民當中有很多是慈濟長期照顧戶，證嚴法師也希望

能給他們一些援助，但當時功德會正為李阿拋[1]建屋，花費金額 4,200 元，實在沒有餘錢了，於是愛唱歌的陳貞如想到，舉辦慈善義演籌募善款。

1968 年 1 月 12 日，功德會和陳貞如服務的《民聲日報》合作，在中美戲院舉行兩場冬令救濟慈善歌舞大會。當晚，時年 28 歲的新生代歌手謝雷演唱最新單曲〈苦酒滿杯〉，贏得如雷掌聲；此外，小調歌后徐珮以及演唱〈冰點〉一炮而紅的新銳歌手蔡一紅、邵氏電影公司新人高明等，都共襄盛舉。

兩場慈善歌舞大會盈餘 9398.2 元，功德會分成兩部分運用，其一針對 19 戶照顧戶，視狀況補助一百到七百元；另一部分 3918.2 元響應東區警備司令部，為期一個月的冬令貧民供膳活動。

每月 5 日及 20 日出版的《慈濟》雜誌，及時發揮了

---

1 1967 年 10 月，證嚴法師前往探視雙眼失明、無親無故的李阿拋，發現他行動全靠摸索，燒飯、睡覺都在一間小小的茅草屋裡，於是決定興建以空心磚為主體、上蓋鐵皮的小房屋，並且每個月濟助兩百元。這塊建屋的土地，由吉安火車站站長張榮華先生捐贈，1967 年 12 月 15 日完工入厝，是功德會援建的第一間慈濟屋。

號召善士救助災民的動能。「慈善要有人文，理念才能源遠流長」，從此奠定以「誠正信實」為精神的慈濟人文志業開端。

## 第四節 從信而有徵 邁入人文

雖說《慈濟》雜誌最初為了徵信而辦，但無心插柳，因濟貧救災記錄下 1960、1970 年代臺灣後山底層社會的貧病面貌。

「**成立功德會是為救貧，為什麼窮人愈救愈多？**」這是證嚴法師行腳各處偏鄉與貧戶後的心情，當時不甚富裕的臺灣社會，窮苦人家真的愈是深入發掘愈多。為了要了解他們因何而貧，證嚴法師用心去觀察、用雙腳行走，以「人間」為研究室，終於發現貧病相生循環不已。

在當時鮮少被披露的社會暗角苦相，隨著《慈濟》雜誌——被志工帶進會員家裡，甚至太太們洗髮的美容院、買東西的雜貨店、菜市場，後來還被送進監獄，成為一些受刑人的精神糧食。

《慈濟》雜誌鋪書通路不同於一般，長年提供免費索

閱。它緊密跟隨慈濟慈善國際化腳步，因此也穿越國界，將見證全球苦難現場的一張張照片、一篇篇文章，展現在不同種族、不同國籍的世人眼前。

創刊九個月後，1968 年 4 月，《慈濟》雜誌改為每月發行一期，就此改稱《慈濟》月刊。1969 年 7 月，滿兩歲的《慈濟》月刊收歸精舍發行。由專職人員負責編務後，月刊也逐步走向專業化，開闢較大版面，呈現慈濟人文格局。

1979 年為了籌建花蓮慈院，證嚴法師每月行腳各地說明，1982 年 10 月「隨師行記」首次刊登在慈濟月刊 192 期當中；爾後每月記錄變成每日記錄，2004 年更名「證嚴上人衲履足跡」，和「靜思晨語」專欄，一直是月刊中最受歡迎的法音篇章。此時的月刊除了徵信，更擔起揚善弘法、教化蒼生的重任。

「為淨化心靈作活水、為祥和社會作砥柱、為聞聲救苦作耳目」，這是慈濟人文志業執行長王端正立下的使命，還要在人心徬徨失序的時代，「為顛狂荒亂作正念」。

1998 年大愛電視台成立，月刊也做了一次大改版，

從黑白變全彩印刷，增加專業的攝影記者。

1999 年九二一震災後，《慈濟》月刊緊跟著重建腳步，做了連續四年多的紀錄性報導，忠實呈現全臺重建過程中發揮的生命力與志工愛。

2007 年，創刊四十年的月刊站上數位科技浪頭，推出電子版。慈濟人文志業執行長王端正說：從「求真」階段的徵信，到「求善」階段的良善報導，「求美」階段的提升文字、圖像、印刷品質，到目前真善美全方位發展，在《慈濟》月刊「不惑之年」，「這本迴盪著愛的聲音、蘊含著善的力量的月刊，將更任重道遠、全力以赴，貫徹堅持不變的理想。」

近二十年來，全球發生多起重大災難，《慈濟》月刊專業記者都跟著志工亦步亦趨記錄災難中人們互助互愛的故事，也引導讀者思考人與人與環境之間怎樣和諧共榮共存。從 2000 年起，月刊陸續獲得金鼎獎、社會光明面新聞報導獎、卓越新聞獎等國內外重要新聞報導獎項肯定。

## 第五節 彈指之間 人文歷史

2017 年,《慈濟》月刊創立五十年,一幀幀圖片故事從黑白到彩色,鋪展在臺北慈濟醫院的人文走廊。

在半人高的觸控螢幕前,伸手一點旋轉雜誌架,609 本月刊隨著手指上下移動,放大的頁面展示眼前,早期證嚴法師在委會員聯誼會的談話也歷歷在目。

創刊半世紀,編輯群隱身幕後,他們隨時聯繫海內外志工,如期將蒐羅的精彩內容過濾整理後配圖、編輯、撰述而後排版印刷,資深記者黃秀花帶大家導覽月刊歷史:

**「這份刊物從徵信起步,當時的兩個主題分別是救濟貧病個案及捐款徵信。剛脫離美援的時代,能創辦一本刊物非常不簡單,但隨著慈濟建院等脈動發展,逐步豐富了月刊報導。」**

特展中,攝影記者黃筱哲挑出十六位環保老菩薩的身影,都是早年從事勞力工作,以粗糙厚實的雙手負擔家計,即使年紀大了仍然投入環保志工行列。

其中臺南翁春子阿嬤的故事最讓他感動:早年捕魚維生,受到證嚴法師的感召,她不捕魚了、吃素了,每天利

用竹筏打撈釣客丟棄的與上游流下來的垃圾。有次遇到很難打撈的垃圾，她念念有辭：要乖乖讓我撈起來……「**為了土地、為了子孫，環保志工發揮良能，用心用力回收資源，他們值得我用一輩子時間記錄。**」黃筱哲深受感動。

算起來，從最早的鉛字印刷單張報紙，到現在精美全彩，五十年總發行量超過六千五百萬本。

回溯當年，這份免費索閱或贈送的雜誌，在每月印刷的同時，精舍常住二眾也都忙著核對寄送名單，早先用刻鋼板的方式，把捐款者姓名、住址——刻好了、印出名條，只等雜誌一來，熱騰騰的，精舍中庭就鋪上一大塊塑膠布，眾人圍著，起碼四十人，就連證嚴法師也在包裝隊伍中，雙手不停的把一本本月刊裝入貼好名條的信封袋。

當時為了便於包裝，法師還特別設計加長型的封嘴，雜誌放進去後還可以將封嘴折一折、插在雜誌中頁好固定；如此省時省力，也免掉了黏貼，非常環保。

這時打包好了就趕在郵局下班前，由常住師父踩著腳踏車載去寄送，當時還好數量沒那麼多，但是到第二年，寄送量堆積起來比一個人還高，這時精舍買了部摩托車，

德慈師父考照，騎車載去郵寄。等發行到六千份時，摩托車載不動了，就由會員開著小貨車幫忙載送。

　　光文社老闆林敏隆說，他接手雜誌印刷時，發行量才一萬多份；到 1990 年移交給臺北分會時，已 21 萬份。那時花蓮的設備早就無法負荷那麼龐大的印量，只得轉包到臺北印刷。

　　過程中還一度印刷完了，再由會員自發性北上，將才出爐的月刊運回花蓮，一趟來回七小時，林敏隆說：「那樣的場景令人感動，真的只有克難兩字可形容。」

　　如今因應網路普及和環保趨勢，慈濟月刊也推動「少紙化」，減少紙張和油墨的實體資源消耗，以及運送過程所製造的碳足跡；啟用下載簡便的閱讀軟體後，即使年長、不諳電腦操作的讀者也學會閱覽電子版月刊，近期每月減少到印刷五萬本紙本月刊。

　　人文志業執行長王端正說：一本雜誌的成功，不在於印刷是否精美，也不在於篇幅是厚是薄，當然也不在於發行量多寡；它之所以受人珍惜與尊敬，在於對自身理想的貫徹與對讀者的影響。有多少人因閱讀《慈濟》月刊而改

變一生？多少人因為《慈濟》月刊因緣而走入行善行列？多少人因《慈濟》月刊而頓覺今是昨非？又有多少人因此幡然悔悟，被它即時啟發、再現毅力與勇氣？

做為一本非營利雜誌，走過半世紀，始終堅持引人向上向善，少有的清流媒體角色。在未來，《慈濟》月刊亦將秉持證嚴法師「慈悲濟世」初衷，以及「報真導正」宗旨，繼續前行。

# 第三章
## 大愛廣播

### 第一節 空谷之音 音緣起始

　　1985 那一年，遙遠的非洲衣索匹亞發生饑荒。為援助饑民，美國歌手推出了合唱歌曲《We Are the World（天下一家）》，版稅捐作賑災用途，流風所及，世界各地多有仿效。

　　臺灣，也在那一年的 10 月 25 日，邀集了不同地域，不同唱片公司的華人歌手，推出了《明天會更好》單曲，對飢荒與無情戰火下的受害者給予祝福。六十位群星合唱，成為臺灣華語流行樂壇最成功的公益歌曲，也為臺灣唱片市場充斥盜版、盜錄的問題，提出柔性勸說的呼籲。

　　同一年，臺灣第一例試管嬰兒誕生。

　　「臺北市第十信用合作社」發生超貸、侵占、背信、偽造文書等經濟犯罪事件，「十信案」爆發，島民人心不安。

大時代的記憶場景，若從非洲的飢荒，從臺北媒體競逐的新聞焦點，轉移到臺灣後山花蓮，則是另一番景況。

當年 11 月 15 日出刊的第 229 期《慈濟》月刊〈隨師行記〉專頁中，記載了證嚴法師的談話：「慈院醫療大樓建設到五樓，也許明年三月可以啟業，但是醫院的儀器設備約四億元，這也是沉重的壓力，期許大家再接再厲……」

這份承擔的因緣，要回到 1979 年 7 月 8 日，證嚴法師首次在靜思精舍所舉辦的慈濟委員聯誼月會中，所提出的興建佛教慈濟綜合醫院的想法。當時在場的委員們雖然多數支持，但反對的意見也有。

護持證嚴法師甚深，在臺灣大學任教的陳燦暉教授，就是第一個反對的人，他考量到法師的身體不好，遂請求師父為弟子珍重。陳教授更進一步表示慈濟十幾年來，好不容易建立起的慈善工作，仍需法師領導，考量建院的經費、土地及人力，絕非當時的功德會所能承擔。證嚴法師聽完，更進一步分享建院的心境：慈善工作好比水庫，慈濟人是興建水庫的人，會員支持猶如涓涓細

水，假如有一天雨水中斷了，等待滋養的眾生誰能來照顧呢？不如想辦法挖出一口深井，讓甘美的泉水源源不絕。掘井人的比喻，是希望以建院一事，啟發每個人的善心善行，眾志成城，也期待這所醫院，能夠讓慈濟的慈善志業，自食其力，長長久久。

終而，興建一所大家的醫院，成為所有慈濟人的共同目標。

為了啟建醫院，功德會依法向當時的臺灣省政府社會處申請成立「臺灣省私立佛教慈濟慈善事業基金會」，獲立案通過，始得以籌募慈濟醫院的款項。

然而，建院的開始，首先便因用地取得不易，而一波三折。

1980 年 10 月 19 日，時任臺灣省政府主席的林洋港先生來訪，了解法師建院的想法。證嚴法師拿出捐款帳冊向主席說，如果建院失敗，將會退還所募之款項。主席見言：從來沒有一間寺廟會將捐款退回的。

隨後，便向蔣經國總統回報此事。

三天後，10 月 22 日，蔣總統親臨精舍。肯定證嚴法

師慈善工作的成果以及建院的發心，指示花蓮縣府設法協助建院用地問題。後歷經換地、兩次動土，終於在 1984 年 4 月正式興建。

1985 年的時空環境：前有證嚴法師建院意志的卓絕，彷若地獄不空、誓不成活的悲願無可撼動；後有龐大的建院經費，仍然無著，分期要支出的工程款項以及購置設備費用，總是重壓在證嚴法師的肩頭上。

想要承擔的責任太重，如何能讓這靜默無聲，只有少數人知曉的善行義舉，能傳播更快，讓更多人知曉，接引更多有心人參與呢？

## 義不容辭 開講慈濟

不可思議的殊勝因緣，慈濟廣播初試啼聲，從幾位有心人開始。

1985 年 11 月 16 日，「慈濟世界」廣播節目在臺北民本電台開播，這是慈濟的第一個廣播節目。資深廣播人林義傑和慈濟志工、法號靜睿的柯美玉，攜手開創「慈濟世界」廣播節目，從臺灣北部開始發聲。

當時，廣播人林義傑只是對慈濟有好感，完全不了解慈濟的會務。

他回憶道：「最早有一位朋友吳明賢跟我說，你是個廣播人，知道廣播的影響力無比深遠，應該要為慈濟做節目，把善的訊息傳播出去。」

林義傑同時在天南電台及民本電台都有廣播時段。

「但慈濟是什麼？我並不認識啊！」

原來是會計的慈濟志工柯美玉，和廣播的因緣更神奇：「我那時正在裝潢房子，吳先生就透過裝潢的老闆跟我認識，然後介紹林義傑給我。」身為慈濟委員的柯美玉，立刻去拜訪林義傑，一席話談了五個小時。

之後，柯美玉陪同林義傑到花蓮和證嚴法師見面；法師行腳臺北，林義傑也來拜訪，其間勉勵他多接觸、多了解慈濟。

林義傑坦言，當時只感動於證嚴法師的悲願，憑藉的也只是單純的感動，便義不容辭，在 1985 年 11 月 16 日，從天南電台「歡樂之聲」時段，撥出一小時，每天清晨五點五十分到六點五十分，專說慈濟事。

這是第一個廣播節目「慈濟世界」的緣起。

節目內容剛開始是由柯美玉提供訊息，請一位學傳播的小姐負責撰稿，提供做為林義傑主持時的參考資料。然而，倉促成軍，內容始終「隔了一層」。正巧證嚴法師行腳臺北，在清晨收聽後，對柯美玉說：「這樣的廣播不行喔！主持人講不出慈濟精神，聽的人也無法了解慈濟。」但是，已開播三天的節目不能停，柯美玉想都沒想就說：「明天我來講！」

自嘲「什麼都不會，只有膽子夠大。」的柯美玉，原在舅舅公司擔任會計，從此「撩落去」和林義傑共同主持。

1986 年元旦起，「慈濟世界」廣播，從天南電台改到民本一台，1296 千赫播出，每天早上六點五分到七點，收聽範圍涵蓋大臺北、基隆、桃園地區。

民本電台台長胡炯心先生來自上海，虔心學佛，他歡喜也支持林義傑提供時段給慈濟；但是，為了營運，每月兩萬六千七百元的電台費用卻難免。初始時，廣播費用就由柯美玉的舅舅、聯玉公司周江潭老闆和一位馬廖雪月師

姊一起發心，之後才由其他慈濟人認捐。柯美玉說：「早年的『慈濟世界』都是自力更生，不向基金會拿一毛錢。」功德會亟需用錢，良善的大德發心贊助，讓節目可以一氣呵成，不必在中段插播廣告；錄音室、錄音師則由林義傑免費提供。

倒是與民本電台的好因緣，從 1986 年起，就沒中斷過。儘管幾十年來，廣播電台都調整過頻道與時段費用，在民本電台的慈濟節目，卻是一直維持著當年的費用，從來沒有漲價過。

「**步行在清朗芬芳路上，沐浴在佛法清泉流中，他，是慈悲康莊的道路；他，是智慧不息的泉源。**」

這是證嚴法師為「慈濟世界」廣播節目，親作的開場詞。慈悲與智慧的清音穿越時空，在喧囂的人間流淌……

### 天籟傳訊 如沐春風

空中傳法，人們認識慈濟的管道，除了《慈濟》月刊，多了慈濟廣播。

1985 年春天到 1986 年夏天期間，農曆每月的最後三天，證嚴法師都會來臺北的吉林路、當時的慈濟會所，為大眾宣講《藥師經》。法師行腳的消息，經過廣播的放送，場場爆滿。

資深志工張月裡帶來八十多歲的老菩薩，因為收聽慈濟廣播深受感動，發心捐錢協助建院。

住在臺北市中山北路三段的聽眾張先生，是一位視障者；他從住家徒步到吉林路會所拿取介紹慈濟的小冊子，發心將小冊子作成點字，讓其他視障者也能認識慈濟世界。

因收聽「慈濟世界」廣播而發心的大德不勝枚舉。其中最為人津津樂道的，莫過於樂生療養院發起的「賣心蓮」運動了。

## 病友蓮心 地獄天堂

昔時的樂生療養院位在新北市新莊和迴龍交界的山坡上。1930 年，由日本人設立，專收痲瘋患者。許多院友因病而面容毀損、四肢傷殘甚或失明，有人將此處譬喻為

「現世地獄」。

　　早在 1978 年 9 月，證嚴法師便造訪過樂生。在棲蓮精舍念佛會會長金義楨請求下，法師責成慈濟志工胡玉珠與樂生院方溝通，共同整修破損的朝陽舍，將 21 位生活無法自理的蓮友集中遷住於此。

　　金義楨會長在 2015 年接受訪問時，追憶了與證嚴法師初見的情景。[1]

　　「證嚴法師與其他法師不同，沒有問佛教徒有多少？需要來講經拜懺嗎？上人只問：我可以為你們做什麼？（樂生是慈濟的）第一個團體照顧戶，每個月一萬五千元。」那時候還沒有千元大鈔，胡玉珠每個月把厚厚一疊百元大鈔送過去的時候，他們都覺得碰到大財團了。但是後來他們看到了慈濟月刊的徵信名單，發現原來慈濟的善款都是人家五塊錢，十塊錢，二十塊錢，三十塊錢，這樣點點滴滴累積起來的，他們才驚覺：「慈濟不是大財團。」

　　慈濟每月出資一萬元，聘請四位較為年輕、相對健康

---

1 大愛電視《回眸來時路》，2015 年 5 月 2 日播出〈建院慈悲的心願〉。

的院友擔任看護工，照顧院內的重病者，還提供五千元加菜金為朝陽舍老人補充營養。此後，許多院友紛紛加入慈濟當會員，樂生便是如此與慈濟結上善緣。

《慈濟世界》開播後，樂生的院友們，立刻成為忠實的聽眾。失明的宋金緣原本就精研佛法，透過廣播，她對慈濟的點點滴滴瞭若指掌，時時轉述給其他院友聽。

「金阿伯啊！慈濟醫院快要啟業了，但是還差好幾億呢，怎麼辦？」有一天，宋金緣焦急的來找會長金義楨：「我們每個月捐一百元，來不及啦！一千元也來不及啦！」

「妳的意思是……。」

「我想發起每個人捐一萬塊。」宋金緣迫不及待的說：「這是一個種大福田的好機會，如果大家願意把『棺材本』拿出來，上人的壓力就會減輕一些……」

於是，在金義楨的支持下，宋金緣拄著枴杖，在看護工翁月的陪伴下，在院內挨家挨戶去勸募。

因興建醫院而發起的募款、募心活動，揭櫫「福田一方邀天下善士，心蓮萬蕊造慈濟世界。」的願景，被智慧

又接地氣的宋金緣巧妙地轉譯為：「我來賣心蓮，一朵一萬元，幫助上人蓋醫院，就像在西方世界種一朵蓮花一樣。」

宋金緣所到之處，院友們紛紛被她感動而慷慨解囊，一萬元並不是小數目，卻在短短的時間內，就募得四十八萬四千元。棲蓮精舍念佛會會長，也是痲瘋病友的金義楨再添一萬六千元，總數湊成五十萬，匯往花蓮。金義楨還代表院友寫了一封信給證嚴法師，表明大家的心聲。

《金義楨給證嚴法師的信 摘錄》[2]

**我們常常想，假如今天臺灣沒有樂生醫院，我們這些為人厭惡的癩病者，將何以自處？我們想把這塊歹磚，引發各位無量寶玉，能令慈濟大計，早日呈顯在吾人之前。**

那是 1986 年元月，證嚴法師收到信後，便在佛七的開示中，向全體志工說起樂生院友的發心和感人事蹟，當場就有許多人響應「買心蓮」；而樂生第二波的「心蓮」

---

2 同註 1。

又募到六十多萬。

透過廣播，柯美玉大力宣說，樂生菩薩們「賣心蓮」的善舉，受到樂生院友的啟發與帶動，為善的故事源源不絕廣為流傳。

三月，法師行腳臺北，特地再訪樂生。晚間講述《藥師經》時，談到樂生種種，忍不住讚歎：「這是一個超越天堂的地方！」

## 曉了藥性　令眾樂服

廣播，由英文「broadcasting」一字翻譯而來，廣義的定義包括無線電廣播（radio）與電視廣播（television）兩種。臺灣的廣播事業開始於日治時期，西元 1928 年設立第一座廣播電台，初期目的僅為在臺日人服務，當時收音機為奢侈品又採收聽收費制，因此，臺人收聽戶為數不多。迨至戰後，國民政府派員接收臺灣，爾後數十年，廣播大多運用於傳播官方演講以及政令宣導。

1985 年前後的臺灣，仍在戒嚴狀態，廣播仍屬珍稀資源，相較於印刷媒體，廣播的確在製作流程與傳播即時

方面，具備優勢。而此時，志業發展亟需眾志成城的證嚴法師，舉凡會務脈動、濟助個案的現況、每月捐款名錄等等，只能經由《慈濟》月刊傳布，美善訊息也多侷限在會眾之間流傳。

慈濟廣播的因緣助力，彷若克難年代的傳法揚聲器，無數人因為聽到了美善，而成為行善之人，慈濟志業發展的第二個十年，慈濟廣播所扮演的傳法與載道腳色居功厥偉。一生不崇尚神通的證嚴法師，在全球遇有大災難發生時，每每呼籲慈濟人虔誠祈禱，上達諸佛天聽；上達諸佛聽，是佛教儀式的禮敬，祈願眾人心念合一，產生共振效應而能消災弭難的虔敬之禮。共振的意涵，譬喻每一個個體有如音叉，當敲響每一支音叉，所有波長相同的音叉，都會共鳴起來；你發出一個思想波，所有跟你念頭波長相同的人事物都會找上你。慈濟廣播，就有如娑婆人間，眾人心念所向，所以「共鳴」，人人行動所指，所以「共振」的美善頻率放大器。

## 第二節 人文火種 聲聲相續

1986 年 8 月 17 日，匯聚十方善心所籌建而成的「慈濟綜合醫院」落成啟業。禮聘臺大杜詩棉教授為院長，曾文賓教授為副院長，本著尊重生命的理念，除了病患住院免收保證金，貧困患者協助尋求社會援助之外，更不計成本致力提升醫療設備與技術，花東地區最具現代化功能的醫院終於誕生了。

1986 年，無疑是臺灣在政治、經濟、社會全面巨變的元年：

在政治上，雖處戒嚴體制之下，民主進步黨組黨成功。

經濟上，也是臺灣企業展開全球布局的濫觴。那一年，臺灣對美貿易順差太大，美國施壓，臺幣對美元正準備大幅升值。從 1986 到 1987 的兩年時間內，臺幣兌美元匯率，升值 37%，臺幣兌美元幾乎從最低的 40 比 1 升高到 25 比 1。臺灣股市也從 1986 年的一千點，一路飆升破萬。

寶島社會相對富裕，依附在愛國獎券末兩碼的「大家樂」簽賭之風盛行；歌廳秀，牛肉場等次級文化充斥。

　　人心不安，求法若渴。證嚴法師仍規律地維持每個月行腳一次：農曆月底在臺北開講《藥師經》三天，然後初一固定到臺中。法師每到一處，就會向大眾開示、報告會務發展，分享感人的真人真事。前一年，在民本電台開播的「慈濟世界」廣播節目，在林義傑和柯美玉的用心製播下，建立了廣大的收聽群，也獲得巨大的迴響；只可惜它是調幅網（AM），收聽範圍只限大臺北、基隆和桃園地區。

　　「如果全臺灣都能聽到，那該多好！」臺北松山區的志工洪素琴如是想。

　　1986 年 3 月 10 日，慈濟臺中分會啟用，身為美容師的洪素琴想起了好友曹惠美，剛好是中廣臺灣台播音員，會不會有好因緣可以襄助呢？

　　洪素琴找到曹惠美，輾轉拜訪了中廣臺灣台台長方政治。方台長和導播彭春雪隨後特來拜見證嚴法師，經詳談後，決定每天早上撥出半小時時段給慈濟。頻道與時段就緒了，那主持人在哪裡呢？

「我的話妳聽那麼多，寫那麼多，也說那麼多，到底妳做了多少？」證嚴法師看著臺中資深志工李惠瑩（靜淇）如是說：「廣播就交給妳做了，多用心啊！」

靜淇恭敬奉行。自 1986 年 4 月 8 日，中廣臺灣台開播迄今，從未間斷。

「感恩上人，他明知我非廣電科班出身，卻願意給我機會，讓我悠遊在廣播世界；雖是方寸空間，卻是無限天地。」

## 半夜錄音 甘之如飴

當時家住中興新村、在省政府人事處任職的靜淇，下班後做好晚飯，待家人用過餐，收拾好家務之後，大約在晚間九點鐘，就會開車到臺中市的中廣錄音。三十多年前還沒有國道，也沒有快速道路，她一趟路要開八十分鐘才到得了。

「我都利用中廣收播後才錄音；往往夜裡十一點開錄，要錄到清晨四、五點……收工後又飛奔回家做早餐，再趕去上八點的班，我可是從來不遲到的……我一直對中

廣的工程人員心存感恩，特別是賴坤木和賴坤地兩位。我通宵達旦地錄，他們也耐心地陪我。」

靜淇開始做廣播時，慈濟尚未有自己的音樂，她都向中廣借黑膠的國樂唱片。證嚴法師開示的錄音帶，除了有如《地藏經》等講經說法外，就是打佛七或是每個月在委員聯誼會時的講話。賴先生操作盤帶機，靜淇要根據內容講述前言和結語；在錄製過程中，她就坐在機器旁，邊聽邊錄邊剪接；因為求好心切，常常 NG 重來。

「一集三十分鐘的節目，我曾錄了三個小時才完工。」靜淇有點不好意思地說：「有時候還錄到睡著。」

中廣臺灣台每週一到週六早上六點半到七點，收聽範圍是大中區；兩個月後，中廣又提供寶島網每週日半小時調頻（FM）時段，全臺灣都可收聽得到。

局促臺灣一隅的花蓮慈院，啟業未久，招募醫療人才卻困難重重，尤其是護理人員；全球都在鬧護士荒，更遑論地處邊陲的臺灣東部。建院的重擔剛剛鬆緩，證嚴法師又積極籌設慈濟護專，以期自己培養護理人才。

兩年後，1988 年 7 月底，慈濟護專動土開始興建。

源於「儲備人才」的理念，廣播的《慈濟世界》於1988年9月加入了紀陳月雲（靜暘）和文素珍（靜潔）兩位資深志工。

　　紀陳月雲原本是位小學老師，結婚生子後離開教職，專心當個家庭主婦；文素珍則是全職媽媽，兩位加入慈濟後，對於投入志工莫不全力以赴。

　　「可是，要做廣播，我可完全沒有經驗；每次想到要去錄音，我就開始腸胃不舒服，太緊張啦！」紀陳月雲回憶道：「剛開始，我光講『各位聽眾朋友，阿彌陀佛！』就會發抖，只有結尾講『福慧雙修，再會！』時，最開心、最快樂。」

　　雖然有元老級的柯美玉共同主持，紀陳月雲還是積極地思考如何突破自己。她在家勤做功課，密密麻麻的筆記惹得先生和兒子戲謔地讚歎她：「如果以前就這麼用功，早就是博士了。」

　　寫了那麼多筆紀，到了錄音間還是派不上用場；「好像到菜市場買了一大籃菜，進了廚房卻不知道要煮什麼一樣。」

痛定思痛，紀陳月雲去買了一部雙卡錄音機，把證嚴法師開示的錄音帶自行剪接，計算好時間，準備好前言以及結語。這樣一來，錄音時就不愁詞窮，又可以讓法師的原音直接送到聽眾耳裡。

　　「為了要剪接，我必須仔細聆聽，還作筆記；我第一次這麼用心地聽上人講的話，獲益多過辛苦。」紀陳月雲笑著說：「我還寫了幾封信給上人，懺悔自己『書到用時方恨少』、『少壯不努力，老大徒傷悲』。」

　　後來，她把志工現身說法的錄音帶如法炮製；自己設計單元，用簡陋的雙卡在家剪接，效果竟然也很好。

　　文素珍也是廣播生手，她和紀陳月雲搭檔對談也好不到哪裡去。「當初超緊張的。」她說：「還好有柯美玉和紀媽媽。尤其柯美玉經驗豐富，口才又好，我只要開頭打個招呼、結尾說個再見，就差不多了。」

　　那一段廣播歲月，文素珍幾乎忘光了，倒是「在林家吃飯」記得很清楚：「有時錄的集數多了，時間太晚，林義傑會留我們用餐；林太太煮的菜真好吃啊！」

　　質樸的歲月裡，慈濟廣播所依靠的，因緣巧合，竟然

全是志工們以心寬念純的創意所共同成就，他們說上人所做，做上人所說，如此分分秒秒，將慈濟志業的脈動、理念，以最接地氣的方式，說予眾人聽。

## 發現「慈」濟音「韻」

然而，「尋覓一個『正牌』的廣播人！」卻也一直是紀陳月雲和文素珍掛在心間的大事。有願就有力，1989年秋天，不可思議的奇妙事情發生了。

「有一天我到吉林路分會，要回家的時候，看到一個清清秀秀的女孩子也正要離開；我問她到哪裡，原來她要去念佛的寺院就在我家附近。我就說，上車，我順便送妳過去。」

這個女孩叫楊碧珠，是個幼教老師，也是新受證慈濟委員的志工。紀陳月雲跟她聊著聊著，得知她畢業於世新廣電科，如獲至寶；車子一彎，直接把她帶回家。

「妳會講臺語嗎？」紀陳月雲問她。

「不太會耶！」楊碧珠雖然是臺灣雲林人，卻是在國語的環境下長大。她回憶說：「當時紀媽媽拿了一本《慈濟》

月刊，指著『慈悲喜捨』叫我用臺語講，我就愣住了。」

紀陳月雲說：「不會沒關係，可以練習，練習就會。」
接著就跟她說，慈濟有個廣播節目，需要科班的主持人，
她就是最好的人選，問她可有意願？

突如其來的邀約，讓楊碧珠措手不及。如果到慈濟做
廣播，她必須放棄公務員資格；還有，父母親會同意嗎？

紀陳月雲語重心長的跟她說，上人很辛苦，需要大家
鼎力相助。楊碧珠心動了；因為，她曾在中廣的外製節目
做過助理，也曾回母校當過助教，「廣播」是她的最愛，
更何況是做慈濟的廣播。

「我回家跟爸媽講，他們都反對，說放棄公務員的鐵
飯碗多可惜；其實我知道，他們怕我進了慈濟之後會出
家。」楊碧珠說：「我向所長提出辭呈，所長也不同意，
一直挽留我。」

紀陳月雲一方面請楊碧珠跟父母及主管溝通，一方
面對她進行積極「惡補」：上人是怎麼出家？如何成立慈
濟？怎麼做慈善？為何要蓋慈濟醫院？

「不久後，有一班臺鐵的慈濟專車到花蓮，紀媽媽就

叫我在廣播室對全車的人介紹慈濟。」楊碧珠說:「到了精舍中庭,紀媽咪又叫我拿麥克風當司儀,跟大家宣布事情。」

證嚴法師聽見了那輕柔、溫婉的聲音,從大殿出來讚歎道:「這個聲音好,很清涼,繼續說,繼續說……」

「我最後說服了我的所長和父母,到慈濟來做廣播。」楊碧珠說:「一九八九年十月一日第一次到錄音室,和柯美玉、紀媽咪交接。第二天,我就獨當一面,主持到現在。」

一九八九年十月一日,《慈濟世界》的廣播志工功成身退;柯美玉主持了四年,紀陳月雲和文素珍搭配柯美玉,也做了最後的一年。

楊碧珠──上人賜予法號「慈韻」。


## 甘苦歲月　無怨無悔

沒有錄音室,也沒有自己的廣播電台,每週一、二、三,慈韻就得固定到板橋林義傑家的錄音室錄音,然後揹著錄好節目的大盤帶到電台託播;週四

到週日在花蓮隨師採訪。這就是慈韻新的生活方式。「星期三晚上錄完節目已經半夜，星期四趕最早的一班車到花蓮。」慈韻說：「在花蓮要採訪，做筆記。星期一趕早班車回臺北，直接到錄音室。」

做節目，背著大大小小的盤帶、卡帶，送帶到電台，慈韻早出晚歸，往往趕最後一班公車，從板橋回到內湖住處。

有一次，因為錄音錄得太晚，公車早收班了，慈韻不敢搭計程車，就睡在錄音室；隔天一早再搭早班公車回去，途經臺北火車站的地下道，突然聽到「慈濟世界」的節目片頭揚起。

**「好驚喜喔！原來賣報紙的婦人，天天清早都收聽。聽到自己的聲音，哇！所有的辛苦疲累都煙消雲散了！」**

1991 年，位於忠孝東路的慈濟臺北分會啟用後，設立了錄音室，「慈濟世界」有了自己的「家」。慈韻很感恩地說：**「林義傑免費借給慈濟七年的錄音室，林家三兄弟也當了七年的錄音志工，實在功德無量。」**

1992 年，位於臺中民權路的臺中會所改建落成，證

嚴法師特別交代：「要為靜淇規畫一個錄音室啊！免得她常熬夜不睡覺。」當時因為每一個空間都設計好了，沒有多餘的地方；最後只好在二樓樓梯下勉強擠出一個一坪不到的小空間，當成錄音室。「錄音室雖然小，但是我自己操作機器、自己錄音，真是無上享受。」靜淇說：「所以我說，這裡雖只是方寸空間，卻有無限天地。」

從 1985 年起始的慈濟廣播，充滿了人幫人、人助人，傳揚美善的好因緣，先輩們不向現實環境妥協，在克難與歡喜中成就，意外耕耘出大福田。收音機裡，樸質的溫言暖語，不知膚慰、激勵了多少乾涸的心靈，以志工承擔起始的慈濟廣播群，實質上，便是當時慈濟理念和會務推動的宣達和代言者，因為體解師父的艱難而用盡心力，因為志工角色的親力親為，讓他們勇猛向前，他們既是行經者，更是知音和傳法者。

## 數位時代 與時俱進

2005 年 1 月 1 日，位於臺北市北投關渡的慈濟人文志業中心落成啟用了，慈濟廣播也隨順好因緣，喬遷入這

棟包括大愛電視、平面出版在內的媒體大樓。

回看 2005 這一年的時空場景，網際網路發展更趨成熟，以網路為基礎的新媒體，直接衝擊所謂的傳統傳媒。其中，尤以全球銷量最大的刊物——美國《讀者文摘》的故事最為知名。2005 年，《讀者文摘》在幾近虧損的態勢中，申請破產保護；直至四年後的 2009 年 8 月 24 日，宣布停刊，令人無限唏噓。而傳統的廣播、電視以及文字媒體，也好比站在一線分水嶺上，求變求新的挑戰更為嚴峻。

2005，慈濟廣播對外「發聲」屆滿 20 年，一直以來的經營策略，都是平台最大化，以產製精緻內容在不同電台託播、善緣廣結的模式；面對網際網路的發展浪潮，竟幸運地避開了傳統電台必須面對硬體建置、苦思如何數位轉型的既有包袱，而直接選擇了網路電台的建置和營運模式。

2005 年 9 月 1 日，大愛網路電台開播，聽眾利用電腦和網際網路連線收聽，不受時間限制，隨時點選收聽喜愛的節目。網路電台不需申請無線電頻率和架設發射設

備，只需架設伺服器依靠網路來播送。聽眾可以在世界上任何一處，只要有網路，就可以聽到網路電台的內容。

從守在收音機旁旋轉按鈕，到改為線上點選收聽、還可以看到錄音室裡的播音實況；大愛廣播沒有實體電台，卻有死忠聽友；播音方式與時俱進，不變的是人間真善美的故事，持續感動人心。

截至 2020 年為止，大愛廣播如是已經走過三十多年，目前營運採雙軌並行：大愛網路電台，全天候 24 小時線上播出，提供 audio-on-demand 服務。每天 9 點、14 點兩個時段，還有臉書現場直播，直接與聽眾進行互動。一直以來，製作優質節目內容在不同的電台託播的模式也沒有改變，仍維持 17 家電台，21 個頻道。以法音類型節目為主的託播時數，每天也有十小時；包括全臺聯播的中廣新聞網、中廣流行網；民本、天南、花蓮後山、教育電台等，以期服務不同行業、不同收聽需求的聽眾們。

在新型態的影視媒體、網路、手機的夾縫中，大愛網路廣播，不但沒被淘汰，反而結合它們的優勢，歷久卻彌新，持續受到全世界聽眾的尊敬、信任和喜愛。

大愛廣播樸實而精緻，不譁眾取寵，不隨波逐流，堅持傳法音，度眾生。

## 第三節 普度眾生 開悟迷茫

揭櫫資訊時代的核心樞紐：全球資訊網（英語：World Wide Web）在 1990 年出現，出生在這一年的所謂數位原住民或串流世代，從此以不同的語言和思維分享、溝通與看待世界。國際情勢也在這一年發生了戲劇性的變化，南非終結了種族隔離政策，不多久，民權領袖曼德拉在遭囚禁了 27 年半之後，獲得釋放。對話、溝通與融合的氣氛，同樣發生在歐洲，分隔了 45 年的東西德，終於合併，實現了統一。

臺灣島內，訴求「解散國民大會」、「廢除臨時條款」、「召開國是會議」以及「政經改革時間表」的野百合學運延燒，這是國府遷臺以來，首次發生的大規模學生抗議行動，人心思變。臺灣政治氛圍亟欲擺脫桎梏，經濟發展則走到轉型的關口，過去以製造業掛帥的榮景，出現疲態；往前推移十年回到 1980 年代，臺灣拜戰後嬰兒潮之

賜，人口紅利大幅增長，開啟了經濟成長的新局，從初始以罐頭、雨傘、成衣等技術含量較低的初級工業出口，逐步邁向更高階精密的機械加工和半導體代工產業。然而，美中不足的是，未能擺脫「同樣品質、價格一半」的成本競爭路線，面對逐步上漲的工資和生產成本，到了 1990 年代，臺灣已經不再是最便宜的「全球生產基地」。臺灣產業亟欲脫困求存，勞資糾紛，罷工和示威遊行頻傳。

生活富裕，物欲橫流，人們常以「利」字作為評斷是非得失的標準，許多人迷失於金錢遊戲中，社會問題叢生，國際媒體一度形容臺灣為「貪婪之島」，許多人選擇移民國外。內政部企圖力挽狂瀾，發起心靈重建運動，特邀請宗教界領袖出面，呼籲淨化人心、改善社會風氣，證嚴法師受邀參與。

1990 年 6 月 18 日，應內政部之邀，上人在臺北國父紀念館演講「慈濟精神，淨化人心」。這是證嚴法師與慈濟，第一場對大眾宣說的社會講座。第二天，《中央日報》副刊全文刊載法師演講的內容；6 月 20 日，中視頻道錄影播出。

7月19日起到年底，上人應吳尊賢文教基金會之邀，又以「發揚慈濟精神，導正社會人心」為題，在臺北、臺中、臺南、高雄等地，進行七場公益講座。每場講座均獲熱烈回響，聽眾逾萬人，法師呼籲眾人「用慈施悲，圓滿福德」、「用喜施捨，成就智慧」，並且「多給社會一分關心與愛心」。

　　7月28日，證嚴法師與時任新聞局長邵玉銘先生及藝文界、教育界、傳播界等人士座談，率先闡釋：臺灣無以為寶，以愛以善為寶的真義。

　　古時候，楚國的國王說：「楚國無以為寶，以善為寶。」在慈濟的世界裡，好人的密度最高，所以臺灣是「以善為寶」。

　　**慈濟人每個都很熱心，具有慈、悲、喜、捨的精神，他們布施財、力到慈濟來，不僅無怨無悔，還說：「感恩師父！您的辛苦讓我有機會參與醫院及學校的建設。」**

　　**這是多美、多感恩的一顆心啊！**

　　**慈濟世界裡，有錢的人充分表現對慈濟的支持與愛，平凡的人也毫無保留的奉獻愛；還有很多小朋友，有的幫**

父母親做家事賺工錢，有的把吃零食的錢省下來等等，都拿來給我蓋醫院，諸如此類感人的事蹟，實在是很多、很多，所以慈濟世界實在是非常可愛。

臺灣是個非常美麗的寶島，我們的祖先開墾了這麼好的地方，我們要為子子孫孫保護這一塊淨土，積極建設臺灣。承繼祖先留給我們的愛，繼續發揮它的力量，並培養下一代再回饋社會，讓它成為「愛的循環」，這是慈濟世界裡，每個人的共同目標。

上人對於改善社會風氣的殷切呼召，頻頻發出的鏗鏘之言，彷若良方妙藥，1990 年 11 月 9 日，行政院勞委會勞工福利處楊松德處長特來靜思精舍拜訪上人，邀請慈濟辦理演講，希望藉由慈濟委員的現身說法，藉著慈濟良善的社會清流，給全臺勞工指示安定光明的方向。隔年，由行政院勞委會、新聞局及慈濟基金會合辦的「攜手同心，展望未來──幸福人生系列講座」，從 1991 年起，連續七年多，至 1998 年，一共舉辦了一百三十三場；其中二十三場，由上人公開演講，其他場次則由慈濟委員現身說法。

「慈濟不只是個宗教團體，而且還是個教育、文化團

體，它一直默默地做著入世的關懷工作，深受社會各界所肯定。」時任勞委會勞工福利處的張惠鈴科長回憶，會找上慈濟合辦「幸福人生講座」，是因為慈濟在臺灣社會點滴積累的公信力。在第一年試辦階段，透過二十五場全省巡迴講座，慈濟精神不僅推展到各大城市及鄉鎮，還包括離島的金門、澎湖地區，每場演講都獲得當地熱烈的迴響，因而奠定了三方繼續合作的機緣。在這當中，上人的法語淺顯中蘊含深刻哲理，無疑是治療浮動心靈的一帖良藥，所以，每場開示都吸引上萬人前往聆聽；而慈濟委員演說的生活故事，幽默又發人深省，也廣受各地民眾喜愛。

　　為因應日益增多的講座，「慈育隊」於 1992 年底應運而生，成為慈濟培訓現身說法者的搖籃。曾經是慈濟廣播前期拓荒者的慈濟志工紀陳月雲（靜暘）擔當慈育隊隊長：「上人要我們講的是真實的故事，怎麼做就怎麼說，怎麼說就怎麼做，必須言行一致，不能絲毫捏造作假。」經常在講座中現身說法的靜暘，以講述「無子西瓜」、「浴佛的故事」與家人由「惡緣」轉「善緣」的蛻變過程，而聞名於眾。

大部分的慈育隊員都願對眾坦露，進入慈濟之前，總認為自己的不幸福是別人造成的，而經常唸嘆：「好尪（某）攏別人吶嫁（娶），好子攏別人吶生（閩南語，意即好先生、好孩子都是別人的）。」對生活滿懷怨懟。踏入慈濟後，或因受上人開示，有如醍醐灌頂，走出迷惘；或在訪視個案中，見苦知福，才覺察自身的盲點、調整心態……自己心中有所感悟，又勇於當眾發露懺悔，藉以警惕自我，其教化和影響力驚人。

　　證嚴法師曾闡釋：「『慈育』，即是以慈悲圓融的清淨之音來教育人群。『慈』是柔中帶和的形象；『育』是內涵，要培養正知正見、謹言慎，才能教化大眾。」這群肩負「慈悲教育」的慈濟委員，在經歷了多次聚會演練後，多會先於各地茶會初試啼聲，待時機成熟時，再登上幸福人生講座的舞台，發揮更大的「淨化人心」良能。

　　有一回，慈濟志工紀陳月雲（靜暘）到臺南演講，一位太太跑來跪著說：「是你的故事讓我和先生重修舊好，還讓我懂得如何去孝順公婆。」對方的大轉變，是她布施個人故事最大的報償。

家住臺中的慈濟志工洪金蘭，從小自卑叛逆，曾和父親打架，婚後忤逆公婆，夫妻也吵鬧不休，和鄰居親友結惡緣。在認識慈濟後，懺悔往昔諸惡業，勇敢請罪，漸漸把惡緣改變成善緣。自稱「惡妻逆子」的洪金蘭，每一次幸福人生講座上台分享，都會講到痛哭不已，講座主持人慈韻，每主持一場也跟著哭一場。

　　「演員演哭戲經常必須藉助點眼藥水，但慈濟委員講到自己的傷心事，往往淚水就不自覺地奪眶而出，那是一分最真實的情感表露。」一位導演曾如此形容慈濟人的自然不造作。分享的慈濟志工們，憑藉著一份真誠，於各地的宣講，連續七年多，滋潤了無數乾涸的心靈，真實人生現身說法，成為社會安定的一股大力量。

　　不多久，這一系列講座內容，被結集成《渡》專書，同名錄音帶「渡」也陸續推出，每次錄音帶一上架，就被搶購一空；不少人請購全套，當成「伴手禮」餽贈親友。

　　「渡」總計發行十二集，收錄二十七位志工現身說法的故事。「渡」為閩南語發音，為此，慈濟廣播團隊又另外製作了國語發音的「悟」系列，共有十五集，都為演講

的錄音帶。「渡」和「悟」的錄音帶發行後，影響深遠。家住臺北的慈濟志工林惠美，有一次跟婆婆到臺北分會面見上人，婆婆當面稱讚她：「我的媳婦真乖、真孝順。」林惠美回家後痛哭不已，因為過去的她，總跟婆婆針鋒相對，宛如仇人；聽了「渡」的錄音帶後，才從怨恨中覺悟懺悔，改善了婆媳問題。有一位聽眾告訴慈韻：「共買了十二集，一口氣聽完後哭了一場，因為內心深處那一分瞋恨埋怨，惡的種子被挖出來，攤開來檢視，哎呀！人何必斤斤計較呢？」因此心開意解，頓時輕安自在，再無煩惱。

李仙景，是嘉義中埔鄉的一位郵差。擁有一份穩定的工作，每天騎著綠色機車，在山村裡穿梭，他很知足於現狀。下班之後，玩賽鴿則是他著迷的「副業」，前後十多年，他投注了無數的金錢與心力，著迷於養鴿、賽鴿，妻子也只能搖頭嘆息，莫可奈何。

1994 年，某一天，李仙景與友人一起外出練賽鴿，朋友的女友給了他兩捲錄音帶，在車上聽了之後，深為慈濟人的所言所行感動。回家後，自行買了所有的「渡」與

「悟」錄音帶，聽罷，李仙景懺悔自己的人生太過隨興，決意成為慈濟人，投入更多利益眾生的志業。

「因為我在養鴿子、放鴿子，我真的沒有時間做慈濟，所以下定決心，一百隻鴿子全部送給以前的同學。」就這樣，李仙景開始做環保。

## 綠衣天使 蛻變為環保天使

李仙景回憶，剛開始做環保的時候：「真的放不下身段，要撿個罐子，也都要四周看一看，很怕人家看到。」在確定沒有人之後，才趕緊撿起來，丟進袋子裡。後來，不僅撿拾路邊的，也收載一些家庭的資源回收品。於是，郵差先生每天出門是滿滿一台車的郵件，回來時，則是資源回收滿載而歸。

不論晴雨，不管寒暑，從早晨到黃昏，既使頂著正中午的烈陽，他也輕鬆自在地說：「郵差很耐磨很耐操，比較勇，我們這樣跑也習慣了啦！」所以做環保對他來說，也只是「順便」而已。難怪他說：「我覺得很有福報，做綠衣天使，還兼做環保天使。」

## 戒菸戒酒 妙音護法

1992 年 4 月 18 日，臺北松山機場內，一群慈濟志工正在候機，準備飛往澎湖，參加在馬公舉辦的「幸福人生講座」。慈濟廣播的慈韻隨團採訪，卻被志工團團圍住。那時候，還沒有大愛電視，也沒有電腦網路，取得慈濟訊息最快的途徑就是廣播，所以，幾乎人人都是慈韻的「粉絲」。

有人告訴慈韻，臺語也有白話文和文言文之別，說錯了音，意思就差之千里；也有人說他民本、漢聲、復興都有在聽，「還有沒有其他電台可以收聽？」慈韻說：「沒有耶！電台時段很難找，託播費用也很貴。」

「很貴」兩個字，鑽進了慈濟志工林徽堂耳裡，他詳細地詢問了慈韻，隨即說：「我們來護持，妳安心做廣播，錢不用擔心。」

到這時，慈濟廣播已經七年了，因為沒有自己的廣播電台，只能製作好的節目內容，到各電台託播，因此得付「託播時段費」，也就是俗稱的「電台費」；根據電台是調幅或調頻，以及播送的範圍、收訊清晰否、還有播出的時

段，而有不同的價碼。

　　林徽堂立刻和同行的志工李明忠和陳美麗夫婦等人商量，從澎湖返臺後，在慈濟男眾志工慈誠隊第四中隊共修時，發起「護持廣播」的募款活動。

　　「大家參加慈誠隊後，為了遵守上人規定的十戒，很多人戒除了喝酒、抽菸、吃檳榔或賭博的壞習；這樣省下來的錢，就可以捐出來護持廣播，讓慈濟的法音宣流，讓更多人聽到，更多人受益。」

　　第四中隊幹事李明忠，現場便製作表格、登記、收款。他說：「多數人都發心每個月捐一千元，也有收入不定而隨喜的。其他中隊知道了，也紛紛響應；不論多少，我們都無限感恩。」

　　李明忠的同修陳美麗，則在女眾間出力，她利用慈濟委員共修的時候，傳達護持廣播的訊息，活力十足的志工羅美珠、潘廖葉等人，都熱烈響應，在委員組裡，也發起了勸募「廣播專款」的活動。

　　「這是師兄師姊私底下護持的，沒有開列收據；每年年終，我把明細公布給大家，慈韻也會在廣播中宣布並感

恩。」李明忠說。

不但是北部志工護持，其他縣市志工知悉這個訊息，也常在上人行腳時，把專款交給慈韻，因為他們也都是收聽廣播的「粉絲」。

靜思精舍的同仁塗美智，為這群志工兼忠實的聽友，取了一個美麗的名字「妙音護法菩薩群」。這個以愛護持的小基金，維持了好幾年，直到 1998 年，本會正式編列預算才停止。

## 第四節 聽聞之間 依止行善

當網際網路蓬勃發展，無線載具更趨多元，以「聽」為前提的廣播媒介，也一直在演變。日本公共媒體機構 NHK（日本放送協會）在東京都的廣播博物館裡，就可以窺見上個世紀以來，廣播發展的歷史。

NHK 廣播博物館，作為全世界第一家以廣播為主題展演的博物館，於 1956 年成立，館內陳列了日本開始有廣播以來，從收音機到電視機，數位廣播到高清電視的發展軌跡。博物館裡，閱覽室可以查找到廣播史方面的各種

文獻資料；陳列有廣播發展的各種實物，像是舊時代的廣播專業儀器，多以「啟動狀態」保存，參觀者可以實際試用，像是近百年前的「西式 373 型麥克風」，或聽到原始質樸的廣播節目內容等等。

　　廣播從上個世紀二〇年代起問世，初始可以說是新興的奢侈品，只有少數人擁有晶體式收音機，才能接收到外界傳來的聲息，舊時代有限的節目內容以及當時技術有限的音質效果，與今天數不勝數的廣播平台，各種載具以及擬真的音質收聽效果，真不可同日而語。

　　廣播走過百年的變遷，閱聽人的感官經驗也一直在改變，尤其是現代聽眾，身處於資訊多元、媒體開放的環境，如何張開耳朵，如何從中領會辨別異同，也得仰賴美好的機緣，智慧的篩選。

　　慈濟廣播的發聲，原就為「揚善」、不以媒體經營為目的，縱使傳播技術、閱聽人的收聽樣貌在改變，以誠以情，在大時代裡，作為傳遞美善訊息的中介腳色，初發赤誠不變。在分分秒秒流淌入耳的好聲音裡，也許令人好奇，到底有多少人從中受惠，找到前進的力量？

## 更生——聽友張文儒 改寫人生的劇本

這是發生在多年前的一個動人故事。因案在嘉義鹿草監獄服刑的張文儒，在大哥來面會時，得知母親過世的消息。

「**晴天霹靂般的噩耗，令我無法接受。**」張文儒說：「**媽媽最疼我，而我總是闖禍，讓她提心吊膽……**」因為人在獄中，沒能送母親最後一程，張文儒悔恨交織。

面會後的某個周日清早，張文儒打開收音機，聽見一個輕柔的聲音：「**……人生劇本的上半場，如果沒寫好沒關係，應把握下半場的人生……劇本是自己寫的……**」

幾句輕輕柔柔的話，重重的撞進心田。張文儒說：「我用心的聽完，才知道這個節目叫做《愛灑人間》。」是慈濟的廣播節目。從此，張文儒每個週日都準時收聽，也因此有機會檢視自己上半場的人生劇本。

出生嘉義大林的張文儒，上有兩個哥哥、一個姊姊、排行老四，還有一個妹妹。父母靠畫廣告看板維生，小康之家。小學畢業前，舉家遷居高雄，張文儒讀完高職補校，進入職場，當兵前都還循規蹈矩；退伍後，結交了

損友，迷上賭博和電玩。「兩次犯案，兩次入監。再怎麼說，我都沒有權利剝奪他人的財產和生命。但是，後悔也來不及了。」張文儒前後兩次，大約共在監獄待了十七、八年。

或許是老天垂憐，讓他無意間收聽到中廣的《愛灑人間》節目，從此，每到星期天清晨六點，他都會準時躲在棉被裡，戴上耳機，打開小收音機「偷聽」。因為，獄中規律的作息，起床時間是六點半。「很奇怪，有時候聽上人開示，總覺得上人是針對我一個人在講話，每一句話都深深打動我。」張文儒說：「每個禮拜聽廣播，我卻是天天都把上人的話重複地一想再想，天天都懺悔。」

戴著耳機整理內務、梳洗……「同學」很奇怪地問他：「為什麼不把事情做好再聽？」他總是回答：「事情做好，節目也結束了。」因為自己聽得歡喜，也開始把慈濟廣播節目介紹給「同學」。

「有一位『同學』，聽我介紹慈韻師姊的《愛灑人間》，他也向我介紹怡君師姊的《真心看世界》。」張文儒說：「這位『同學』被判無期徒刑，出獄遙遙無期，希望大愛網路

電台能安撫他的心。」

張文儒在獄中開始茹素，也開始捐善款；他把極為有限的勞務報酬省下來，購買郵票，寄給主持人慈韻。「同學」有的笑他，有的被他感動，也跟著捐郵票。

張文儒成為大愛廣播忠實的聽友，常常寫信給主持人；慈韻會在廣播裡回應聽眾的來信，也會寄《慈濟》月刊和慈濟出版的道侶叢書給「同學」。

2012 年 3 月 15 日，張文儒假釋出獄。因為更生人遷移戶口非常麻煩，張文儒就到桃園中壢找工作。「有前科的人就業非常不容易，到處碰壁。坦白講清楚，就失去工作機會；不講，之後人家知道了，也會失去信任。」張文儒說：「求職時，我都坦承過去，這樣我才沒有掛礙；但是，因此被拒絕也是正常的。」

最後，他應徵到電子公司當作業員，每日工時長達十二小時。後來轉任化工廠，正常上下班，週休二日，國定假期也一律放假。張文儒不禁高呼：「佛菩薩保佑！」因為，這樣他就可以「做慈濟」了。

經過一年見習、一年培訓，張文儒在 2014 年受證成

為慈濟慈誠隊員，同時加入骨髓關懷小組。「**我曾在上人面前懺悔過去；上人勉勵我，改過自新，要更精進。**」張文儒說：「**感恩慈濟『回收』了我，我會珍惜這分因緣，做上人的好弟子，寫好我下半場的人生劇本。**」

### 薰習——聽友呂碧娥 等得雲開見月明

認真踩踏著縫紉機，呂碧娥靠手工養大了三名子女，在無數個深夜與清晨，陪伴著她的，就是一台收音機，以及她固定收聽的慈濟廣播。

「因為整天都是這種工作，會開收音機來聽，就聽到那個……那是二十幾年前的事了，聽得很感動。我有時候都會這樣子，一面車，一面掉眼淚，這樣叮叮咚咚的掉眼淚，這樣子一面做。」

呂碧娥的心事，來自家中的經濟重擔，需要她日夜操勞，再加上丈夫常不知體恤的火爆脾氣，讓她的婚姻生活，苦不堪言。

而一家人改變的契機，竟來自大愛廣播。

呂碧娥的女兒高瑜菁描述了母親的智慧，如何在逆境

中改變現實：「因為我媽都會把節目內容錄下來，然後等我爸在家的時候，刻意把錄音帶開得很大聲。雖然，我爸只聽到某一小段，久而久之，好像對我媽的脾氣就好很多，我們家的氣氛也整個改善。」

日日薰習，丈夫高炳煌的脾氣改善了，後來，還培訓成為慈濟志工，熱衷參與各項志工活動。雖然，只有短短的三年便因病往生，卻在往生後捐出大體，一家之主的轉變，讓家人懷念不已。

女兒高瑜菁也回想起，當年在慈濟廣播聲中起床的深刻印象：「我的印象裡面，就是每天的起床號，就像是起床鬧鐘的聲音，那就是『慈濟世界』，我們一聽到就知道要起床，因為那個時候就是六點。」

從小聽慈濟廣播，高瑜菁後來成為慈濟護專第二屆的學生，畢業後，擔任精神科的社區關懷員。

慈濟廣播所示現的，無疑是聲音的力量，分分秒秒慈悲的聲響，讓人受益無窮：當面對他人的錯誤時，能誠心的給予諒解教導；面對他人的病痛時，能發揮愛心給予關懷慰問；面對他人煩惱困擾時，能耐心的給予陪伴提攜，

這樣的音聲，必定會讓聽者受惠無窮。

## 陪伴——聽友宋秀蘭 以耳傾聽用心感受

「啊！是誰打翻了墨汁，讓一張純白的宣紙慢慢的染黑了？」

宋秀蘭的眼睛因視網膜色素病變，眼睛中的血管異常增生，讓她的視網膜如白紙滴到墨汁般；隨著墨汁的擴散，視網膜漸漸汙濁而看不到東西，只能依稀感受到白天和黑夜的光線。

1987 年，她罹患了急性視網膜色素病變；短短兩三年之間，視力惡化到幾乎看不見。每次去看醫生，宋秀蘭都抱著滿懷的希望，失望卻也伴隨而來；跑遍臺北各大醫院，讓她的心情屢屢在「希望」和「失望」之間擺盪起落。

為了她的病情，關心的親朋好友只要得知哪裡有偏方，都會告訴她；無論是中醫、針灸、藥粉，她都嘗試過；哪個地方的神明比較靈驗，她一定前去求神拜佛。

某一天，她搭計程車時，從收音機傳來一位法師講經

說法的聲音，宋秀蘭聽得心生歡喜。回到家後，立即拿起收音機，將頻道的旋鈕來回旋轉，想要尋找法師的聲音；突然，那個熟悉的聲音飄進耳裡，她旋轉的手停了下來，專注地聽著。原來，是某家電台的某個商業節目主持人，正在播放證嚴上人講述的慈濟緣起和展望。

從這節目中宋秀蘭得知，每週一到週六清晨六點零五分，民本廣播電台播放「慈濟世界」節目。值此人生徬徨無助、心情「鬱卒」的時刻，收聽廣播節目，讓她心中的不平找到出路，更成為她不可或缺的心靈食糧。

正因為「日有所聽，夜有所思」，師徒因緣一線牽！未見過上人的宋秀蘭，竟然夢到上人要她「走」出來；同時，透過她的大姊、也是多年慈濟會員的宋秀枝，引介她去見上人。

到了花蓮靜思精舍，她雖看不到上人的臉，只能用心感受；然而，上人鼓勵她：「眼睛看不到沒有關係，可以用『心』去看。」

宋秀蘭不再病急亂投醫了，並以認命的態度、正向的心念，安住自己的生活。假日有空，就和大姊一起陪伴會

員回精舍，無論是晒薏仁、做蠟燭或參觀精舍，都能讓會員更認識慈濟。「當時沒有慈濟列車，都是自己買莒光號火車票回去。」宋秀蘭回憶著：「到了花蓮，再搭計程車到精舍。」

一趟趟的花蓮行安定了她的心，「慈濟世界」節目則成為她日常生活的精神食糧。當時，由於三個孩子還小，大女兒才八歲，她總是一邊準備早餐、一邊聽廣播，連孩子也跟著她一起聽；待孩子們出門上課後，就是她禮佛的時間了。

孩子們在耳濡目染之下，大女兒就讀國中三年級時，參加了慈濟舉辦的靜思語徵文比賽，並以「缺角的杯子」一文得到佳作獎，讓宋秀蘭引以為榮。

從 1978 年開始收聽廣播的她，由早期的「慈濟世界」，一直到現在的「真心看世界」，都是她生命中最珍貴的記憶。雖然現在網路電台讓聽眾更方便收聽，但礙於不懂電腦操作和視力不佳，她還是習慣聽收音機，而這也成為她接收慈濟資訊不可或缺的來源。

宋秀蘭回憶說：「早期聽廣播，節目上半場是上人開

示，下半場則是師兄姊們自身心路歷程的分享。」因為大愛廣播，她不用出門，很多慈濟的大小事也都能瞭若指掌。

# 第四章
# 大愛電視

## 第一節 眾生喧嘩 一弦定音

　　1998 年，全球第一支可中文輸入的手機，被暱稱為「小海豚」的 MOTO CD928 問世，距離 1973 年，MOTOROLA 公司成功開發出全世界第一支手機，間隔了 25 年。此舉揭櫫了「行動觀看」一個新時代的來臨。

　　同一年，臺灣網路使用人口，首度突破 200 萬，但由於電信法規的限制，並沒有全面開放雙向傳輸，那是一個絕大部分人，多需透過撥接方式才能上傳資料的年代。為了平安跨越千禧年，資訊業好整以暇積極面對。

　　這一年元旦，大愛電視開播了。

　　臺灣的媒體場域，其時已風起雲湧十多年，正在經歷急遽變遷與充滿挑戰的年代。

　　1987 年 7 月 14 日，臺灣地區實施了三十八年又二個

月的戒嚴令，自此走入歷史。臺澎金馬解嚴，接續解除報禁，各類媒體如雨後春筍般湧現。為了留住閱聽人，爭議性報導瞬間占據主流版面；再加上原本負責媒體內容審查的新聞局改造、國家通訊傳播委員會成立，政府監控媒體的力道銳減，言論自由的同時，信息內容多元、品質參差不齊。

在解嚴的關鍵年代擔任新聞局長的邵玉銘，曾在多年後的一篇〈開放報禁之背景、過程與影響〉[1] 文章中，以政府公部門的立場，回憶了當時的時空環境以及紙媒面對競爭的因應之道。

「回顧政府推動民主化的工作，它是循序漸進的，先是默許民進黨在 1986 年 9 月組黨，然後是 1987 年 7 月 15 日解除戒嚴，然後是准許老兵回鄉探親，接著就是開放報禁。

關於奉命開放報禁，我要向各位坦白的是，無論是黨、無論是政、無論是軍，沒有任何一個人給我任何指

---

1《關鍵力量的沉淪：回首報禁解除二十年》。卓越新聞獎基金會。

示，我心裡很欣慰，沒有讓我裹小腳或另立暗盤。在我拜訪那些報界大老及向政大傳播學院的一些學者請教後，就決定完全開放。

　　當時新聞界多年來就是一報一證照一印刷廠、三大張十二頁，一共三十一家報紙。所謂開放，第一，就是開放之後，任何人都可以辦報，只需報備不需要許可。第二，就是張數不限，這個部分剛開始時報界意見是分歧的，有些小的報紙或黨報，因為財力不夠雄厚，不希望兩大報——《中國時報》、《聯合報》印太多張，因為會很難與之競爭。第三是印刷廠的問題，當時是一報一個印刷廠，在臺北印好之後再以午夜飛車送到中南部，所以到高雄會比較晚。兩大報財力比較雄厚，在中南部也設了印刷廠。當時小報都很緊張，曾跑來找我希望不要開放兩大報到中南部設印刷廠，怕競爭不過。我認為這沒有道理，美國也沒有限制報紙在哪設印刷廠，所以後來就開放了。第四是售價問題，張數較多與較少的報紙之間，對這個問題也有不同的看法。總之，對以上這些問題大家都有很多意見，我的立場只有一個：全部開放，印刷廠幾個、報頁多少

張、價格多少，完全不予限制。

　　開放後當然產生了一些混亂現象，包括記者報導尺度
的問題，傷腦筋的還不是新聞局，是報業老闆。有些老闆
覺得記者替他們惹些麻煩，甚至還有報業老闆跟我講要不
要訂個「記者法」，所以找政大的教授幫我研究。研究結
果，有記者法的都是肯亞、古巴之類的共產或非洲國家才
有。我們國家已經有民法、刑法可以處理誹謗事件，所以
我也決定不訂。」

　　邵先生於這篇文章的結尾處，總結臺灣解禁後的媒體
表現，以「功大於過」來表述。他並且引述美國傑佛遜總
統的一句名言：「民主的弊病要用更大的民主去化解，而
不是將民主加以壓縮」。無疑的，經歷解嚴、報禁開放，
媒體言論多元，對於臺灣政治的民主化、經濟的自由化、
以及社會的自由開放，的確扮演重要角色。

　　但另一方面，開禁後的媒體競逐也宛若脫韁野馬，新
聞的品質與從業人員的專業倫理，在在使人憂心。1997 年
的白曉燕綁架案，媒體為了搶新聞，罔顧人質安全，且讓
偵查工作處於警明匪暗的不利狀況；更有日報強將被害人

被剝去的手指照片，為搏眼球而放上頭版。2004 年 3 月總統大選開票之夜，電視台集體灌票造假，欺騙公眾，這些日後都成為新聞傳播學院課堂上引以為鑒的案例素材。

總部設在巴黎的「無疆界記者組織」，曾經在那段期間、多次在全球新聞自由的評比中，把臺灣列為亞洲排名第一。另一方面，在國際間以進行公眾信任調查知名的艾德曼（Edelman）公司所做的調查，臺灣大眾傳播媒體只獲得 1% 公眾信任，於亞洲敬陪末座。兩份調查的結果，極具指標性與思辨價值。美國《洛杉磯時報》在一篇敘述臺灣媒體現狀的報導中，更直接將標題訂為「他們不能處理事實」（They Can't Handle the Truth），可謂一針見血。

在眾聲喧嘩的媒體場域，自許清淨如琉璃的非營利組織慈濟，何故惹塵埃？

眾人眼見從慈善起始，逐步推動醫療志業、教育志業，已然走過三十年的慈濟基金會，如今竟要創辦電視台，期待、好奇和質疑之聲兼而有之，不忍證嚴法師肩頭的承擔太重，故而委婉勸退的聲音也此起彼落。

事實上，臺灣從 1987 年解嚴，1988 年開放報禁，紙

媒百家爭鳴；被這波浪潮衝擊的臺灣電視媒體，也隨之劇變。從僅有三家無線電視：臺視、中視、華視，所謂「老三台」的舊時代，一腳跨進了新時代。

在臺灣早期，有線電視媒體被稱作「第四台」，出現的緣由始於臺灣地形多山，電視訊號由於山巒阻隔，常導致部分低窪地區與偏遠山區收視品質不良，因此在部分地區，民眾會自行搭設天線來傳送電視訊號。1969 年，花蓮縣豐濱鄉就有一家電器行，架設了臺灣第一個社區共同天線，即是為了改善收視不良而架設。後來這些在不同區域，開始以公司型態經營的所謂系統業者，也開始供應節目內容，且不以三家電視台的內容為滿足，他們也提供股票行情，播放電影，錄影帶等等來滿足訂戶。更有些人購置俗稱「小耳朵」的碟形天線及接收器，攔截來自日本或世界各地的衛星電視，作為內容供應，由於未取得播映授權，仍屬非法狀態，當時的行政院新聞局常有取締行動。直至 1973 年，社區共同天線才正式納入管理。1993 年，立法院三讀通過《有線廣播電視法》，開放有線電視。泛稱「第四台」的有線電視節目播送系統業者，逐步納入管

理與規範；同年 9 月 28 日，臺灣本土第一個有線衛星電視頻道開播，打出「第四個電視台，第二個選擇」的口號，試圖與無線電視做出市場區隔。在此之後，有線電視頻道便如雨後春筍般湧現，到目前為止超過 100 個，可謂百家爭鳴。

慈濟在 1998 年創設大愛電視一舉，其實是經過長時間的思考以及多年的前置準備。證嚴法師曾在電視台開播前一年的冬天，講述了創辦電視媒體的因緣：

「慈濟志業從慈善、醫療、教育到文化，是循序漸進、環環相扣而成。早年從事慈善工作，發現貧的根源是病，因此發展醫療建設；但有了硬體設備，還需要具有菩薩心的醫護人員，所以再開辦教育志業。如今，社會亂象叢生，民心惶惶不安，要安定人心，健全媒體是重要方法，因為健全的媒體就像清淨光明的教育，可以迅速有效地淨化心靈。大愛電視台的宗旨，是弘揚佛陀的精神、傳達社會的清流，呼籲人人將隱藏心中的大愛發揮出來，人人以愛相待，社會就能安定。」

「臺灣無以為寶，以善以愛為寶。」證嚴法師主張電

視媒體不僅要作為人們清明的眼目；還要成為傳法的載道器，要為聞聲救苦做耳目、為淨化心靈作活水、為祥和社會作砥柱、為癲狂荒亂作正念。1998 年 1 月 1 日，隸屬於慈濟基金會的非營利事業大愛電視開播了，以報真導正、傳播清流、淨化人心為目標，強調教化的功能，不盲目追求高收視率、致力發揮善的影響力。

大愛電視的營運，不接受商業廣告，四分之一的經費來自環保志工從事資源回收所得，其餘經費來源為企業贊助、大愛之友及善心人士捐款。

## 布善種子 綠蔭成林

證嚴法師帶領慈濟志業體發展，按部就班從不躁急，人文志業所屬各類媒體的成立亦復如是。在大愛電視成立的十三年前（1985 年），基於「捐款徵信」與「傳播善法」的緣由，慈濟就已經小規模規畫與製作過以「臺灣慈善腳步」以及「會務脈動」為核心內容，以紀實形式來呈現的電視節目。

1985 年 9 月 13 日，在台北吉林路會所，慈濟研究發

展委員會推動小組，在那天召開了聯合會議。議程中討論了一項特別議題，那就是從六月份起便研議許多回的電視節目製作方案。在這一天的會議中，推派了一個七人籌備小組，由王端正先生擔任總負責人，並決議將這個由基金會監製的電視節目命名為「慈濟世界」。

上個世紀八〇年代中期的時空環境，臺灣電視只有三家無線電視，以全臺兩千萬人口計算，熱門節目的收視率常常可達百分之五十，相當於近千萬人收視。頻道珍稀，節目時段搶手，以宗教為本懷的節目內容上電視更是史無前例，《慈濟世界》能於 1985 年以公益社教節目之姿，於華視頻道播出，實屬難能可貴。

這套從 1985 跨越 1986 年，於華視頻道每週播出一次，總共十三集的「慈濟世界」節目錄影資料，歷經三十多年大部分仍保存完好：儘管畫質解析度相對低階、部分錄影帶因刮傷或受潮而顯現水波紋、影片上的說明字幕是用手寫的非常質樸……。然而，懷想舊時的那一念、那一群人與那一些年，仍可以看到慈濟志工訪貧周折走山路，眼見案主家中髒亂，二話不說便捲起衣袖，埋首洗刷鍋碗

瓢盆，清掃家戶的身影。另一則故事裡，年輕的原民朋友因病無法就醫，被慈濟人輾轉送下山就醫，終而撿回一條命，畫面裡正值壯年的案主，如今應已是華髮蒼蒼的老人了。素樸的影像是珍貴的慈濟史料，留存有臺灣人最炙熱的好心腸，人性的溫暖猶有餘溫。

## 歷史快門 剎那永恆

信而有徵的史料，訴說的是靜思法脈的緣起，也是慈濟宗門直面未來的方向。從慈濟功德會初始成立至今，不管是證嚴法師、常住師父和親近的弟子們，對於留存善行的史料，留存好事發生時的每一個當下，掌握以分以秒為計的瞬間，都有著近乎執著的堅持，他們深恐若有任何遺漏，便會對護持善行的大德們有所辜負。

慈濟現存最早的影音畫面，是靜思精舍德慈師父所拍攝，1973 年慈濟功德會第一次到臺東海山寺義診的影像；同年，還有娜拉颱風在花東釀成災情，慈濟人用遊覽車接送災民到臺東介壽堂領取物資的情景，畫面中，災民井然有序地排隊上車，在晃動、模糊、無聲的早期畫面中，清

晰可見早年慈濟人下鄉濟貧的匆匆身影。

　　及至 1980 年代，慈濟的影像紀錄除慈院動土等重要儀式委由專業人士進行外，多是由隨師眾兼任。直至臺灣空拍專家黃錦益先生受邀拍了一張慈濟園區空照圖，從此才和妻子慈暘以志工的身分，大量進行慈濟會務的拍攝與記錄。

　　回看 1985 那一年，11 月 7 日，十三集「慈濟世界」電視節目於華視開播。11 月 16 日，第一個「慈濟世界」廣播節目在民本電台開播。當時，花蓮慈濟醫院即將啟業，無數人投身其間的涓滴之愛與慈悲善行，都將是志業發展的珍貴史料，如何即時被記錄留存下來，這是證嚴法師的遠見。

　　1985 年的 7 月 7 日，法師在當眾開示時，曾娓娓道出心路：

　　「前幾天我上臺北，推動小組提出一個構想，就是要在電視上開闢一個「慈濟世界」的節目，每星期播放一次。這個構想以前也曾多人提出，但我一直沒有答應。這次我雖然沒有即時答應，但當我把這件

事向我的上人（印順導師）請示時，老人家說：「可行，該做。」我問上人：「這樣做，人家會認為我是為名為利嗎？」老人家說：「不會的，我們是為佛教為眾生，既然要做佛教福利人群的事業，就該有個形態顯現出來。為了醫院，為了表揚人間愛的光明面，所以這是可行該做的事。」因此這件事就定案了。我之所以認為這個構想值得實行的原因有二：一是回饋社會上所有愛心人士；二是提高慈濟醫院在社會上的知名度。這間醫院在寸金寸土皆無的情況下展開，至今有九甲多的土地，且地上建築物也粗具規模。這段艱苦的歷程及成就，都是來自社會上愛心人士的支持及愛護，他們奉獻愛心，出錢出力，願能藉這個節目把他們一一介紹出來。使人心轉惡為善的方法。由於目前的社會人心，逐漸趨向黑暗的一面，要用什麼方法才能使險惡的人心轉變為良善，使黑暗的社會轉變為光明呢？最好的方法就是讓這些愛的真人真事現身說法，用他們的愛心去啟發一般大眾的善念，讓大家以這些愛心為榜樣，來改革

社會黑暗的一面，這也是我回饋社會的一種方式。在提高醫院知名度方面，醫院再一年就可完成，若要使慈濟醫院成為最好的醫院，就必須要有醫術高明的醫師及完善的醫療設備。但在偏遠的東部地區，想要留住好醫師，必須給予醫師優厚的待遇及妥善的家居，使他們心無旁鶩，才能無後顧之憂的致力於救人治病的工作。而要提高醫院知名度的方法，就必須依賴大眾傳播媒體的力量。基於以上二點考量，我同意在電視上開闢節目的構想，至於時間及播出內容，還在企劃中。在此我也要請全體慈濟工作人員，把慈濟史上所有點點滴滴，不論人、事、物，凡是你們所銘心刻骨、具有愛心意義的資料，都提供給我，讓我們把所有關愛慈濟的人、事、物，毫不遺漏的透過螢光幕，報導給天下有心人。」

及至九〇年代，臺灣有線電視法通過，電視台紛紛成立。1995 年 12 月 1 日，力霸友聯頻道以志工精神免費提供時段，「慈濟世界」因此以帶狀節目形式製播，慈濟「視聽部」同時成立，聘用專職工作人員製播節目，有心投入影像記錄的志工群也應運而生。

「慈濟世界」電視節目全長六十分鐘，每天中午 12 點到 1 點播出，晚上 11 點及隔日早上 6 點重播。分新聞及節目兩部分；週一至週六固定播出 15 鐘慈濟新聞，報導海內外慈濟人最新訊息；週日特別製播閩南語的一週新聞回顧，延伸服務觀眾的範圍；新聞之外，每天並規畫不同的節目單元。當年十五分鐘的「慈濟新聞」多數素材，都來自志工提供的拍攝帶，由視聽部同仁後製完成。

以「淨化人心、祥和社會」理念製作的「慈濟世界」電視節目，臺澎金馬地區皆在收視範圍內，可藉由有線電視系統或衛星接收器來觀賞；亞洲地區也可透過中耳朵或大耳朵接收。

1995 年 11 月 25 日證嚴法師對北區慈誠幹部開示：[2]

我一直期待給更多的人知道慈濟在做什麼？除了道侶之外，我們還有月刊，另外還有廣播節目，儘管一天有三次的廣播，但是這樣還是不夠。

所以很久以前我就一直想，若是能有個電視節目，每

---

2 請見 法脈宗門綱要。

天都有一段慈濟新聞，能向大家報告我們在臺灣做了什麼事？國外的慈濟人為當地付出了多少？甚至亦能向各位報告慈濟未來的展望是什麼？我們過去所做的是什麼？

終於「有心就有福，有願就有力」。現在力霸友聯一天捐出三個時段，要給我們製作節目，希望關心慈濟的人士，能利用這個節目多來關懷。

「慈濟世界」在有線電視頻道初試啼聲，證嚴法師宛若這個節目的總製作人，不僅關心所有節目的內容品質與製作進度，更充當宣說的有力推手，除了分享心境更鼓勵大家收看，期望志工們全都是忠實觀眾：

「記得剛開始籌備慈濟世界電視節目時，力霸友聯電視台誠懇地表示願意贈送時段，讓慈濟世界的所有活動能以最快的速度、最清晰的畫面，呈現在社會大眾眼前；我既高興、又感恩地接受他們的美意。

不過時段雖有了，製作群在那裡呢？很多製作電視的專業人士告訴我，要開闢一個天天播出的電視節目，必須有半年以上的節目存檔，否則是會『開天窗』的。

各位，你們可別小看一個小時的電視節目，其實工夫

才大呢！一個小時的節目，有時必須花費好幾個工作天才能完成，所以視聽組同仁是很辛苦的，可是他們不論多麼辛苦，都不讓我知道。

就在開播前七天，我行腳到臺北分會，視聽組同仁拿了一卷錄影帶，請我有空的時候看一看，我問那是什麼帶子？他回答是即將播出的第一卷帶子。那天下午我看了之後，覺得不太理想，因為畫面轉換得太快了。我請他拿第二卷帶子給我看看，他告訴我，他們花了一、二十天，只做好這一卷。我聽了覺得非常擔心，一卷就做了那麼多天，接二連三天天要播出的帶子，要怎麼辦呢？

當我南下臺中時，沿路都在想這件事，我真怕開天窗啊！但是心念一轉——有這麼多熱心的專業人士來幫忙，我還擔心什麼呢？果然一個星期後節目順利開播，而且內容沒有讓我失望。雖然節目播出到現在才四個多月，一切都剛開始，但如果各位大德有收看的話，一定會發現這個節目是愈做愈進步！」

1995 年 12 月「慈濟世界」在力霸友聯 U2 頻道託播，接續又分別在學者健康財經台、華衛電視台、U3 等

頻道託播，直到 1998 年 1 月 1 日，大愛電視開播營運，前後足足有兩年的時間，一步一步，步步踏實，因緣成熟。

　　早年，證嚴法師在新年向慈濟人恭賀新禧時，總是會發新春三願：「一、不求身體健康，只求智慧敏睿；二、不求事事如意，但求信心、毅力和勇氣；三、不求減輕負擔，但求增加力量。」1995 那一年，法師對靜思精舍的常住二眾談到新春三願時，內容明顯有別、更見高遠與遼闊：**「今年我更加抱著無限希望，希望人心淨化、社會祥和、天下無災難。」**

　　這前後有別的新春三願，法師悠遠的口語、淺白表述，實有弦外之音且寓意深遠。1995 年的慈濟，正在跨越第三個十年[3]，海外會務蓬勃發展，他鄉慈濟人求法若渴，弘法的平面出版品已經得之不易，遑論法音類的影視作品。於是，在 1995 這一年，菲律賓聯絡處率先與當地電台及報紙合作，開闢慈濟「法音宣流」單元，將師父的

---

3 《心蓮萬蕊 慈濟影像三十年》 p317。

法音與慈濟的訊息廣布於社會，以期接引更多在地善心人。美國分會，也在 1995 年 12 月 8 日，成立了「美國慈濟文化出版中心」，集影視、廣播、文物出版於一體。由此可見，對於美善訊息的渴求，因緣成熟。慈濟人行善的步履，愈走愈遠，愈遠愈開闊，見證良善的足跡，留史供後人懷想和追隨，應是大愛電視在 1998 年之所以必須成立的另一大事因緣。

1997 年 4 月 6 日證嚴法師於北區功能組幹部會議開示：[4]

「文化要深度化」，過去我們都是平面印刷 —— 書、月刊、道侶，可以從文字上了解我們的消息，現在進一步已經有電視節目，每天一個小時。但是我覺得還不夠，憑我們所做的事，還有很多事情無法播放出來。

現在人心動盪也都是從電視吸收的訊息，讓人驚心動魄，不論國內或國外，一點點事情就擴張得很大，讓人感覺心不安。

---

4 請見 法脈宗門綱要。

我一直覺得慈濟精神的這股清流，要每天廿四小時讓人知道慈濟在做什麼？知道社會現在是什麼事情？哪個地方有什麼人禍，在發生不幸時，接著就有一群溫馨的人去關懷。

慈濟如果能夠有一條每天廿四小時播映的路線，就能夠讓人知道社會有很多溫馨，不只是慈濟世界的好人好事，就是社會上別的團體有什麼好事，我們照樣報導啊！

## 第二節 行經風雨 眾人共荷

1997 年 12 月 31 日深夜，凌晨倒數之前，上千位慈濟志工正趕往臺北中正紀念堂廣場集結。此時，一群年輕人正在細雨綿綿中舉辦跨年活動，志工們靜靜地守候在近旁。當晚會終於落幕，新年度拉開序幕人群逐漸散場，慈濟志工這才湧入，現場滿布垃圾與瓶瓶罐罐，他們低頭彎腰以超強的行動力，在短短的兩小時之內，便將廣場整理完畢，同步還排列好了經緯齊整、可供四萬多人觀禮的座椅。

再過幾個小時，有一場屬於慈濟人共同企盼的盛典將在這裡舉行。

原來，大愛電視元旦當天的開播慶典將分兩階段，前段是午間在當時承租的公共電視大樓舉行啟動開播按鈕儀式；後段則是於傍晚時分，在中正紀念堂廣場舉辦開台祈福晚會。一如慈濟基金會所有慶典的舉行，背後必定都有著志工們默默挹注力量的身影。

　　1998 年元旦下午兩點鐘，由證嚴法師與當時的行政院長蕭萬長先生共同啟鈕，清新的大愛訊息正式向四方發散。

　　蕭萬長院長致詞時表示，臺灣媒體競爭激烈，造成失序現象；而大愛電視台的開播恰能發揮教化社會的功能。

　　蕭院長語重心長的這段話，直指當時的有線電視營運，因各地區系統台未能整合而屢陷混亂的景況。當時臺灣有兩大有線電視頻道業者，分別為東森（力霸）與和信，雙方因定頻與戶數占比的談判陷入僵局。就在大愛開播的那一日，一九九八年元月一日凌晨開始，除了臺北市倖免，其他各地的雙方系統台，全臺灣超過百萬以上的收視戶，在新年的第一天都遭斷訊或換頻，頻道商罔顧收視戶權益，戰火延燒愈演愈烈。如此局面，逼得職業外交官

出身時任新聞局長李大維，不得不小心翼翼地用「頻道不正常異動」來取代「斷訊」一詞。

1998 年 1 月 1 日，下午 2 點，大愛電視如期開播，全臺定頻於一，遂成為往後許多年營運的目標。起始雖在頻道紛爭的風雨亂局中，卻以謙和對治。有平面媒體因而如此註解：宗教頻道開播，是社會秩序破壞、治安惡化之下，人心思靜，應運而生的產物。

那天傍晚 6 點 45 分，在臺北中正紀念堂與花蓮靜思堂道侶廣場兩地，同步舉行「大愛讓世界亮起來」開播晚會，來自北、中、南各地的慈濟合唱團、臺北藝術家合唱團、社區婦女合唱團等六百多人，配合六十人的管弦樂團合奏，齊聲唱出「大愛讓世界亮起來」，全場觀眾的情緒也為之沸騰。

開播當晚，毛毛細雨不斷，證嚴法師猶記得抬頭看天時，霧霧的，風吹個不停，心中擔心會下起大雨來。聽到司儀說節目快要開始的聲音，法師從室內走入廣場：

**「我從裡面出來，風很透（閩南語：強勁）、沒有雨，有一群人來到我身邊，我就問你們在這裡做什麼？趕快**

去找位子啊。但是那些人就是如如不動，我已經叫幾次了，他們還是不動。有一位慈誠隊悄悄的告訴我，我們在這裡『擋風』，這是真正的人牆圍著風，因為風很大，不過人坐過來很溫馨。」

當晚邀請雲門舞集演出《渡海》，戲劇內容結合舞蹈，將眾人如何從唐山過臺灣，辛苦的奮鬥過程搬上舞台，士農工商個個一路顛沛搭船前來臺灣時，海上浪大，讓船隻搖擺的驚險難分，一幕一幕的劇情在舞台上展現，逼真且震攝人心。往事歷歷在目，證嚴法師在往後許多年，每逢新年元旦的開示，都會感念並憶及 1998 年大愛台開播當日的那個晚會，一群人為著護持自己的電視台，眾志成城的場景。

「雨還在下，椅子還是濕的。我到場的時候，傍晚，抬頭看天空，雖然（雨勢）是暫停，但是看來還是會下雨，我就說，『還會再下雨喔，大家有沒有備案？』『（志工回答）有啦有啦！師父不要擔心。』的確，等到真正開始了，外面音樂聲起了，司儀也在試播了，我就走出來，繞一圈，（看見）這麼多人擦著椅子，真正人很多，

這樣用心用愛，要來成就這一場弘法大道場，這樣的電視台，要讓它鞏固成立起來。這一天，他們（志工）是動用多少人？很感動，很感恩。」

強調非商業，偏向公益或非營利的電視台，因緣都在 1998 年陸續成立。佛光衛視與大愛電視在同一天開播；籌備長達十八年的公共電視，也於 1998 年 7 月開台；1998 年 9 月 9 日，好消息（基督教）衛星電視台也加入。在九〇年代後期，時顯商業化、庸俗化的媒體環境中，展現另一股清新的氣象。

大愛電視開播初始，先是於臺北內湖承租公共電視籌辦時期的辦公空間與設備營運，隔年又遷往臺北南港承租中視大樓與設備營運，規模初具，草創艱難。

承租中視公司第二大樓的時間較久，前後五年多；開播隔年，即分期完成全球衛星布局，1999 年 10 月 10 日早上十點，證嚴法師透過衛星傳訊，進行首場針對全球慈濟人的即時開示。

從此，臺灣本地的觀眾經由有線電視系統接收，海外慈濟人透過衛星收視。

2000 年元月，慈濟大愛電視台改制為大愛衛星電視股份有限公司，簡稱大愛電視，前後不到兩年的時間，完成全球布局，讓海外內慈濟人儘管仍有時差，但領受大愛的美善幾乎可以說是同步同聲與同息。

從 1999 跨越 2000 年，人們從臺灣九二一、土耳其地震、墨西哥洪患，以及世紀末的種種亂象中，匍匐走過「千禧」，一個充滿苦難諭示的新紀元。

面對 2001 年，人人衷心企盼，會是太平年。

然而，3 月中旬，聯合國教科文組織便證實了一樁令舉世震驚的壞消息。阿富汗境內位於巴米揚的兩尊立佛，在「塔里班」政權的炸藥聲中，瞬間化為灰燼。世界遺產，從此再不復見。慈濟的《經典》雜誌曾經於 1998 年 5 月前往當地採訪，期間所拍攝留存的巴米揚大佛身影，成為時間與歷史的最後見證。證嚴法師深有體悟，繼而對人文志業多所期許：

我們的人文就是要表現真善美，才能真正為歷史作見證，因此「真誠」非常重要，不僅是留史工作的基礎，也是從事人文工作者必備的品格。

同年 9 月 11 日，九一一事件：恐怖份子劫持四架民航客機撞向美國世界貿易中心及五角大廈（未遂），造成近三千人死亡。

法師透過每日的「人間菩提」節目，懇切呼籲人人：驚世的災難，要有警世的覺悟。並且罕見地提醒人文志業中心的主管，在各頻道密集播放的自殺飛機撞擊紐約雙塔大樓畫面，於大愛電視應有所節制；畢竟災難已經發生，此時此刻應是消弭仇恨，以愛止痛的時刻。

同一年，開播未滿三年的大愛電視，也面臨重大考驗。

### 疾風勁草 同行風雨

2001 年 9 月 16 日，納莉颱風來襲，臺北市單日雨量 425 釐米破了氣象站一百零五年來的紀錄，再加上滯臺時間長達四十九小時又二十分鐘，不停歇的豪大雨從臺北市基隆河多處堤防缺口灌入，導致臺北忠孝東路、內湖、南港全成水鄉，臺北車站、捷運板南線頃刻間淪為蓄水池。

當時位於南港的大愛電視台，緊鄰基隆河，在颱風夜

9 月 17 日凌晨 4 點 13 分 23 秒，斷訊了。地下四層樓包括片庫、挑高兩層樓的攝影棚以及停車場，全被大水淹沒，供電系統中斷，節目播送停擺。

午夜 12 點，大量的雨水沖破通往地下樓的擋土牆，接著雨水又從地下一樓電信機房的通風口灌進來，約凌晨 3 點，四層地下樓面就全被大水淹沒了！時任總監的姚仁祿事後無奈地表示，以當時留守在台內有限的人力，企圖搶救任何一方，都只有徒勞：

**十六日星期天晚上，因為颱風讓同仁們提早回家。午夜過後，我與幾位同事、警衛、清潔人員約十個人，見狀況不對趕緊到地下一樓片庫搶救帶子……不過水很快就淹到小腿高，我們只能宣告放棄。**

大水淹沒了整棟大樓的供電系統，主控播映室無法正常運作。

半夜被雨勢驚醒，驅車趕往台內，時任新聞部經理的何建明，在路口遠遠看著電視大樓，大水已淹過一樓，他進不去了。隨即，便接到姚總監交付的任務──盡一切可能復播，大愛的訊息不能中斷。

時任大愛台東部新聞中心特派員的陳湘霏，是第一位接棒承擔的同仁：

**　　當接到新聞部何經理告知花蓮要緊急『開棚』時，我們真的是手足無措！因為新聞部的記者群，對攝影棚的工作可以說是門外漢……不過臺北的大本營有難，加上復播任務迫在眉睫，大家也顧不得會不會了，只能動員新聞中心僅有的十幾位同仁，硬著頭皮邊做邊學囉！**

　　當時花蓮攝影棚因為才剛完工，燈光、音響（AUDIO）、副控等設備都還沒就緒，棚內除了一張主播台，幾乎什麼都沒有。陳湘霏說：

**　　一個上午的準備時間，我們就像是「化腐朽為神奇」的魔術師——慈濟大學茶道教室的和室門被拆了當布景，所有會亮的燈也全都派上用場。總之「窮則變、變則通」，整個棚雖然很克難，不過我們依然不負眾望在十二點三十分發出訊號，讓大愛電視台及時復播。**

### 轉戰林口 克難播報

　　當然，原本二十四小時都在播放節目的頻道，一下子

將播出重任轉到只有十幾位工作人員的東部新聞中心，人力顯然不足。因此除了花蓮緊急開棚，臺北同仁也漏夜四處尋找場地進行復播。最終，幸得台亞衛星通訊公司緊急出借位於林口的一處會議室作為臨時攝影棚，加上啟用剛剛完工的花蓮攝影棚以及嘉義大林攝影棚，三地組成「克難」的電視台，終於在斷訊八小時之後，迅速於 17 日中午 12 點 30 分復播。

攝影棚克難「誕生」了，大家卻開始擔心「菜色」從何而來？受災後的大愛台完全停擺，需改以在林口、花蓮、嘉義三地攝影棚播出現場的節目應急。新聞部分，因面臨器材與人力吃緊的窘境，已無法按照以往由主播播報的方式呈現，採訪記者和影視志工都得坐上主播台，配合現場畫面解說情境並心得分享。時任新聞部經理的何建明如是回憶：

因為林口棚剪接機不夠用，我們從災區拍回來的畫面無法剪成一則則的新聞，所以只好「看圖說故事」，帶著電視機前的觀眾去了解我們當天採訪的新聞，同時分享我們的採訪心得。

遍布各地的影視志工是大愛電視的最大資產，在納莉重創大愛台時，他們頓時化身為「救火隊」，不僅白天要深入災區採訪、拍攝和紀錄，晚上收工後還必須上節目分享採訪心得。從 17 日風災來襲之後的兩週內，影視志工至少提供了 150 支拍攝帶，製作出 40 多則新聞。大愛同仁打電話給志工請求支援，沒有一個人拒絕，因為他們知道，大愛有難，就是自家的電視台需要支援。

　　家住基隆的影視志工陳金發正巧胃出血住院，搭檔的文字志工柯德桂向他請益如何使用攝影機，他二話不說，就向醫院請假六小時，扛起機器便往災區拍攝；桃園的志工黃巳龍，腳底在災區被鐵釘貫穿，照樣執行工作；自家也淹水的林宜龍因為太累，開車開到一半睡著，好不容易到家還要撥去汙泥才能進門，志工任務優先，已顧不上受災的家園。大愛全球新聞晚間主播任家珍的心聲，正是大愛同仁的親眼所見：

　　**每次看到影視志工的「賣命」表現，就會讓大家忘記一天的疲憊，真的非常謝謝他們的幫忙。在林口播新聞什麼都很克難，不僅要手寫 RUNDOWN（新聞播出順序），**

更因為記者來稿經常無法照 RUNDOWN 交帶，往往播完一則卻不知下一則何時會到，因此必須很早就開始消化資料，做非常多的筆記，才能應付。往往一節新聞播下來，整個地板已被一張張的稿紙覆蓋。

維持節目播出不中斷，其實只是大愛電視台「復台」的第一項任務而已。17 日下午，大水陸續消退，搶救片庫資料帶的工作也是當務之急。

從 18 日開始，在軍方及中華搜救總隊協助下，多部重型抽水機和三十多部各地志工提供的小型抽水機，開始進行地下樓的抽水工作；整整抽了一天一夜，直到 19 日下午四點半，地下一樓的水抽到約在腰部左右，同仁為爭取時效，就冒水進片庫搶救資料帶。

動畫室劉忠萍是第一批下去片庫救資料帶的員工之一。在慈濟服務五年多的他，因心疼那些製作人、攝影師的心血結晶被水淹沒，從下午五點多開始搶救帶子，徹夜未眠，直到 20 日凌晨四點多才返家休息。

**水的威力實在非常大，片庫的兩扇鐵門被水沖得變形！好不容易進去以後，觸目所及都是一支支飄在水面**

上的資料帶……身為大愛台的員工，乍見如此慘狀，只有一種心痛的感覺！

製作中心攝影師林宗明，在大愛台復原期間，主動扛起拍攝「搶救大愛台」紀錄片的任務。他說：

我心中難過的不是自己多年來的心血全泡了湯，而是影帶中記錄的都是慈濟人行善的足跡，就像上人所說的是慈濟的「大藏經」，那是慈濟人的慧命！

從 19 日下午至 20 日凌晨，大愛台員工和慈濟志工搶救了一整夜，終於將片庫中兩萬多支珍貴的資料帶全數從水中撈出來，並在第一時間送往慈濟關渡園區進行後續的搶救工作。

大愛台在林口克難運作了兩個星期之後，10 月 1 日起，暫借臺視二棚與六、七樓走廊製作節目與辦公。儘管硬體還未回到常軌，軟體卻能在此時創新──轉型成「互動」電視台。

納莉風災，一個無常的試煉，將原本計畫在隔年將節目轉型成多元互動的大愛台，提早三個月，幾乎全程以現場節目回到觀眾面前。走過風雨的泥濘，每分每秒可以順

利地傳送大愛的訊息，都得來不易，都是前人肩併著肩，手把著手，於風雨中同心同行的成果。

## 第三節 報真導正 隱惡揚善

2005 年 1 月 1 日，大愛電視結束了長達七年、承租辦公空間與製播設備的克難階段，搬遷進臺北關渡志業園區，結合慈濟平面出版媒體，正式成立「慈濟人文志業中心」。

大愛電視從此有了專屬的傳播基地，製作方式也從傳統影帶剪輯邁入數位化的電腦傳輸，從拍攝到後製全程「無帶化」，大大節省了人力、物力、提高傳播效率，成為臺灣電視史上第一家全程數位化的媒體。

此時，大愛電視開播已七年，就硬體空間來說，終於安居、適得其所；然就軟體的建構而言，過去幾年來，經由不斷的淬鍊與掏洗，組織文化與核心價值的建立，涓涓滴滴，無不都是經由實踐中學習，在經驗中反芻而成。

## 打造內容的旗艦

建台初期，大愛電視早有自製戲劇節目的規畫，然而，一個以宗教為底蘊且賴以建立價值體系的傳播媒體，究竟想要呈現給觀眾什麼樣的戲劇面貌呢？

證嚴法師胸有丘壑似早有擘畫。

資深電視人龐宜安，是第一批投入大愛戲劇製作行列的電視人，帶著在商業媒體電視製作的豐富經驗，面見法師，當她首次從法師口中聽聞，大愛戲劇要拍真人真事的故事時，當下便如此回應：

**做戲劇，哪有可能做真實的？這絕不是戲劇的主流。**

法師當下的回應，溫和卻堅定：

**不是真實不行，我們大愛劇場就是要真善美，真，一定要把握。**

龐宜安後來曾多次回憶，那次的經驗彷如醍醐灌頂，彷若空有高強武藝，終究得打掉重練一般地震撼。然而，戲劇的真，要如何呈現？又要透過什麼樣的製作方法來落實呢？

以下這個例子，或可說明一二。

這是時間標註為 2003 年 10 月 16 日晚間，批踢踢 [5] 版上一位鄉民的貼文 [6]：

　　在慈濟，有許多幫派大哥，甚至是角頭老大，改變當志工的故事。

　　有這麼一個家族，阿公是彰化二林的縱貫線老大，父親也無惡不做，兒子更混幫派滋事。但是您相信嗎？這樣的父親和兒子，竟然加入慈濟，行善助人。這是大愛劇場新戲《浮生》，聽說很多角頭老大，知道大愛台要演黑道的戲，也叫小弟來收看。精彩好戲您不要錯過了。

　　故事內容要從這位父親「洪武正」說起，他是家中的長子，從小被寵壞，個性剛烈。曾經有人汙衊他的母親「討客兄」，他就把這個散播謠言的人，十根手指頭拔斷。還有一次，有人因為欠賭債，他就和小弟，用工廠的鑽床，把這個人的手臂鑽穿。還有一次，他在讀高中的時

<hr>

5 批踢踢（PTT）是以學術性質為目的，提供各專業學生實習的平台，並以電子布告欄系統（BBS, Bulletin Board System）為主的一系列服務。期許在網際網路上建立起一個快速、即時、平等、免費，開放且自由的言論空間。
6 請見 https://www.ptt.cc/bbs/TaiwanDrama/M.1066237687.A.2A7.html

候，和別校學生衝突，把一位學生逼到木工店內，把五吋長的鐵釘，用鐵鎚釘下去，穿過對方屁股。他年少輕狂混幫派，婚後又好高騖遠、不切實際。他也開過賭場，曾經被人惡意倒債，要去殺人。所幸在太太的阻止下，沒有成功。洪武正這樣的人，加入慈濟，竟然完全改變。整個人變得非常謙虛柔軟，但是加入慈濟後，他依然遭受命運的打擊，被人惡意倒債，甚至窮到沒錢吃飯。但是這次，他沒有想去殺害誰，而是靠著自己的力量，慢慢站起來。這位洪武正，還成為慈濟在中區，慈誠隊的大隊長，帶領許多志工，投入各項救災工作。當然，一個大流氓，竟然能夠投入當志工，善與惡也不斷在他心中拔河，有非常大的掙扎。

《浮生》是一部描寫慈濟志工洪武正與妻子陳麗秀的真實人生電視劇，全劇共35集，於2003年10月中旬，臺灣時間每天晚上八點首播，引發熱烈迴響。然而，外界不知道的是，這齣熱播的電視劇其實是二度重拍，其間的周折適足以說明大愛劇場為著求真的堅持。

這檔戲第一次的拍攝製作，要往前回溯到四、五年

前。1999 年農曆春節前後，大愛電視當時負責戲劇製作的主管侯旨玲帶著製作團隊，興高采烈地把剛剛剪輯完成，以慈濟志工洪武正為藍本的的電視劇集帶回花蓮，一來想向證嚴法師請益，更多的期待是想和法師一起觀影，將團隊經年努力的成果歡喜呈現。

這個時間點，已十分靠近大愛劇場要全面推播的表定時刻。幾個月後，1999 年 9 月 6 日，首檔大愛劇場《阿彩》上檔，並逐入晚間八點黃金時段，從此一檔接一檔，從沒有停播過。為著九月開播的營運布局，此時正是分秒必爭的籌備階段，同時間還有好幾檔戲，同步多條製作線籌拍中。

到靜思精舍觀影這一天，故事的主人翁洪武正也應邀同在現場。

洪武正發願從善之前的人生，蠻橫剽悍、性情乖張，就一般戲劇創作的偏好而言，是極富鋪陳空間的故事題材。然而，證嚴法師看完這齣劇作後，卻憂心忡忡。

1999 年 4 月 20 號，法師與中區慈濟幹部座談時 [7]，便曾提及對於這齣新戲著重衝突、暴力，幾乎從頭打到尾

的情節很是不安，最遺憾的還有「失真」的情節：

那一天是洪武正劇，拍成三集。我昨天看到第三集，還沒看完，他的劇本戲劇化了，有很多杜撰的；我對我們的同仁說：他的故事可以再重新發展。

比如說，他父親那個時候是如何，媽媽的委曲求全是怎樣，他對媽媽的孝順，對爸爸的不滿，在這種家庭，為什麼會讓他變成憤世嫉俗，暴躁的心態，為什麼？這也是一種教育，你要如何表達出來，要加強他父親的行為，加強他母親的心態，加強他對家庭父母之間，如何會演變成這樣的小孩。

這個孩子雖然嫉惡如仇，雖然有偏向，但是他還有一點「孝」，在這中間，他如何轉變他的人生，他的太太是用什麼方法，耐心的容忍，耐心的輔導，如何讓他進入改變人生的過程。這都可以軟化平常人的生活。

除了過於強調逞凶鬥狠的情節，法師一邊觀影，一邊仔細垂詢人就在座前的洪武正，當被問及：

---

7 1999.04.20. 中區幹部座談。

結婚前，真有這位女子為你跳樓殉情？

洪武正搖頭，只能如實回答：

**師父，沒有啦！編劇有解釋，這樣會比較好看。**

編劇為了強化所謂的故事張力，添油加醋虛構了情節。法師深以為不可，但卻怕挫折了戲劇團隊的心，此時戲劇製作尚在未臻成熟的成軍階段，因而如此回應：

**這三集留下來做一般的戲劇播出，我們真正要的，重新再來。**

法師認為，這是當代良善事蹟的總其成，是真人真事的歷史書寫，一齣齣大愛劇場將作為人間經藏留給後人效法與追尋，因此，為了求真，寧願重來。

法師更不忘提醒洪武正，這位貢獻人生故事的當事人，他也有應盡的責任：

**我那天對他說：這是你的經典，你自己也有責任。戲劇難免會穿插一些情節、動作，難免的；幾十年下來的歲月，一舉一動，也許沒辦法完全如昔，但是，精神的中心，要掌握住，心靈的世界，要跟它契合。**

於是，臺灣電視戲劇製作場域，有了一個新的品牌：

大愛劇場。沒有渲染的情節、十足的尊重與誠懇，每一個故事的籌畫都事前做足了溝通與考據的功課，大愛戲劇的選角也極為「平民化」，演員幾乎融入本尊的情感與背景中，劇組百分之百的用心投入，從此，帶動一股臺灣戲劇的清流。

「減少衝突，隱惡揚善」、「真人真事，保護當事人」、「避免葷食殺生，粗言穢語及服裝不整」、「戲劇生活化，啟發借鏡」、「避免教條式規勸，以感動人心為依歸」這些不一而足的製作規範，不一定訴諸文字，卻潛移默化、深深嵌入製作團隊的心田，成為戲劇製作的度量衡。因此，在大愛劇場開播連續二十多年不間斷之後，四百多部的人間經藏以誠以情孕育而生，眾人回看這點點滴滴，求真、求善、求美的堅持，不得不信服證嚴法師的遠見，因為不隨波逐流，所以風格鮮明，因為製作精緻，所以成為典範。

### 不僅報真 更要導正

2014 年元月出刊的《天下雜誌》有一篇人物特寫：〈釋證嚴：從真誠的行動開始〉專文。這是法師鮮少接受

外部媒體採訪，直言媒體問責；並闡釋何為「報真導正」的一篇文字。時值菲律賓災難頻傳的當口：前一年的三個月內，連續發生三次毀滅性的災難——2013 年 9 月間，三寶顏（Zamboanga）內戰，造成兩萬多個家庭被戰火燒毀；10 月，保和島（Bohol）發生芮氏規模 7.2 的地震，死傷比當年臺灣的九二一還慘重；11 月海燕風災襲擊，奪走至少六千多條人命，約四百萬人無家可歸。慈濟海內外分支會合力馳援，靜思精舍為救災整合資源的會議不斷。

如此迎來 2014 嶄新的一年，國人選出了前一年的代表字為「假」。

面對來訪的記者提問，「假」字開年，法師對國人的錚錚偈語為何？

證嚴法師一如往常，雖心繫多災多難的國度，仍耐心從容地先從慈濟人如何奔忙於世界各地，娓娓道來，從中以事理回應來客的提問：[8]

---

8 《天下雜誌》540 期。請見 https://www.cw.com.tw/article/5055447。

臺灣應該要為自己感到驕傲。在日本三一一地震，來自臺灣的善款就占了全球總額的一半。這次海燕風災，愛心日不落，同時有四十六個國家動員起來募款，到年前共捐了近十二億菲幣（約八億臺幣）的救災物資。[9]

　　慈濟做了這麼多年的國際賑災，從來沒像這一次，得到十八架次的政府軍機、軍艦協助。有了國家與民間相互合作，法鼓山、佛光山、紅十字會等其他慈善機構，所有的愛心物資，全都由軍機運送到災區。

　　誰也沒想過，小小的一個臺灣竟然可以幫助菲律賓起死回生。所以我認為，臺灣真「真」、臺灣人真「善」、臺灣真「美」。

　　有人說，二〇一三年的代表字是「假」，但我覺得，臺灣有很多真、善、美的故事，只是媒體不願報導。

　　對於「假」字，我的解釋是：人與人之間互相不信任。其中，媒體要負很大的責任。媒體報導煽動人心，人心就會產生負面的效應。

---

9 2011 年 3 月 11 日發生在日本東北地方太平洋近海地震，伴隨而來的巨大海嘯與餘震，引發大規模災害。

媒體只針對表面現象大肆報導，塑造了整個社會的「假」，讓大家對臺灣、對社會漸漸失去信任。因此，我們更應該把眼光回歸到臺灣的好，媒體報導要報真、導正。把媒體的力量用在對的地方，為人打開眼界，那才是世間的福氣。

對於慈濟人文志業所屬的不同傳媒，「報真」可謂本分事，「導正」則勉勵薰習此大勇氣與大智慧，報真且導正，是證嚴法師殷殷切切，對於人文人，寄予無限期許的託付：

我對媒體，對我們的人文（志業）監督得滿嚴格的。只要有空，我都會看電視，看了，我就會說今天的新聞怎麼這樣報？對不對啊？有沒有求證啊？我們的報導一定要真、善、美。不說假的，要說真的。[10]

法師對於媒體人「求真」的期待，可從這個例子窺見一二。

2007 年 6 月，北京電視台生活頻道的一個新聞專題

---

10 詳見 2007.09.26. 證嚴法師與國際慈濟人醫會貴賓座談。

節目《透明度》，接獲一位馬姓包子業者舉報，指稱北京市眾多的流動攤販，疑似販賣的是「紙餡包子」。

6月15日8點，依據馬先生提供的線索，北京電視台生活節目中心記者，在朝陽區東四環街附近，找到了一個紙餡包子工廠，記者還偷拍到了生產過程：工人先是在一個大鐵盆內裝滿火鹼（氫氧化鈉）溶液，再把廢紙箱放進去，泡爛之後用菜刀剁爛，隨後放入大量的豬肉與香精調味，廢紙與豬肥肉以6比4的比例攪拌均勻，並加入大量食鹽掩蓋異味。這些紙餡包子，每天至少賣出兩千個，多數供應給流動攤商販賣。

7月3日，經由北京電視台記者的帶領，北京市工商局朝陽分局左家莊工商所的執法人員突擊檢查紙餡包子工廠，當場取締該工廠。7月8日19時20分，《透明度》播出《紙做的包子》專題，轟動全市。

隨著國際通訊社的外電傳布，臺灣各新聞媒體，包含大愛電視在內的新聞，都有相關訊息露出。

**有一次大愛台的總監，還有新聞部的經理回來，剛好中午。那天我在吃飯的時候，看到大愛新聞報出來，說大**

陸用報紙做包子。我馬上問：「真的嗎？真的有這樣的事實嗎？」

他們說不知道：「這是國際（通訊社）發出來的新聞。」我說：「報新聞，一定要報真的，這會不會是虛構的？」[11]

因為法師的垂詢，查證也需要時間，這則新聞僅在大愛午間新聞露出，之後便未再排播。

再過了三天，他們又回來，在飛機上看到報紙報導說，幾天前那一則新聞是不實在的。所以他們回到精舍來就說：「抱歉，師父你說的是真的，我們報導的是虛的。」

原來，這起紙餡包子事件，在媒體上露出後不久，很短時間內，便被證實是一條假新聞。

北京市公安局為了這起食安事件，組成了專案調查小組，2007 年 7 月 16 日公布了調查結果：《透明度》節目組臨時人員訾北佳，化名「胡月」，用欺騙手段要求從陝西省來北京做早點生意的衛全峰等 4 人，按其要求製作紙

---

11 同註解 10。

餡包子；然後，他又用自己的家用攝影機，以好似偷拍的視角，紀錄了製作過程，並獲得播出。最終，造假新聞的訾北佳被刑事拘留，北京電視台生活頻道公開道歉，並於《北京新聞》中，公開宣讀了《北京電視台向社會深刻道歉》聲明：「北京電視台生活頻道，對該報道審核把關不嚴，管理制度執行不力，致使該虛假報道得以播出，造成惡劣的社會影響。北京電視台為此向社會深刻道歉。」

對於大愛電視新聞團隊來說，這無疑是最直接且寓意深遠的一次警醒。看似如常的一則食安新聞發布，儘管消息來源為國際通訊社，證嚴法師如何僅僅看到播出就嗅覺到其間真偽？至今想來仍令人嘖嘖稱奇。

春秋時期，有所謂「曾參殺人」的故事：曾參是孔夫子的第二大弟子，以孝行著稱，按理說他的母親最瞭解他，對曾參不會殺人應該有最堅定的信念。故事中，確實有個曾參殺了人，只是同名不同人，一次二次傳話，曾母還有信心，到了第三回，就連曾母也不能堅持初衷了，聽人家重複了三次，就真的以為自己孩兒殺了人，因而爬牆逃走。這和「三人成虎」純屬造謠的情況雖有所不同，但

在新聞的實務工作上，道理是相同的，都有一個媒體人必得查證「求真」的基本態度和堅持。慈濟人文人有幸在證嚴法師近旁薰習，能直接領受如此的殷殷垂詢和叮嚀，因此，報真導正，絕不僅止於口頭的宣說而已，它是求真、求善、求美，具體實踐的修練與習題。

## 第四節 揭櫫人文 回應人間

2020 年夏天，若緩步走近位於臺北關渡的慈濟人文志業中心，耳邊便可以聽到工地繁忙的聲響，原來人文志業二期工程，正在緊鑼密鼓地興建中。儘管臺灣媒體環境不斷變遷，人文志業軟硬體推展的腳步並未停歇。

踏入人文志業中心大樓，一樓大廳常有訪客以及參訪團團體，工作同仁穿梭其中，環境中不似喧囂的媒體大樓，倒像修行的道場，滿是定靜的氛圍。

建築物的正中，一樓挑高的大愛廳，佛陀灑淨圖從天而降，這裡既是可容納三百多人於其間的集會空間，也是錄影棚。

## 高僧行誼 雅俗共賞

最常在這個場景中進行錄製的，是大愛電視的歌仔戲「高僧傳」系列。這是大愛電視從 2016 年起，別出心裁推出的「高僧傳」電視歌仔戲，選擇以臺灣民間風行的「歌仔戲」為演出形式，闡述的是歷代高僧的事蹟與貢獻，透過雅俗共賞的展演方式，呈現在觀眾面前。挑高的空間，巨幅影像投射在高解析度的 LED 電視牆上，隨順劇情的鋪陳，領略每一位高僧的行誼，進入每一位尊者的生命故事。

臺灣當代「佛教歌仔戲」正式出現，約可從 2007 年「河洛歌子戲團」改編佛教經文《梁皇寶懺》的同名劇作起始。在《梁皇寶懺》演出之前，臺灣歌仔戲對於「神明戲」並不陌生。由於外臺歌仔戲演出場域多在廟宇或廟會等儀式性場合，因此在演出前，必得先演出八仙祝壽或三仙會等「扮仙戲」以酬神，其演出功能具有儀式性。再者因應廟會演出，因此多半選演關於神仙修道歷程的故事，或者取用神仙元素作為劇情推展的輔助，著名的戲碼：《白蛇傳》、《西遊記》即是代表。兼顧娛樂和通俗性，這

一類戲碼的宗教性並不會凌駕於戲曲之上。觀看者在觀看「神明戲」的潛移默化中，體會「教忠教孝」的精神。

然而，大愛電視錄製《高僧傳》的企圖，卻遠大於此。每一位高僧如：玄奘法師、義淨法師、菩提達摩、鑑真大和尚、六祖惠能……無不都是在留存於世的文獻紀錄或後世論述中，史料或者浩如煙海，或者寥寥數語，反覆地考證交叉比對，在在考驗製作團隊的耐力，更考驗他們回應證嚴法師「以戲弘法」的深切期許。

高僧傳的推手之一，大愛電視臺副總監蕭毅君便有如下分享：

「六成編劇幾乎陣亡了。」單單是劇本撰寫和編審，《弘一法師傳》費時一年半，《神秀禪師傳》花了三年！「無論是杜撰、謬誤，或不能證實的，都一一排除。」

選擇以最接地氣的展演形式，實則是為歷代佛教高僧立傳：「為佛教」，「為眾生」，證嚴法師念茲在茲。其間考究的不僅僅是劇本，從演員選角、服裝、布景乃至時代性，都下了一番功夫，為了追尋高僧遊化的足跡，還前往日本、韓國、柬埔寨等國家實地取景。

褪去傳統歌仔戲服裝造型，相對缺乏考據的慣性，為了求真、求美，製作團隊可謂錙銖必較。以原籍讚岐國（今日本香川縣）的空海法師為例，其所著僧袍，便是直接從日本當地請購；達摩大師身形壯碩、高額兼蓄落腮鬍，演繹者孫翠鳳為求取信觀眾，請化妝師特別加厚下巴，調整臉型，每次拍攝前都要花費數小時化妝。

　　配合劇情發展，編劇團隊也適度融匯正信佛教的教義，如四聖諦、十二因緣等等。證嚴法師期許，高僧傳是演繹，並非演戲；希望劇組能以誠懇心，將祖師大德所立下的經典，用肢體語言呈現給普羅大眾，將佛陀的教誨弘揚出去。所以，力求形似之餘，更要「神似」。無論是佛教徒、歌仔戲愛好者或一般民眾，皆可從中汲取法益。

　　2019 年大愛電視台進一步嘗試，在《高僧傳》前播放 15 分鐘新節目《高僧行誼》，邀請歷史學家、佛史學者、佛學學者和編劇等參與製作，以對談形式導讀每一集《高僧傳》內容，既延伸探討影片未竟之意，亦收提綱挈領之效。

## 涓滴之水 匯入清流

離開大愛廳，牆上時鐘指著下午 2 點半。大愛新聞部晚間新聞的製播會議剛剛結束，編輯們各自回到工作崗位開始準備晚間新聞，紛忙的工作情景與錯落的空座位，形成對比，原來還有大部分的採訪記者群，還在外頭奔忙。

5 樓主控、副控室內，電視牆上傳來世界分區衛星畫面，兩旁電腦螢幕不時更新著顯示檔，接收散布各地的新聞中心、外派記者和新聞志工傳回的即時新聞，匆忙，但有序。

這不過是大愛平日工作的微縮版。在這棟擁有地下 3 層，地上 14 層樓的特色建築裡，在不同樓層專屬於不同專業部門的大愛台員工，就像是數百個螺絲釘，在自己的位子上，本分地成為清流媒體的一份力量。

他們所產製的內容。不僅多樣性，且充滿挑戰性，因為世界分秒都在變動，災難隨時可能降臨，改變一直都在發生。

## 全球疫病肆虐 媒體發揮影響力

2019 與 2020 交替之際，一場名為 COVID-19 的致命性疫病，幾乎徹底改變了整個世界。

財經專家憂心各產業的營業和運轉，紛紛下修了經濟成長率；趨勢專家預言：雖然死亡率令人心驚，但絕大多數存活下來的人，都將進入一個截然不同的世界；各國政府政策有別，但都呼籲減少集會、群聚，以遠距醫療、遠距教學、視訊會議取代以往的人際互動。

分秒心繫慈濟會務推展的證嚴法師，罕見地在這一年都未外出行腳，但這位思想敏慧、分秒以蒼生為念的宗教家，視訊會議幾乎不斷，除此之外，每天晨間仍然如常地對眾講述濟世之道。面對災疫，他從「人心」開始論述，宣講末了常苦口婆心地勸勉人人：少慾、茹素、學習謙卑，珍愛我們僅有的地球生態。

身負傳揚善法與善行重責的大愛電視，除了大量露出疫病的公衛相關訊息；選擇疫病期間的溫馨故事，精製成《在疫起我罩你》系列短影片，廣發於網路安定人心之外，又是如何發揮媒體的力量，以更高遠的視角，回應疫

病這個全球化的議題呢？

## 與其坐而言 不如起而行動

　　疫情緩解後的 7 月，臺北建國假日花市的周末人潮滿滿，六、日兩個白天的營業結束後，星期日晚上累積的塑膠垃圾，光是保特瓶，每袋 100 個，就多達 18 袋。眾人留下的塑膠垃圾、瓶瓶罐罐相當可觀。這樣的場景，應該是全球便利生活下的共同寫照。

　　讓世界更好，媒體可以產生影響力，發揮改變的力量嗎？

　　其實，大愛電視從成立至今，一直都在做。

　　「減塑同盟」，便是由大愛電視發起的一項環保行動，選擇從北臺灣起跑，以內容平台「一口家族」為軸心，結合臺北市政府、新北市府與慈濟基金會的力量，以實境直播方式紀錄慈濟志工地毯式地穿街走巷，誠意邀請志同道合的有心人「自己購物自己袋」，也就是加入採買時自備購物袋，減少塑膠袋用量的行列，原始初衷即是希望從改變消費行為開始，讓地球得以喘息。

減塑，無疑是知易行難的生活實踐，以媒體宣導的力量，讓改變發生，讓行動成為事實，是大愛電視的最大企圖。

節目團隊和慈濟志工同步，周日上午便在假日花市集合，分頭開始一家一家地進行宣導和邀約，這一天的目標，是希望邀請到200家花市攤商，共同加入「不塑花市」的行列。

為了增加參與的誘因，民眾只要自備購物袋消費，就可以獲得臺北市政府提供的集點卡，消費十次，就可以兌換手工皂；建國花市為了共襄盛舉，更加碼贈送種子一包，作為回饋。如此以趣味獎勵帶動身體力行，成果豐碩。

「減塑同盟」從2020年6月正式起跑，9月中旬，參與的志工已經成功邀約了96間北臺灣的店家加入；節目團隊更主動邀請綠色店家加盟，總數超過150家，新北市政府達成「不塑之客」店家雙認證加盟的更多達380家。這項專案設定了一個中期目標：預計到2021年年底全臺灣能累積到五千家店商加入「減塑同盟」的行列。

大愛電視希望傳布美善的訊息，讓世界改變；倡議綠色環保並訴諸行動，原始的想望直接而單純，就是善盡媒體的社會企業責任而已。總監葉樹姍便坦言，這不僅僅是內容團隊年度的旗艦計畫，更是回應證嚴法師以慈心悲願推動環保數十年，大愛電視勢將成為持續推動志業行動的助力。

媒體成為社會改造的火車頭，知易行難；核心的思維與動能何在？以師志為己志，應是最完滿的答案。

## 苦難偏多 無法裝作看不見

2006 年，幾位赴大陸甘肅採訪回來的大愛台同仁，腦海中始終有一個心疼的場景，深深縈繞，揮之不去。

家住甘肅省東鄉縣，七歲的馬小梅，是個認真懂事的孩子。父親在外打工，需要幫忙做完家事，才能開始寫作業。採訪團隊看到她粗粗黑黑的手指頭，握著一個幾乎看不見的筆芯，專注地學寫字。原來，家裡太窮，儘管一枝鉛筆只要兩毛錢人民幣，大約一塊錢新臺幣，馬家仍然買不起，三姊弟總是日盼夜盼在外打工的父親，是否在春節

返鄉時，會幫他們帶回意外的的驚喜。三個孩子即使寫到鉛筆只剩下短短的一公分了，仍然緊握著筆認真學習。困頓的孩子們知道，上學是她們脫貧的唯一機會。

當這則勵志的故事播送出去，節目團隊卻覺得很無力，難道，不能為她們盡一份心力嗎？荒原上，其實還有更多「馬小梅」，一枝鉛筆，有可能便是支持他們，成為改變的力量。

於是，大愛電視台的節目團隊便提出了一個構想，希望向全臺灣的小朋友募集一個裝滿文具與愛心卡片的鉛筆盒；待分類整理完之後，再由節目團隊經由本會的協助，將它們送到需要的孩子們手上。

「來自鉛筆盒的祝福」，從 2007 的 2 月中旬起跑，透過網路傳遞訊息，孩子們捐出鉛筆盒，還要附上一篇祝福的話，一個月的時間，大愛台便收到了超過五千個來自全省各地的愛心鉛筆盒，辦公室頓時成了文具行。原來，即使素不相識，人苦我悲，孩子們的感受力與爆發的行動力，竟是如此驚人。

## 職工的專業 志工的用心

　　人文志業中心的同仁，多數因工作的專業領域而加入慈濟，經過時間的薰習，親眼所見，親耳所聽，極高比例的職工都具備志工無怨無悔的認知與工作態度。

　　「慈濟人文志業」，初始稱為「文化志業」，究竟人文與文化的意涵，差別何在？[12]其間最能映照證嚴法師在推動志業過程中的實在心路：

　　**「當初的『文化』，其實是『人文』的化城。」上人明示，「化城喻品」中，佛陀告訴自以為已經到達目標的眾人，其實這是為讓大家暫時停憩而化現的假相，還需要再往前走一段路，才會抵達目的地；觀現今社會濁氣日重，慈濟人應蛻去「文化」外衣顯其精髓，盡力以「人文」清流引導眾人回返至真實的路途。**

　　法師想望的祥和社會，是人人能付出「真」誠心，共同行「善」事的美麗世界。在人文志業的工作的職工，便時常有幸經歷這種蛻變的心路歷程。

---

12 2004 年《證嚴上人衲履足跡》冬之卷。

大愛電視有一位同仁便有一段特別的經驗，適足以證明絕大部分在人文志業中心工作的同仁，是如何在這個殊勝的工作場域中，不斷地成長且蛻變。

　　有一天，這位同仁剛從中國特困地區採訪回來，看到困頓的孩子們雖在資源匱乏之地求學，仍然惜福且上進。法師因為關心遠方孩子們的教育議題，特意請其到靜思精舍分享當地的見聞。當法師在影片中，看到這位同仁採訪孩子們的語氣，就像絕大多數的採訪者，為求所謂的客觀公正故而話語略顯尖銳冷峻時，特意提醒他，聲色可以更為溫暖，提問可以更為婉轉一些，莫傷了孩子們的自尊。同仁當下卻回應法師：我在鏡頭之外可以給予安慰，但在鏡頭之前，我沒有辦法。

　　法師當下無語。

　　如此經過了許多年，當這位專責紀實報導的同仁走過更多苦難，見證更多人間實像後，感覺自己的內心變得柔軟，心態也轉變了。他想起多年前與法師的那段對話，不免深自懊惱與懺悔。原來，懷抱悲憫與同理之心從事紀錄片工作，未必然需要咄咄逼人才能問出好問題、得到好故

事，進入受訪者的生命故事，一樣可以完成精緻感人的作品。

從門外看，到門裡看，常是截然不同的視角；這樣的體悟，許多人文人都深有所感。

於是，一群懷抱宗教情懷的電視工作者，從 1998 年開播至今，他們所報導記錄的內容，和一般的電視頻道，有什麼不同呢？

## 那年盛夏的花火

2020 年 9 月的某一天，位在人文志業十樓的大愛電視節目部，突然爆開一陣驚喜的歡呼聲。原來，節目部所精心製作的紀錄片「那年盛夏的花火」入圍金鐘獎非戲劇類導演獎了。儘管外在的榮耀與獎項都已能泰然處之，但撇開肯定與同理的外界觀點，這支紀錄片十足是，最樸實無華，以誠以情，才能走入他人生命的最佳例證。

2015 年六月底的某個晚上，位於新北市八里的八仙樂園充滿嬉鬧聲；歡愉的七彩粉末不慎撞擊花火，瞬間釀成粉塵爆炸的公安意外。

一場驚天動地的火災迅速蔓延，造成將近五百名，多數都是年輕人死傷的慘劇。

　　幾年過去了，當年的傷者如何走過漫漫復健路？家人又如何陪伴？百轉千迴的情緒又該如何找尋出口？

　　「那年盛夏的花火」記錄起始，並非來自大愛台，而是來自主角張庭瑜的父親張國強。談起那一晚，張國強仍然心驚膽顫：

　　**當時想法是，這樣的災難怎麼會發生在我家？**

　　當接到電話趕到現場時，張國強在一片哀鴻遍野中，心慌忙、腳步亂，最後，他終於看見，一個許多傷者輪流浸泡、布滿粉塵的水桶中，他的女兒張庭瑜就在那裡。

　　**我把她抱起來，看見她腳下有兩張皮懸晃著，心真的很痛；但是我知道難過並不能解決事情，首先要做的，就是救她。**

　　張國強護送全身已經百分之八十燒燙傷的女兒進到醫院、住進加護病房，一直到痛苦難捱的復健，始終未曾離開。除了陪伴，身為一名導演的他，還拿起攝影機記錄拍攝。

一開始其實也沒想到要拍，是我太太拿起平板電腦先記錄下這些過程。太太的作為觸動了我，這是庭瑜最特殊的成長過程，我們必須記錄下來，與其用平板記錄，拿我的專業攝影器材豈不更好？

　　回述透過鏡頭陪伴女兒在醫院的日子，張國強語帶溫柔說，「那是苦中帶甜的。」

　　她一直都是個堅強獨立的女孩，別說要對我們說「我愛你」了，就連撒嬌也不會；可是在那一段日子，她說話輕聲細語，也會說出一些貼心的內心感受。

　　出院回家後，張國強每每見女兒短袖下的大面積燒燙傷疤，或走在她後頭，見她仍走得辛苦的模樣，總是忍不住悲傷：

　　我現在都還會摸摸她的腿、她的疤，告訴她：「你辛苦了。」

　　接受了現實，卻埋藏不了心中的苦痛，因此當大愛電視團隊聯繫上他，希望以張家的故事製作成紀錄片時，張國強毫不考慮地拒絕了。

　　我第一個念頭是，我要保護我的小孩。

張國強的轉折，關鍵原因與兩位大愛台同仁有關。廖秀雯和高正平分屬於不同的部門，既是專責的職工，本身也具備慈濟委員的身分。八仙塵爆期間，他們常利用工作之餘排假，到新店慈濟醫院擔任志工，繼而與張家互動緊密，一聽說節目部正在尋找紀錄片拍攝的題材，便主動引薦。基於對大愛電視的信任，加上團隊的誠意溝通，幾番思量，張國強召開了家庭會議，最後得到共識，一家人都同意：這段路上無論是醫護人員的付出、慈濟志工的陪伴與照顧，都給了他們很大的支持，如果能將這些紀錄做成公開影片讓外界知道，也是最好的回饋方式。

製作人林慧芬談起當初聯繫的始末，歷歷在目。

**那時我們想拍一部八仙塵爆傷者的紀錄片，光是尋找個案就花了很長時間。跑了好幾間醫院、嘗試說服許多家庭，但最終都失望而返，後來我的同事，同時也是慈濟醫院的志工告訴我，他們在醫院陪伴一個傷友家庭，這個家庭的父親為女兒記錄下一切，或許會願意讓我們拍攝。**

張家最後是同意了，但也開啟了記錄團隊的挑戰：一段漫長的拍攝，需要主管的信任與應允；如何與受訪家庭

建立信任感，是故事成敗的關鍵，能不能功德圓滿，沒有人知道。

**一開始拍攝在公開場合，從醫院回診復健開始，問的問題也都是當下的心情為主。**

導演試圖將鏡頭拉遠，沒有預設立場，以一個毫無壓迫的方式走入張家的生活。記錄團隊自 2015 年九月開始跟拍張家，一直到 2017 年十月才完成所有拍攝，整整兩年時間，拍攝的檔案數也數不清。

**影片中有一場家庭會議，是我們建議召開的，因為知道他們心裡對彼此存在的那道結，希望可以解開。**

影片的兩位導演透露，雖然在這場家庭會議裡沒有入鏡，但卻像家人一般全程參與。這場關於傷痛、關於愛、關於要把兒女再抓緊還是放手讓她飛的交會，歷經兩個夜晚、六個小時，最終在影片中僅僅出現短短的五分鐘。

這部影片拍攝兩年，後製期一年半，歷時四年才終於完成。雖然捨棄了許多精采的畫面，主軸內容一如初衷。

## 我和我的不完美

　　走入受訪者的生命，成為他們的朋友；因為自己感動、覺知人間有情，故而把感動的內容用電視的傳播語言製作呈現給觀眾，希望也能對廣大的閱聽人有所助益，這是大愛電視工作同仁在面對故事題材時，時刻擺在心中的一把尺。

　　2014 年日本賞（Japan Prize 2014）獲獎名單公布，大愛電視台節目〈我和我的不完美〉（The ways to embrace imperfection）紀錄片，獲得 2014 年日本賞青少年項目最優秀賞（外務大臣賞），在來自以色列、哥倫比亞、捷克、澳洲、法國、德國等國的優秀作品角逐脫穎而出。第 41 屆日本賞當年有來自全球 62 個國家，206 個組織，共 320 件作品參加競賽，這也是臺灣第一次獲得日本賞的殊榮。

　　〈我和我的不完美〉紀錄一位腦性麻痺患者林彥良的故事，彥良從小就無法正常走路，他辛苦而努力的復健，因為他心裡一直希望可以像一般人一樣奔跑、跳躍。

　　節目團隊第一次記錄他的故事，是在他小學五年級的時候，雖是一個生於憂患的孩子，卻總能在絕處找到力

量，顯現樂觀和希望，甚至懷抱遠大的夢想。

　　隨著年紀增長，彥良漸漸明白實現這個夢想並不簡單，但他並沒有沮喪，在爸爸一路相隨，還自學推拿每天不間斷幫兒子做復健，彥良更懂得接納自己的不完美，念高中因為樂天幽默的特質，還結交了一群死黨，無怨無悔協助他在校期間的如廁問題，彥良在那一年暑假如願考上大學，又在人生路途上，再跨出一大步。

　　節目團隊從小學五年級開始，一路記錄他的故事，等於見證了一個堅強生命，每一個階段的蛻變和希望。得獎的這部〈我和我的不完美〉紀錄片，平實無華，如果要給了一個最適切的評價，那麼，證嚴法師所期待的紀錄人間真、善、美，或許是最適切的答案。

## 圓夢心舞臺

　　離開節目部，再度回到大愛廳的攝影現場。今天錄影的節目是非常小眾，專門為身障朋友打造的一個電視節目「圓夢心舞臺」。

　　主持人劉銘坐在輪椅上，總是用他大大的眼睛，燦爛

的笑容，仰著頭與人交談。看似瘦小的身軀裡，其實是位小巨人。

2017 年前後，大愛電視邀約他來主持一個既有外景實境、又有棚內互動的節目，他一口答應。每一集的主角，都是生命的勇者，也都有一個放在心裡很久，因為身心不便而不能完成的夢想，「圓夢心舞臺」就是專門協助他們能夠圓夢。

不願以溢美之詞，誇耀大愛電視多麼誠懇有心，願意騰出時段與資源，專門為身障者打造一個向世界表述心路，追逐夢想的平台，那樣說，是對於身障朋友的不敬與貶視；然而，他們也的確需要一個舞台，讓世界更接納與同理他們，大愛電視願為幽微投以光亮，這是二十多年如一日，不變的初衷。

在佛教有這樣兩句話：自度度他，自覺覺他。意思是，唯有自我覺知，悟得真理，才有能力去幫助度化眾生，唯有自覺，才有方法令眾生覺悟。從事媒體工作亦復如是，這也就是證嚴法師殷切期許的：「報真」未盡善，「導正」則更美，報真導正互為因果，那麼，媒體才能發

揮真正的價值。於是，深度培養同仁的濟世情懷，以志工的心態做職工的本分事，應是人文志業中心的最特殊組織文化與核心價值。

# 第五章
## 經典雜誌

**第一節 文人到小民的眼球運動——經典誕生的時代**

　　臺灣自 1987 年解嚴後，1988 年開放報禁，1993 年先後開放廣播頻率和有線電視，傳播媒體隨之急速發展。

　　雖然擁有自由的媒體環境，但由於數量多、市場小，導致長期以來惡性競爭，政商勢力一直左右著媒體的走向與生存。

　　1945 年 9 月至 1947 年二二八事件前，臺灣共有公民營雜誌 126 家，甚至有臺灣人在上海、北平出版《臺灣月刊》、《新臺灣》等刊物。二二八事件之後，眾多雜誌社被封，至同年底僅剩 51 家雜誌。1950 年，臺灣省雜誌協會成立，創始會員 42 家。

　　1949 年開始，隨國民政府來臺，大陸文化人士也遷來臺灣辦雜誌，雜誌業復甦。

1952 年經核准登記的雜誌刊物 220 家，其中許多都是由中國大陸遷辦而來，如《中國新聞》、《週末觀察》。這一時期言論相對寬鬆，曾經出現了高談民主自由的《自由中國》、《民主評論》、《文星》、《新聞天地》等，但後來相繼被政府查封。

　　政論雜誌凋零後繼之而起的是文藝與社教類雜誌，譬如《皇冠》、《現代文學》、《中國一周》、《臺灣風物》等。

　　1960 年代，雜誌業蓬勃成長，此一時期新創辦的知名雜誌有卜少夫的《展望雜誌》、王成聖的《中外雜誌》、丁中江的《春秋》、劉紹唐的《傳記文學》、諸葛志的《新女性》和中國文化大學的《中國一周》。同時還有新聞界泰斗張任飛採企業化模式所創《綜合月刊》、《小讀者》、《現代管理》等中文雜誌，及《英文臺灣貿易月刊》等英文雜誌，另取得《泰晤士報》、《讀者文摘》、《時代》、《新聞週刊》在臺代理權。

　　1970 年代，黨外雜誌出現，最知名的是《美麗島》，中時和聯合兩大報系也分別開辦《時報周刊》和《中國論壇》、《聯合月刊》、《聯合文學》與《歷史月刊》搶攻雜誌

市場。此時配合全臺經濟發展，財經雜誌漸趨成熟，1981年《天下》雜誌創刊，上市第二年銷售量達兩萬份，之後幾年陸續還有《遠見》、《新經濟月刊》、《商業周刊》、《動腦周刊》。偏重時事的《新新聞》將臺灣雜誌市場推向分眾化。1986 年 9 月民進黨創黨，所謂黨外雜誌如《亞洲人》、《八十年代》等陸續發刊，街頭民主運動湧現也促成街頭攝影家為戒嚴時代留下了豐富的影像紀錄。

1987 年解嚴，臺灣雜誌社數量一夕爆增。1988 年達到 3922 家，就在文化人前仆後繼、百家爭鳴的出版環境中，《經典》雜誌也在此時誕生，但它卻是一本不同於當時臺灣本土主流的雜誌，它有著更大抱負要看向世界、探索歷史，自許要做見證歷史且留下歷史的文化刊物。

2001 年香港媒體大亨黎智英帶著五億資金來臺出版《壹週刊》，帶來狗仔文化，影響此後臺灣媒體生態。以羶色腥挑逗讀者閱讀慾望，為媒體市場投下震撼彈。2002 年，臺灣雜誌創下 8140 種最高紀錄，不過在激烈競爭下，到 2004 年剩下 4185 種，且雜誌產業出現集團化和國際化趨勢，譬如香港和記黃埔，先後收購 PChome、城

邦、商周等股權，整合在城邦文化旗下。隨著網路世代崛起，臺灣傳統媒體市場大幅衰退。

臺灣圖書出版市場從 2014 年的 9.8 億美元，到 2018 年衰退至 9.63 億美元，報紙雜誌也從 2014 年的 9.49 億美元規模，掉到 2018 年的 8.73 億美元，媒體漸次進入電子數位時代。

## 第二節 用鏡頭凝視歷史的時光──經典形塑的風貌

1860 年代，美國攝影家 Mathew Brady 以寫實手法記錄南北戰爭；同一時期，英國攝影師 John Thomson 拍攝了大量工人階級的生活影像，他後來來到亞洲，拍攝當時臺灣與中國的紀實照片。

用鏡頭記錄歷史，原本僅限少數階層間流傳；但在結合媒體出版後，知識訊息得以廣泛普及各界。

「To see life；see the world（看見生活 看見世界）」，這是 1936 年 11 月 23 日發刊的《LIFE》（生活雜誌）的創刊宗旨。老闆亨利・魯斯（Henry Robinson Luce）將之定位為新聞攝影紀實雜誌；當時魯斯旗下的《TIME》還沒達

到今日的影響力，《LIFE》先馳得點行銷全世界，有 1350
萬訂閱戶，稱霸四十年，是最早的新聞攝影雜誌。直到
2007 年停刊，但全部珍貴影像全部轉移到時代雜誌網站。

　　美國國家地理學會 1888 年成立後九個月，發行
《National Geographic》第一期；因為印刷質量和圖片標準
得到世界公認，使得全球攝影師以此為發表作品的夢想
園地，也讓很多讀者對攝影這條路心生嚮往。1980 年代
前後，這股攝影風潮也在臺灣萌芽開花，不少知識青年
帶著相機進入田野，透過一一創刊的報導文學雜誌或報紙
副刊，用影像將戒嚴時期全臺各地不為人知的故事記錄下
來。

　　1985 年 11 月，由作家陳映真創辦的《人間》雜誌創
刊，以風格強烈的攝影作品，報導文化、歷史、民俗、工
藝、農村與農民、勞工和環保及弱勢族群等；並以細膩的
人物攝影深入市井，揭露真相，關懷社會，在文字無法表
達或不適表達時，以影像紀實報導喚起公眾意識。自創刊
至 1989 年 9 月停刊，《人間》共發行 47 期，儘管發行時
間短，但對當時臺灣社會發生巨大影響力，間接引領學生

和社會運動風潮。

1998 年，在大愛電視開台這一年，經典雜誌同步創刊，發行人王端正在發刊詞上以〈穿梭時空，典藏人生，我們為什麼創辦經典雜誌〉為題，寫下：

**「辦一本雜誌不難，但要辦一本不媚流俗的雜誌才難。經典就是一本既要為堅持理想，又要為不媚流俗而辦的雜誌，要把知性、感性、理性與靈性放在一起鎔鑄，要表達的訊息是大愛與感恩、關懷和尊重、真誠以及美善。」**

承諾「把《經典》雜誌當做一項跨世紀的文化工程辦；不要把它當做一般性的雜誌辦」。

從第一期創刊號擔任總編輯迄今的王志宏，政大企管系畢業，卻熱愛攝影，1997 年受邀前往衣索匹亞，為慈濟援建的醫院和診所做影像記錄。

慈濟與法國世界醫師聯盟 MDM 合作，1993 年到1996 年在衣索匹亞遭旱災與戰爭影響最嚴重的地方，持續三年進行醫療衛生援助方案，包括設供水站，為居民提供安全的水源。王志宏當時就受慈濟基金會專員徐祥明邀請，擔任隨隊攝影，自此與慈濟結緣。

這趟旅程讓王志宏獲得人生當中極大的感動，他用八十張幻燈片，向證嚴法師簡報。用真實影像記錄人與事與地與物的關係，得到證嚴法師很大的肯定。也因此接受了王端正副總執行長的邀請，為慈濟創辦一本對外的人文雜誌——經典。

王志宏說，他期待的經典雜誌應該是——結合國家地理雜誌、LIFE 和讀者文摘於一身。「過去戒嚴時期，大家都只寫散文，人的故事很少，紀實文學幾乎沒有，一般報紙出版也才一張半，版面有限，所以我一直希望有更大篇幅，可以介紹臺灣本土的故事，呈現史地、生態與自然。」

## 第三節 由島嶼匯流入海的善潮——經典承擔的使命

1998 年 8 月經典雜誌創刊，證嚴法師期許「為時代作見證為人類寫歷史」。隔年 8 月，經典出版精裝大書《鄭和下西洋》，紀念雜誌創刊一周年。

「四個寫手，一個月寫五千字，一年集結起來就可以成十萬字的一本大書。」學管理的王志宏精打細算，如果從外面找人來寫這樣一本專書，恐怕得花上一、兩百萬酬

勞。所以他化整為零，先訂下大題目，再將每一期雜誌內容章節化，舉凡報導臺灣地理歷史沿革也好，或像「大唐西域記」、「鄭和下西洋」這類跨越時空的大型編採製作企畫，都得要「計畫生產」，而且思慮必須非常縝密，包括採訪要分幾趟？計畫幾個行程？還得抓住最合宜的時節，派最合適的人去，其中重要條件是要有外語能力，不單是英語，因為得視主題，例如循南洋而下蒐集鄭和當年的行蹤，最好要有諳馬來語和印度話的人。

當《鄭和下西洋》這部大作完成之際，臺灣遭逢九二一大地震劇變，因此新書宣傳移師東南亞盛大展出，並獲長榮航空贊助。在馬來西亞的巡迴展備受重視，吸引眾多媒體諸如新加坡獨立製片青睞。經典精心攝製的珍貴畫面與船隊模型，也提供 Discovery 探索頻道製作「海上霸主鄭和下西洋」影片，於 2011 年播映。

因為展覽機緣，《經典》擁有一批馬來西亞的訂戶，「那時很多人居然捨得訂閱經典雜誌！一年雜誌訂費新臺幣三千元，就相當於當地的人均所得。」回憶當時盛況，王志宏非常感恩與驕傲。

2004 年獲得金鼎獎最佳專題報導獎、最佳攝影、最佳圖書與最佳圖書主編獎等多項成就的《西域記風塵》，也是經典雜誌的歷史一筆，耗費三年考據，並規劃路線逐一探訪，得來實在不易。

王志宏曾在 1997 至 1998 年隨慈濟隊伍去當時還兵荒馬亂的阿富汗援助，當時是隨隊攝影，回來後才寫完採訪稿，阿富汗就打起仗來，後來塔利班取得政權，歷經曲折，2002 年才真正完成「西域記風塵」專題。

從第一次到阿富汗，前後歷經六年，最後用一年半時間趕工完成，才付梓成書。這部時空跨距極大的史實鉅著究竟是如何完成的？王志宏說，從玄奘以來一千四百年，沒人完整走過這條路，中國大陸有很多學者，比較容易找到參考資料與路線，但踏入西亞就是很長一段荒蕪，只要抓住任何一點就是第一手報導。「阿富汗地區最困難的就是照片，當時是由有外語能力和背景的義籍攝影師安培潯（Alberto Buzzola）攝影。後來我們在世界各地辦了數百場的展覽。也把出版的兩部大書，一一致贈靜思精舍的法師們。」

在馬來西亞展覽時，當地各大媒體都放頭版，麻六甲的展出更風光一時。王志宏沉緬在那一年的記憶裡，他一天跑了好幾場宣傳，回到旅館已夜間十點，在門口還遇到一群遊客認出他來，在門口又聊了許久，凡此過往讓他回味無窮。

展覽繼續往北走，到了吉隆坡市中心，當地華人首富郭鶴年鼓吹數萬人來看展，各個教派也派人觀看，這處慈濟在當地的支會，日後茁壯成雪隆分會。

當時吉隆坡當地佛教宗派主要以佛光山道場為主，但在「西域記風塵」展覽開幕那天，幾乎各道場的人都來了。1994 年受證為慈濟委員的濟雨師兄劉銘達，也是座上嘉賓。

當時外交次長夏立言也邀請經典去聯合國開展，「謝謝玄奘法師，讓臺灣一間雜誌社的總編輯，居然可以進到聯合國！」一千六百年後竟然讓大師重現天日，讓他取經傳法的事蹟源遠流傳，令後人得以瞻仰。當時在舊金山也辦了很多場，還是利用聯合報的場地。王志宏說，就是因為經典以人道紀實的角度出發，開展了「發現、探索、人

文、關懷」四大主題，因此讓慈濟的報導及出版，除了慈善之外，還有豐厚的人文史地與環境生態等等諸多面向。

## 第四節 在擺盪中確立座標定位──經典前瞻與挑戰

從「鄭和下西洋」、「西域記風塵」系列報導後，王志宏思考經典未來將企畫核心轉出大陸的可能，畢竟史詩般的大型報導策畫不易，加之也未必有那麼多值得傾注全力的報導主題，所以他帶領經典團隊回望臺灣，規畫尋找臺灣失落歷史的「風中之葉」、「發現南島」、「赤日炎炎」等主題，希望以報導所生長的土地，培養熱愛臺灣與經典的讀者群，而後並開展出臺灣省道、河川、山林、海岸乃至離島等等一系列的專題報導，將整個臺灣的環境地誌與人文風貌都收攝其中。後來並以慈濟的「慈善、醫療、教育、人文」四大志業為骨幹，帶出了《臺灣四百年》四部專書。可以說，經典對於臺灣史地沿革與爬梳，著力不可謂不深。

相對於電視報紙，雜誌雖屬小眾媒體，但優勢是深度和專精，以經典雜誌在臺灣出版市場能擁有一萬訂閱戶，

數量算多。這除了得力於經典長期深耕四大領域：發現、探索‧人文‧關懷的報導視野，以擴大報導視角，吸引更多關注外；廣泛吸納各領域人才的跨界合作，令雜誌內容豐富多姿的做法，更具絕佳吸睛效果。

譬如與水下攝影師王汶淞合作臺灣周邊海域水下攝影計畫，先在雜誌連載，後來結集成書《浮游國度》。或以贊助形式，提供版面讓 Vicky 和 Pinky 兩個女生於 2008 至 2009 年報導並成書《單車環球夢》。類似的合作方式，鼓勵了更多人投入，也豐富了經典作者群和報導面向。本身就是專業攝影的總編輯王志宏，也樂於為攝影同好提供這個平台，在彼此相幫下讓雜誌更加壯大。

經典是極少數刊載大量照片的雜誌，也因為跨國跨域的採訪報導不少，經常向多語言國際人才邀稿，王志宏說，會東南亞語的人可就近報導東南亞的故事。以經典雜誌 176 期〈尋找最後的媽姐〉報導為例，從過去以至今天，臺灣人慣常看到的國際報導，多數是美國人觀點；但經典要帶讀者更在地、更道地的解讀東南亞，所以「有馬來半島當地夥伴最好。」為了第一手觀點和訊息，經典還

曾有印度夥伴。他說，在臺灣辦雜誌真的要找到自己的立足點。

2013 年，經典創刊 15 周年專書《成就經典》，王志宏在序言提到：「八〇年代解嚴之後，媒體以自由之名風起雲湧，百家爭鳴，競相迷失在零和商業遊戲中，更在政商染指下成了工具。在媒體倫理尚未建構時，在民眾還沒學會如何判斷媒體資訊時，媒體就成了臺灣亂象源頭之一。」而「臺灣目前的諸多政治紛爭，歷史的扭曲實是主因之一。」本於「不了解過去，就看不到未來」的信念，經典雜誌得以創立並屹立至今。

敏於時事社會議題的王志宏，礙於新聞報導常簡短數言帶過，他認為雜誌可以更深更廣的報導主題，因此將經典定位為報章媒體的延伸。譬如近幾年引起國人高度關注、媒體熱潮不斷的食安問題報導，其實早在 2013 年初，經典就推出一系列「臺灣綠食堂」專題，這是經典編輯部費時近兩年所發掘的各種食材的來龍去脈，包括蔬菜硝酸鹽含量、餵藥蛋雞所生下的雞蛋、讓人慢性中毒的進口中草藥材、國人食用過多的基改黃豆等，逐一追蹤來源

去處。落實王志宏定位雜誌延伸性報導的初衷，該系列於2014年5月結集出版專書，餘波效應引起媒體同業對於臺灣食安問題的高度關注。

閱讀生態丕變、自媒體興起，影響傳統書市巨大，臺北市重慶南路（書店一條街），在最盛時期約有一百家書店，而今已屈指可數。相較於全盛時期經典雜誌發行的專書，一本定價一千二百元的精裝大書，一刷就是五千、甚至八千本，總數可以印到一、兩萬本的榮景早已不再。「現在新書首刷頂多二、三千本。」王志宏不無感慨，但心底也不無驕傲──來自發行的收入一半以上用於編輯內容，在沒有業配的情形下，靠發行就能維持營運成本，在臺灣出版界應該找不到第二家。在感謝長期訂戶的支持之餘，王志宏還要感謝慈濟志工，因為得道多助，讓經典少了很多管銷費用支出。「當時臺灣一本雜誌假設賣220元，但賣出去要打六折，加上廣告和通路得扣掉六七成，所以真正用在出版上已沒剩多少。」這也是曾任大地地理雜誌攝影的王志宏深切的痛。

大環境的變化本非一般人、尤其是有理想的人所能控

制，以經典一年三、四千萬的經費，還能維持一貫優質出版品質，王志宏以此為榮，也感謝眾人的護持，因為「辦好雜誌不走商業路線，就只能靠慈濟的力量。」用善念護持的經典，確實是得天獨厚！

證嚴法師期許臺灣是一個愛善之島：「臺灣無以為寶，以愛、以善為寶」。

2017年經典創刊20年，以「壯遊」為主題，舉辦攝影展，出版專書，為過去240期雜誌、數千則深度報導、數萬幀紀實影像、及囊括海內外57座獎項，所立下的一座里程碑。它也落實了證嚴法師於創刊號對於經典的期許：「為時代作見證，為人類寫歷史。」

從經典創刊至今、經歷超過22個年頭，始終唯一的總編輯王志宏，因雜誌榮獲金鼎獎雜誌類特別貢獻獎。身為雜誌掌舵者，除忙於雜誌業務，還要配合每期經典雜誌報導主題，在大愛電視台主持專屬節目「經典.TV」，並經常應邀出席國內外巡迴演講與展覽。

而雜誌另一靈魂人物——發行人王端正，是慈濟傳播人文志業基金會執行長，他曾是中央日報最年輕的總編

輯，當年應證嚴法師囑託，毅然拋下人人欣羨的金飯碗，和于志宏攜手創立經典雜誌，至今，儘管身兼慈濟基金會副總執行長、人文志業執行長數職，責任極其繁重，但身為經典的發行人，他仍每月為雜誌專欄供稿，在他心底，仍有文以載道的使命感。

在《經典》創刊號的發刊詞，王端正發行人如此說道：

**人類文明就像一條長河，我們雖然無法挽留逝去的流水，却可以從中看清自己。人類歷史就像一面鏡子，雖然可以照見每一個人的面目，但卻無法照清緊貼鏡面的事物。**

**我們希望借助有如流水的人類文明，看清自己；也希望借助有如鏡子的人類歷史，認清本來面目。**

「為時代做見證，為人類寫歷史。」這是經典百折不回的發心與立願。

# 第六章
# 擘畫人間真善美

一位桃李滿天下，日日陞座對眾講經說法、時時隨緣開示的宗教家，竟不只一次坦言，若非為弘法，實則是內向不擅言語的本性。

這位宗教家，就是創立慈濟的證嚴法師，他於海內外的弟子，秉其心志行善足跡遍全球；他也是全球最具影響力的人物之一，但卻坦言自己生性內向。

【證嚴上人開示】[1]

我是出家人，出家人名副其實是屬於叢林清修的人，我為什麼要在紅塵滾滾，在這種很繁雜的社會，是我生性愛熱鬧嗎？其實我是一個很安靜的人，也是很內向的

---

1 請見【證嚴法師菩提心要】20180113 - 內向者的力量。

人，很希望自己好好修行。

2003 年《證嚴上人衲履足跡》冬之卷中，留存有這樣的文字，敘說了法師何以走入人間、走向台前的心路。

以前我很不喜歡被攝影，所以早期要拍我的人，都得用偷拍的方式。但是，當這次歲末祝福放映『盤山過嶺』[2] 影帶時，我看到自己在慈院動土儀式中的影像，內心很震撼！在那一幕中，我咬緊牙關、眼含淚水；咬牙是表示一定要承擔的勇氣，淚水是意謂憂慮建院資金的來源[3]。從我在動土時流露的神情，可看出籌建慈院是何等艱鉅的工作！所以說，剎那間捕捉的影像，可以證明歷史；無論是聲音或影像，在在都是歷史啊！

剎那即為永恆，一直以來慈濟人深刻體解的是：不管用什麼形式，分秒紀錄留存的人間美善，都可用以徵信善款的真實用途、或用以傳揚人間行善的真美，當事過境遷，真實的圖像一定都會比「人腦記憶」或「聽說」來得信而有徵，詳實留下濟助行善的實錄，是對千千萬萬位支

---

2 描述花蓮慈濟醫院建院的歷程，宛若盤山過嶺步步艱辛。

3 當時僅募得善款約三千萬，建院所需經費估算需八至九億。

持者負責任的真誠回應，一旦錯失往往徒留遺憾。

連結慈濟志工體系的運行，便有所謂專司記錄人間經藏的志工團隊，習稱人文真善美志工。儘管組織偶有更迭，他們總能以師志為己志，勤勤懇懇以文字，以圖像，以影音，「如是我聞」恆持不變的為所當為。

在新聞事件或救援行動的現場，總能看到認真做記錄、四處穿梭的慈濟志工身影。時至今日，不管是大眾傳媒或是蓬勃的自媒體，資訊環境雖然開放卻也紛亂，法師總是以「為時代作見證，為人類寫歷史」來啟迪眾人。有幸參與留史的慈濟人，因而常是以一種近乎宗教的虔敬心，以誠以情面對「溫馨」、「感動」與「美善」的人間實相，這絕不是懷疑論者以為的「作秀」或「表演」，他們所見證的是推動時代前行的力量，所留存的是人類良善的大歷史。

## 以筆代耕 勇毅拓荒

早年，慈濟文化刊物為了廣拓稿源，即有少部分的「採訪志工」參與其間。直至 1989 年 10 月 15 日，才有

「慈訊筆耕隊」正式成立。

　　筆耕隊成立的宗旨：一、詳實記載慈濟功德會推動慈濟志業的過程，為慈濟歷史做見證；二、透過文章闡發，讓慈濟精神傳播十方，並期能闡揚光明正信的佛教；三、發揮文化工作的影響力，落實淨化社會功能。證嚴法師期許當時所有的筆耕者：「以筆耕耘慈濟福田」，「以拓荒者勇毅不懈的精神，寫出慈濟眾多感人的故事。」

　　法師更時時以淺白的話語鼓勵志工：「會說話、會寫字，就會寫文章。」

　　證嚴法師當時所建構的，至今看來仍是一個充滿智慧的志願工作者典範模式：筆耕隊員並非純粹的客觀紀錄者，更多時候他們自己本身便是行善事件的參與者，他們以親眼所見、親耳聽聞、親身付出的體驗以文字表述，無形中，說故事被轉化為一種參與的儀式。一群說故事的人，熱切地想將美善的故事保存，並期待它們可以不斷被記憶、被傳誦，被一再地反覆宣講。

　　昔時筆耕隊的主要工作包括：一、錄音帶整理，包括證嚴法師開示、各項聯誼聚會中委員的現身說法、慈濟世

界廣播節目的人物專訪等等;二、訪貧、當志工的見聞與心得,參加各項活動的感想、人物專訪、個人改變習氣或改過遷善的心路歷程等等,筆耕提筆為文,一字一句留下珍貴的史頁。

2000 年 10 月 31 日,新航空難和象神颱風一起來。筆耕志工全體出動,冒雨救災採訪,總共寫了一百多篇現場報導。《慈濟》月刊編整後的當期封面故事「基隆河畔‧藍天白雲——象神風災特別報導」,便收錄有多篇筆耕志工的作品。這個專題後來更榮獲「臺北市新聞記者公會」舉辦的「社會光明面新聞報導獎」,有心、用心,即成專業。

### 掌鏡乾坤 影音留存

1996 年,「慈濟影視映像志工聯誼會」成立,為的是協助大愛電視成立前,於友台託播節目時期,於所在社區廣拓故事來源。拜廣播級影視器材的售價不再僅是企業集團才能負荷之賜,全臺各地都有志工發心自掏腰包,自備器材、積極進修攝影機拍攝和影視製作技巧,雖然這些購置

器材的費用，對於一般受薪階級來說，仍是一筆大數目。

資深慈濟志工黃錦益和妻子慈喝，便省下買汽車的錢先添購攝影機、拿買房子的錢先買剪接機，為的就是要加入記錄慈濟歷史的行列，「俗事」與「志業」，哪一方比較有價值，他們心中早有判別。

也有不少人利用工作閒餘當志工，只要能讓畫面品質更好，都不惜成本買下先進的器材設備。家住新北市的志工陳慶雄，陸續添購的各種照相、影音設備，擺滿家中一隅、宛若小型博物館，鏡頭另一側的他，從黑髮拍到白頭，數十年安然如是。

大愛台創台後，證嚴法師有感媒體淨化社會的強大力量，因此於 2002 年擘畫「影相、聲音、文字三合一，整合人力及時記錄慈濟歷史」的志工圖像。時稱「文化三合一志工」；2006 年之後更名為「人文真善美」。

出家前，原是人文真善美志工的靜思精舍德澡師父，曾有如下心得分享：

**活動前有文書工作，活動進行的時候，要採訪、照相及錄影，到所有人都回家休息，人文真善美才要開始寫**

稿、剪接。每項工作耗時、耗神、耗體力，如果沒有傳法藏的使命感和願力，這條路無法走得長長久久。

志工經由付出的修練，用生命走入別人的生命，既豐富了自身的人生閱歷，也讓有緣觀看其作品的人心有感悟，見苦知福再造福。

更多投入人文真善美的志工，初期並不懂電腦、不懂英文，尤其在操作影像剪接軟體的時候，常會使用到英文介面，有些白髮蒼蒼的志工深信「有心就不難」，故而反覆硬記，愈挫愈勇。舉凡攝影機、剪接軟體的設定與操作，他們的學習曲線或許周折，最終多可熟能生巧。

2020 年 10 月 5 日早晨，在人文志業中心每月定期的人文月會裡，當責規畫這一次月會內容的新聞部，特別隆重地介紹了三組人文真善美團隊，他們的作品近期都在大愛新聞中露出，這一系列由志工們掌鏡、採訪寫作的環保志工故事，真誠動人，故事張力飽滿。與會的志工們更分享了他們為了貼近環保志工的內心世界，自己也親身投入做環保歷程。

人文志業中心執行長王端正聽完分享，特別以智、

仁、勇三達德的高標準贈予人文真善美團隊。有道是：智
者不惑，所以求真；仁者不憂，所以盡善；勇者不懼，所
以唯美。

　　慈濟人文志業所屬各類媒體，雖有數百位專責職工參
與其間，卻萬不可短少人文真善美志工的護持和助力，職
工與志工完美搭配，互相補位，彼此精進的不僅是影音敘
事的專業，也是凡夫處世的菩薩心。他們在證嚴法師精心
擘畫的人間真善美圖像裡，都是轉動大歷史的螺絲釘，缺
一不可。

　　慈濟人文真善美志工，絕大多數都是平凡人，但卻因
為他們真實的不平凡作為，而讓這個世界更加豐富多彩。

　　接下來要介紹的幾位志工故事，實則只是真善美團隊
的縮影，文字敘述所著墨的雖多為他們的人生故事，卻適
足以說明他們之所以勇猛精進如大勢至菩薩的因緣與動
機。

## 黃錦益──留下快門後的故事 第一號映象志工

　　這一切，得從一張空拍圖說起。

1986 年，花蓮慈濟醫院落成，空中攝影專家黃錦益受慈濟委員請託，義務為慈濟園區拍攝空照圖。待作品完成後，他和太太陳英珍在慈濟委員陪同下，將成果面呈證嚴法師。法師看著照片，十分滿意地告訴他們：「**這就是我要的東西，而我要的人也來了。**」

　　「**浩瀚的慈濟世界，將任你們遨遊。**」見法師歡喜，夫婦倆也跟著高興，當下即發心追隨並皈依，法號分別為「濟宇」、「慈暘」，成為日後慈濟世界裡人人熟知的菩薩道侶。

　　皈依後，濟宇與慈暘開始加入隨師行列，每月法師外出行腳時，便以專業的攝影技術與器材，記錄慈濟脈動。從此，這成了他們的生活重心，也讓他們成為「第一號」慈濟映象志工。

　　早年人力缺乏，負責執筆月刊「隨師行記」的德宣師父，不但要負責攝影、撰稿，還要拍照，可謂分身乏術，部分珍貴畫面來不及捕捉、一些照片焦距模糊，相當可惜。

　　在濟宇與慈暘加入隨師團後，一切有了轉變。濟宇與

慈暘跟隨著法師的足跡，拍攝出張張精彩的照片，讓早期以文字為主的《慈濟》月刊，逐步朝向「圖文並茂」發展。

月刊 266 期（1988 年 12 月）以後的「隨師行記」，開始搭配他拍的照片刊登。無論是拍攝角度、焦距的掌握、曝光多寡，都是濟宇用心呈現的專業；甚至有些照片還是「衝鋒陷陣」的成果。

一回，濟宇為了捕捉法師走在田埂上的照片，靈機一動，計畫從旁邊的甘蔗田繞道趨前拍攝；沒想到，雙腳卻深陷半人高的軟泥中，還是在眾人幫忙攙扶下，才將滿身泥巴的他拉了上來。

濟宇說，慈濟每一步足跡都是重要歷史，不把握時機記錄下來，歷史就只能成為日後腦中的吉光片羽，將來也會後悔。

逐漸的，因應月刊與基金會的照片需求，濟宇不但要拍攝黑白、彩色相片，後來還加上幻燈片，手上、身上要輪流揹著三台相機。「就算機器再多、再重，我也必定全力以赴！」

自從隨師團有了濟宇幫忙按快門後，稍縱即逝的場

景，一切盡收在底片裡；後來，甚至連妻子慈暘也加入拍攝行列。

「上人告訴我，要『多功能』，要幫忙先生承擔任務，所以我也開始拿相機拍囉！」慈暘說，她原本對拍照一竅不通，自從隨師「磨練」後，不但能自拍自寫，每次受託於月刊的採訪工作，也能「使命必達」。

除了隨師，濟宇亦陸續完成精舍、護專的空拍圖，月刊279期（1990年1月）封面照片「佛教慈濟綜合醫院全景俯瞰」，即是他搭上直升機拍攝的作品；而慈濟內部的工程會議，也多商請濟宇拍攝相關畫面供放映。

1991年慈濟展開國際賑災，濟宇與慈暘就扛著大大小小的攝影器材，深入泰北、尼泊爾、馬來西亞、印尼、中國大陸，以及美加等地區，將他們拍攝與記錄的成果詳實呈現在《慈濟》月刊與《慈濟道侶》版面中。

曾經，他們在攝氏零度以下的中國遼寧省拍攝冬令發放，翌日，隨即趕往攝氏四十五度高溫的柬埔寨進行賑災。除了身體得承受溫差的煎熬，還曾經因不熟悉國外法令限制，沒有事先申請攝影需求，器材被扣押在海關，險

些無法進行拍攝。

「還好我隨身帶了一台小型相機，否則回國恐怕得繳『白卷』啦！」慈暘笑說，出國賑災與隨師是完全不同的體驗，但每次歸來皆滿載「幸福感」。濟宇說，能追隨著上人、慈濟腳步行遍各地，是他們夫婦的一大福報，這幾年來看盡人間百態，更感覺為善需競爭，更要甘願付出。

1995 年開始，力霸友聯頻道提供時段給慈濟製播「慈濟世界」節目，濟宇從平面跨向影像記錄，逐步朝影視弘法的方向邁進。

眼看慈濟腳步快速發展，四大志業也不斷拓展，卻遲遲未見「第二號」影視志工出現，法師的一席話：「天下米一個人吃不完，天下事一個人做不盡，慈濟事需要帶動大家的力量完成。」濟宇就這樣開啟了「慈濟影視映像志工聯誼會」的成立。1996 年開始，他廣邀專業師資，培訓北、中、南、東的映像志工，讓他們也能用攝影器材，拍下在地慈濟人的點點滴滴。

三十多年的歲月，傳播科技不斷在演變，濟宇從不吝惜更新攝影器材，以提升拍攝品質、保存慈濟影像資料。

「只要是有益於保存、發揚慈濟影像紀錄，我們必定義不容辭。」濟宇說，為慈濟留史是「百年大計」，枝微末節都馬虎不得；望著工作室內「歷任」的設備，他回想起一路記錄慈濟四大志業、八大腳印發展的足跡。

　　曾有人做了一首打油詩來形容這對菩薩道侶：「家庭誠可貴，事業價更高，若為慈濟故，兩者皆可拋。」這首詩雖是詼諧之作，卻也真實表達了兩人多年來全心投入慈濟的用心與付出。

　　從事業到志業，從傳播公司負責人到全職的慈濟志工，濟宇與慈暘一路走來甘之如飴。

　　「我們崇敬上人、愛慈濟，最大的希望就是把上人法語、慈濟歷史、良善的故事『有聲有影』地留下來。未來，更會一心一志，繼續記錄下去。」

## 陳次雄——業界攝影大師 月刊封面故事

　　《慈濟》月刊封面上，沉穩端正的「慈濟」兩字，最初出現在 1971 年、第 57 期的報紙刊頭上，是曾任司法院長、擅長隸書的謝冠生先生所題。

創刊六年後，月刊由報紙改版為雜誌開本，封面以法船為主，先後有兩種造型：最先以單色板刻呈現乘風破浪的意涵；之後則以運載群生的形象出現。

　　慈航普渡的法船標誌，其實出自基督教徒林清材之手。他在功德會成立初期，發心想幫助上人，卻又擔心自己的宗教信仰不被接受；詢問上人後，獲得「愛無邊」的回答；開設雁山印刷行的他開始幫忙功德會印刷出版品，最早的「法船」標誌即由他所設計。

　　法船標誌沿用至 200 期，1983 年 7 月（201 期）配合建院義賣，封面圖片從法船變成照片；一直到 1986 年花蓮慈院落成，封面都與建院之重要新聞相關；1993 年 9 月，透過資深志工李洪淑英的推薦，攝影家陳次雄開始提供作品刊登，開啟月刊封面的另一種風貌。

　　走進陳次雄家中，廚房旁的置物間是他的專屬天地，整排的《慈濟》月刊隱身其中，信手拈來都是他早期提供刊登的攝影封面，不論是基隆港、野柳海邊、汐止山上、彰化花壇、高雄內汀……從 322 期到 353 期，近三年的時間，陳次雄用鏡頭引領月刊讀者領略臺灣之美。

陳次雄投入攝影工作超過半世紀，平面攝影之後更精進錄影；他依舊在臺灣各地尋找美景，希望讓更多人看見美麗的福爾摩沙。

「身為慈濟人，自己能付出的良能和時間有限，唯有提供我用心拍攝的畫面給月刊或是大愛台使用，才覺得有盡到一分力量。」在影視這條路上，陳次雄愈做愈歡喜，也找到了自我的人生價值。

## 陳慶雄——留下作品 不願具名

這是出刊於 2014 年 5 月，慈濟月刊第 570 期的封面照片圖說文字：

自四月底至五月十一日，慈濟志工於全球五大洲、四十個國家舉辦四百六十場浴佛典禮，約三十六萬三千人共沐佛恩；臺北中正紀念堂浴佛圖騰以「三千大千世界」為主題，從小圓、中圓到大圓，形成立體琉璃同心圓，大眾共聚善念，祈禱天下平安。（攝影／陳慶雄）

2019 年 1 月 7 號，國立中正大學特別在嘉義大林慈濟醫院，頒授「名譽文學博士」學位予慈濟創辦人證嚴法

師，以肯定證嚴法師無私奉獻服務社會的優良典範，堪為青年學子表率。慈濟基金會特以〈慈悲行願半世紀・濟世喜捨信願行〉一文回應各界，文末圖片說明，標註陳慶雄。

2020 年 8 月 29 日晚間，全球 COVID-19 疫病嚴重之際，在花蓮靜思堂，由慈濟基金會與花蓮縣政府文化局合辦的「優・慈濟・洄瀾──感恩祈福善念共振」的晚會，邀約優人神鼓透過「祈福四部曲」，邀約民眾共同為天下祈福。一連串的武術、擊鼓、劇場、舞蹈及音樂，向不安的人心，傳遞安定、正向與祝福的正能量。慈濟慈善新聞網，以〈藝術人文感動──優人神鼓在花蓮靜思堂震撼鼓動〉一文，於網路平台上發布，一張張精準到位的表演者圖像，攝影者也是陳慶雄。

年近七十的陳慶雄，在鳥類攝影的同好中，小有名氣，因緣成為慈濟志工後，總是隨時聽候差遣，隨 call 隨到，交付作品後常常要求不必署名，對於陳慶雄來說，剎那即永恆，來去瀟灑自在，付出並不在意世俗的褒貶和名相，在慈濟真善美志工的群像裡，低調、謙沖卻氣自華。

## 葉晉宏——年產 100 願力破百

因為太太工作關係，幾度暫居美國的葉晉宏，是南投縣國姓鄉人。2017 美國志工四合一精進研習會，他便是以美國慈濟志工的身分報名參加，還給自己許下承諾，一年之內，要以志工身分發一百則新聞供大愛電視使用。

葉晉宏與慈濟的因緣，要從 1999 年的九二一地震說起。

九二一地震前一天，葉晉宏原本已準備好要接洽經營一家便利商店，但清晨的地震，震碎了他的計畫，連預訂經營便利商店的那間房子也倒塌了。

那時，他看到無數慈濟人從四面八方而來，對一時受難的鄉親伸出援手，後來還在國姓鄉援建學校，打造希望工程。

這是葉晉宏第一次看見慈濟。既然在國姓鄉開店的打算破滅了，他只得轉戰臺北汐止另起爐灶，開設了一家書坊。然而，2000 年挾帶豪大雨來襲的象神颱風，重創汐止，讓書坊還來不及辦周年慶，就只能結束營業。

正當一家人認命地打掃店面、清理汙泥時，熟悉的慈濟人身影再次出現。他眼見志工們送熱食、膚慰、協助清掃，藍天白雲的身影一如他在國姓家鄉的見聞。

　　這是葉晉宏第二次看見慈濟。

　　因為心生嚮往，透過妻子的同事一邀約，葉晉宏終於有機會接觸慈濟。他曾參加慈濟讀書會、醫院志工、社區志工的課程開始。具備美工專業背景的他，在 2009 年 4 月，加入基隆安樂區人文真善美團隊。2011 年初，培訓志工結業，正式授證為「慈誠」。這段期間，他因為妻子工作在美的關係，美國洛杉磯、臺灣兩頭跑。在洛杉磯停留期間，一樣地加入美國真善美團隊，慢慢地更為熟悉錄影的原理和技巧，從此，大愛新聞常有由他報導的新聞露出，2013 年做了 46 則，2014 年增為 52 則，2015 年有 54 則，2016 年已達到 64 則，每一年都不辜負自己所訂的目標。

　　人文真善美志工，就是把人間的美善留下來，2016 年葉晉宏再度去美國，他說：「**既然有因緣去美國，就把握太太還有三年的工作關係，可以讓我有時間發揮，透過**

鏡頭告訴有緣人，也希望能藉由影片啟發人心而願意投入慈濟這條菩薩道。」因為使命感的驅使，成為慈誠志工的葉晉宏，開始募心募愛，2017 年參加「委員培訓」。

美國德州遭遇哈維風災，葉晉宏去德州十六天，扣掉前後三天的車程，在德州賑災十三天，做了 13 則新聞，他想參與救災的原因是之前經歷過九二一地震、象神颱風，自己有受到幫助。這次去德州的路上車子拋錨，碰到只會講西班牙語的一對修車父子，幫他們修好車，這對父子知道他們是去賑災，所以免費修理，終於把車開到德州，順利進行賑災工作。葉晉宏說：「我去幫助人之前，體驗過被幫助，真正感受被需要，所以去幫助別人時，將心比心就會更加投入。

### 柯德桂——「好好做」 紀錄美善不停歇

「阿彌陀佛」、「感恩」這些話，聽在還沒進入慈濟以前的柯德桂耳裡，分外刺耳。每每有人對她這樣問候，她心裡總是犯嘀咕：覺得好虛假喔！

直到 1990 年，無意間看到一本慈濟書籍，德桂的想

法有了改變，她開始主動劃撥繳交功德款；直到遇見慈濟志工陳色秋，邀約成為會員，領著她做環保。當時柯德桂常在基隆文化中心擔當義工，每當陳色秋來收功德款的時候，都會熱情地向她介紹慈濟功德會的緣起、慈濟舉辦哪些活動、證嚴法師的理念……最終，都不忘鼓勵她參與志工培訓，一起做慈濟。但柯德桂總是以：「**做善事在哪裡做都一樣，矮的人穿旗袍很難看。**」等等理由，婉拒了。

1996 年，色秋師姊在前往一場告別式中，發生車禍往生了。平日帶領會員們做環保的色秋不在了，大夥聚在環保小站討論著，群龍無首，接下去該怎麼辦？

柯德桂當時也不知哪裡來的勇氣，竟挺身而出說：「**做善事是做給自己的，不是做給別人，師姊不在也是要做。**」

就是這份願意承擔的勇氣，讓她從此走入慈濟。

至於成為真善美志工的因緣，也好似水到渠成。有一回，一個活動需要拍攝作紀錄，較為資深的一位師姊請求柯德桂去幫忙，沒有什麼經驗的她，想都沒想，就去了。

又有一次，需要有志工代表到大愛台開會，資深的師

姊又請她去參加，在什麼都不清楚的情況下，她仍依約去開會，就這樣一步一步走進影視相關的真善美團隊。又有一回，證嚴法師到北部行腳，柯德桂有機會親近法師，卻太緊張，一開口便說：「我是柯德桂師姊。」

　　法師笑著回應：「妳叫我叫妳師姊喔！」法師的幽默親和讓她心生歡喜，終了勉勵她要好好做。「好好做」這三個字，就此深種在柯德桂心田裡。幾個看似不相關的因緣，卻讓她決定要好好的學習影視專業的技能，成為真善美的一分子。一開始，什麼都不會的柯德桂，想到要學電腦、錄影、剪輯便有難色，但想起曾看過一位七十歲的師姊仍在學錄影，心想自己才四十多歲怕什麼？從此，說學就學。一股不服輸的念頭，讓她一頭栽進認識電腦、學習剪輯、錄影的課程裡。因為每一種器材的介面都是英文，不會英文的她，只好硬著頭皮學。為了讓自己早一點進入狀況，她在電腦上的每個按鍵標上數字，從開機作業，功能鍵都一一標註，再認真死記；屬於專業課程的錄影、剪輯，她便以勤學來克服。只要有共修課，她必定排除萬難參加，柯德桂說，她最拿手的功夫就是「問」，打

破砂鍋問到底，問到豁然開朗，問到明白了為止。

　　每每在活動現場，若有幸遇見大愛電視的記者，她便會跟前跟後，不放過任何學習的機會，仔細揣摩他們取景的角度，作業的程序。一有機會便會發問：「拍全景還是特寫？」「拍特寫把鏡頭拉近，拍全景拉遠……」記者一面示範一面講解，取完景還會回頭說：「師姊，妳來看看我剛剛拍攝的。」

　　用最質樸的心念學習，不在意學習曲線有多漫長，學會了，就是自己的真功夫。為了能有時間做慈濟事，她選擇了凌晨送報，晚上到安養院工作，白天空出時間專職做慈濟的生活模式。為了擠出更多的時間可使用，她做任何事都是又急又快。工作時一樣，參與志業也如此。

　　真善美的工作，柯德桂一面學，一面做，多年的經驗讓她從生手變熟手，突然有一天，她發現自己積累的專業，也能分享給新進的志工了。雖然成為老鳥，柯德桂承接任何勤務，仍然都是全力以赴，畢竟，「做善事是做給自己的，不是做給別人的。」

　　看著真善美團隊的成長，柯德桂說：學習的路就像一

杯咖啡，在苦澀中品味甘甜，「好好做」就是她心中甘甜的泉源。

## 呂桂樹──認真磨出 Pro 真功夫

不尋常的電話鈴聲將呂桂樹從睡夢中喚醒，電話那頭是大愛電視新聞部採訪組：

「又要麻煩您了，內壢自強街一戶民宅發生嚴重火災……」

不是大愛新聞的桃園特派員，呂桂樹接到任務的沉穩和掌握時間的精準度，堪稱無懈可擊。他馬上以最快的速度梳洗完畢，戴起耳機，一邊打電話邀約人文真善美團隊的其他成員緊急出班，一邊準備攝影工具，然後驅車趕往火災事故現場。

現場是一間四層樓透天厝，已經被燒得面目全非，桂樹觀察四周環境後，俐落地架起攝影機，捕捉重要的畫面，並及時將影帶傳給大愛台新聞部。

數十年的志工記者經驗，呂桂樹不僅是大愛新聞的堅實後盾，紀錄拍攝完畢，還會以志工的柔軟心，細膩地同

理火災受害者此刻的需要：

「師姊，這場火災讓社區的鄉親都飽受驚嚇了，我們要趕快在這社區舉辦一場愛灑活動，來安住他們惶恐不安的心。」

和現場正在關懷的志工交談完畢，馬上又趕到殯儀館做後續紀錄。

「我昨日才回去陪爸爸過生日……」

看著遭遇火災事故的家屬，正在淚眼婆娑地向慈濟志工傾訴，攝影機鏡頭後方的呂桂樹，不忍的淚水就在眼眶裡打轉。思親的傷痛，自己也經歷過，所以，同境相惜。

1997 年 6 月，身體一向硬朗的父親突然覺得胃不舒服，經過一連串檢查，確診為胰臟癌。經過三個月的積極治療，父親仍撒手人寰。在呂桂樹最傷痛的時刻，一路有慈濟人陪伴，師兄、師姊們圍在床邊，為父親念佛的那一幕，讓他永世難忘，更成了回報父恩的力量。

辦完父親喪事後，他將對父親的小愛轉為大愛，積極投入各項社區志工服務，也憑著對攝影的興趣，只要有活動他都會拿著錄影機，將活動的過程「全都錄」下來。

1999 年 9 月 21 日，臺灣發生一場大地震，這一個天搖地動的大災難，讓桂樹的錄影技術有了重大的突破。

慈濟援建的九二一希望工程，總數有 51 間學校，為了記錄每一所學校的校史，大愛電視需要大大借重志工的力量，因而有機緣為每一所學校，組成職工與志工聯合認養拍攝和記錄的計畫。伴隨兩三年間計畫的推動，還密集舉辦影視專業的精進課程，大愛台職工與真善美志工彼此鼓勵與成長。

「桂樹師兄怎麼只有影像，沒收現場音呢？」

「要收現場音，現場音和事後的旁白一樣重要……你在現場拍到的，都是現場自然發生的事，哪怕是鳥叫聲、電鑽在鑽地，蹦蹦蹦的聲音等等，讓人有如臨現場的感覺，通通要收回來。」

經由團隊的交流，在台電上班的呂桂樹，每遇輪休，都會從中壢開車前往他所認養的學校臺中東勢國小，踏踏實實地，用最不取巧的方法，同一個場景拍攝多角度，本本分分地將每一個畫面都拍好。

「師兄，這個現場對話怎麼沒有完整保留呢？」

桂樹回答：「精進課的時候，上課老師有教一個 cut 要十秒鐘，完全照老師的話做，有錯嗎？」被指正當時有點納悶的呂桂樹，事後想想不禁莞爾……

認養記錄重建學校的因緣，呂桂樹有機會扎實地從拍攝、收音、採訪到抓主題重點，一一操練，領略製作一個完整故事或紀錄片的所有流程細節；這期間，呂桂樹把握每一個學習的機會，用心努力，終於獲得希望工程紀錄影片第一名的榮耀。

獲得肯定之後，呂桂樹積極投入影視的專業，新航空難、SARS 疫情、莫拉克風災的各式災難現場，他幾乎無役不與。足跡更擴及海外的國際賑災紀錄，只要一通電話，他總會排除萬難，使命必達。

## 徐春盛——來慈濟好「熏陶」 堅持留史承重任

「這些硬碟裡的資料都是中壢園區的歷史足跡，我要好好保存，如果遺失了，我會很難過。這不是別人要求我這樣做，是我自己要這樣做的。」

這是慈濟志工徐春盛在一場分享會上說出的話，經由

大愛電視「見證臺灣生命力」節目播出後，這段話堅定的神情感動了許多人。

說起徐春盛與慈濟的因緣，要從一通電話開始說起。

「是徐春盛先生嗎？我是慈濟志工張金珠，剛剛在中壢聯絡處接到靜思精舍師父的電話，請我和你聯繫，師父說，你退休後要來當志工，是不是啊！」

電話彼端傳來的是溫柔又親切的聲音。

「師父怎麼知道我退休了？」接電話的徐春盛嚇了一跳，脫口說。他放下電話聽筒後，思緒上下起伏：「我什麼時候講過這句話？哦！應該是 2000 年去靜思精舍參訪時，留下的承諾吧！」

「歡迎！歡迎！」精舍的師父滿臉笑容地迎接和友人前來參訪的徐春盛一行人，接著帶他們參觀菜園、蠟燭間……精舍的周邊環境，也介紹常住師父們的工作情形；春盛走著、走著，突然間被文化走廊布置的海報吸引而停下腳步，專注地凝視每一張圖片，尤其是九二一大地震的圖片，志工膚慰鄉親，協助災民重建……張張都是歷史。

志工的柔軟身影觸動了春盛，他不禁喃喃自語：「我

退休後也要來當志工。」春盛突然冒出的這句話，引來一位師父親切地回應：「**好啊！請你把電話、名字都留下來。**」

從花蓮回來後，他又開始忙碌的工作「退休後要當志工」，一句隨口說出的心願，早已忘得一乾二淨。直到隔年年底，他從公司正式退休後，已經開始跟著太太前往長庚醫院當醫院志工一段時間。

就在這一天，接到慈濟志工張金珠的電話，才想起當年自己的承諾，當下感動地想：「**我都忘記了，師父怎麼還記得？**」再加上，一位同事林小姐因某種原因不能再幫忙收慈濟的善款了，徐春盛便在金珠的鼓勵下，接下收善款的任務，並且一腳就踏入勸募的行列。

2003 年初，徐春盛夫妻倆一起參與慈濟志工培訓，那一年，證嚴法師正在推動三合一文化志工，只記得法師說：「要為時代作見證，為慈濟留歷史。」春盛覺得慈濟人所做的一切，若沒有留下紀錄就不會成為歷史，於是他開始積極參與當時大愛電視所舉辦的影視志工專業培訓課程。年底受證時，春盛、秀玉拿到委員證，看到法號的那

一刻，夫妻不約而同地說：「上人有智慧，要我們夫妻進來慈濟好好『熏陶』。」原來春盛的法號為本熏，秀玉則為明陶。

當下春盛告訴秀玉：「**上人要我們進來薰陶，只要有上課的機會，我們就要抱著很感恩的心去學習。**」

春盛一直抱著謙虛、認真的態度學習，每週五下班巔峰時刻，他與另兩位志工共乘一部車，忍受塞車之苦，趕到臺北南港上攝影課。為了盡快熟悉攝影機，好快速為社區活動做完整的紀錄，他上網查詢找到評比最高的錄影機後，馬上訂購。

2004 年，人文真善美通識課程結束，在實際模擬考試的時候，春盛因為還不熟悉機器操作技巧，考試不及格；回家後更常拜託妻子到陽台整理花園，讓他有機會練習與摸索拍攝技巧，才終於補考通過。

又經過一段時間後，「**春盛！我帶你去花蓮參加營隊，為活動作紀錄。**」來自資深志工呂桂樹的邀約，讓春盛喜出望外一口便答應，心想：「**桂樹師兄這麼重視我，我一定要認真拍，不要讓他丟臉，我要像他一樣認真做記錄。**」

四天營隊活動，他很努力地拍了好多支帶子，很高興地交給桂樹剪接，活動結束後，他所拍的畫面，竟然沒有一個鏡頭被取用，雖然心情很沮喪，但等他看完桂樹師兄的作品後，才恍然大悟：「哎呀，原來我是全都錄了！」這才察覺熟悉攝影機還不夠，攝影的概念和技巧，才真是大學問。回中壢後，又去購買了專業書籍自我進修。

　　之後，他常常和桂樹參與大型營隊的活動紀錄，春盛看到桂樹為了做圓緣回顧帶，抱著毯子到會議室，剪累了就睡在那裡，小睡一會兒又起來再剪，春盛早已將桂樹當成偶像，心中暗自期許：「這就是我要學習的精神和榜樣。」

　　回到社區後，春盛為了學習剪接，雖然對電腦一竅不通，但有了學攝影的經驗，他一點都不擔心，學會，只是時間早晚的問題而已，有任何精進的機會，他都不輕易錯過。

　　2006 年，慈濟中壢志業園區的影視資料，已累積到一定規模，有一天，呂桂樹又對春盛說：「資料庫管理就麻煩你了！」再次受到偶像的肯定，他毫不推拖，一口就

答應承擔，還挪出家中一個房間作為工作室，自掏腰包添購電腦和硬碟。從起始的 80G、160G、200G……到現在的 2000G，工作台上布滿密密麻麻的黑色連接線，以及四十多顆大硬碟。

「**我捨不得刪除任何一個活動的資料，因為我不曉得哪個資料什麼時候用到。**」為了讓大家在最短的時間內就能取得資料，他默默地整理所有的檔案，一一按活動日期編碼做目錄，有系統地作歸檔，也為早期拍攝錄影帶重新匯出儲存。

「**歷史不會重來！**」這是他堅持做下去的動力，為了保護這些珍貴的資料，他上網自學 RAID 磁碟陣列的模式，兩顆硬碟同時備份，所以他家裡有兩台 RAID 陣列設備，來降低資料因磁碟損壞而失去的風險。

春盛的責任心，在志工群中是出了名的。有一回，他因為攝影機的記憶卡沒有設定好，拍攝後擷取影像時，才發現拍攝的最後兩分鐘畫面不見了，一個六十幾歲的大男人，竟然在大家面前哭成淚人，他不停地流淚啜泣說：「**川好師姊曾經從樓上摔下來，脊椎受傷了，她包著尿布**

還要來做志工……我竟然疏忽地讓採訪她的那兩分鐘畫面空白了，我心裡很難過，因為那種感受、那種情境是不可能再重來的。」

歷史不會重來，徐春盛在真善美之路上的努力與堅持，一樣不會被抹煞。

## 林連煌——做乎死 卡贏死嘸做

2006 年 10 月 28 日 23 點 55 分，他無悔、圓滿地走完一生，病逝於花蓮慈院，享年 51 歲。一個多小時以後，捐出眼角膜；兩天以後，遺體捐供作為病理解剖的教學用途，這是他的遺願。

這是慈濟真善美志工林連煌的故事。

他生前是一位卡車司機，坎坷多舛的人生，就和絕大多數人一樣，庸庸碌碌得過且過，然而，一個名不見經傳的小人物，何以最終成為慈濟人文真善美志工團隊裡的傳奇人物？

1983 年，林連煌因為經營的建材生意失敗而致負債累累，家境頓時陷入困境。太太李美賞每天必須閱讀《慈

濟心蓮》[4]，才能得到心靈的慰藉，因而，對慈濟有了初步的認識，隨後便加入了慈濟。但林連煌始終反對參加。

1991 年某一天，李美賞邀約林連煌一起去參加「朝山」活動，林連煌以為「朝山」是一座山的名稱，他想出去散散心也不錯，就跟著出門郊遊了。

在車上，他根本不理旁人的規勸，口嚼檳榔，煙不離手。林連煌說：「**這是我的自由，你們為什麼要管？**」後來，他乾脆跑到車廂接縫處吞雲吐霧。

到了花蓮靜思精舍，他才終於知道，所謂「朝山」，就是三步一跪拜，匍匐禮敬的儀式；原本心有疑慮，但看著周遭的男女老少，各個都虔誠朝拜，林連煌心想，我一個壯男子怎可退縮，就咬緊牙根隨著隊伍行進了。

原本煩躁心情，在莊嚴的佛號聲中，漸漸的得到平靜；一個多小時的跪拜，往事如倒帶般的一一浮現。看著同行的母親，因受到兄弟們債務的牽累，愁容滿面，蒼老、憔悴寫在臉上，頓覺不孝更不忍。他跪在佛前許願，

---

4 《慈濟心蓮》。證嚴法師（1992.06.16.）時報出版。臺北。

如果母親身體恢復健康，他將終身成為志工。

一念善心起，林連煌在回家後，立刻戒了菸；一個月後，檳榔也不吃了，最主要的是，家人感受到他煥然一新的改變。

彷彿一念心轉境就轉，母親在虔誠祝福下漸漸恢復往日的笑容。林連煌也找到了一份正職，日夜辛勤的工作，2000年終於還清了債務。

雖然開貨車非常辛苦，但心裡卻踏實，抽空還會參加環保回收、學習攝影，與眾人結善緣。

對林連煌來說，兩千年是一個關鍵年，債務還清，父親往生，他自己卻也病倒了。一場與生命拔河的故事，於焉上演。

2000年，他確診罹癌，醫師宣布僅剩三個月的生命，家人不忍心告訴他真相。但在大愛電視一則法親關懷的新聞中，看到自己上電視了，字幕上還打了罹癌兩個字，林連煌還好奇地問妻子：什麼是「羅」癌？在志工群中成為淚中帶笑的經典。

既然生病了，便住院積極接受治療。沒想到，剛出

院，就遇到象神颱風在北臺灣釀成巨災：桃園國際機場在風雨中，一架新航班機墜毀發生空難；新北的三芝爆發土石流災害，慈濟人動員救災；臺北汐止水淹市街，一片水鄉澤國，慈濟人趕忙分送熱食……

林連煌才剛剛開刀後不久，看到夥伴們忙於勤務，心中很焦急。妻子李美賞於是鼓勵他，若想付出，就該去，她會陪伴照顧。林連煌二話不說提起攝影機，便趕往三芝，還一連出勤四天。

災難告一段落，相熟的真善美志工們紛紛來探望，傷口疼不疼？提攝影機沒關係嗎？說說笑笑間，太太李美賞說出了夫妻倆面對病痛的心境，為什麼身體還沒恢復，就鼓勵他出勤呢？

**做乎死，卡贏死嘸做。而且，愈做愈不會死！**

就是這句經典名言，激勵著夫妻倆，也感動了許多人。因為那句激勵人心的話，他成了「名人」。來自各地陌生人的慰問信、電話無數。他曾接到一張由五十三人簽名的祝福卡，是由北美加州寄來的；靜思精舍常住師父也特地誦經迴向，這些都讓他感動莫名。

太太鼓勵他的這句話,「做乎死,卡贏死嘸做」,他聽進去了,更用心地投入真善美影視志工的勤務。

林連煌在付出中,對生命有了更深層的體悟,病痛雖是每個人難以跳脫的宿命,不管結局是完美或遺憾,都該盡心扮演。後來他回到醫院調養,定期追蹤,原本醫師說僅剩三個月的生命,半年後再檢查,病情竟可樂觀以待。

眾人的祝福與溫情,是他活下去的泉源;生命也奇蹟式的延長了五年多。2006 年 10 月 28 日,當生命終了的那一刻,解剖室裡裡外外,擠滿了用虔誠心念祝福他一路好走的真善美志工們,每個畫面,志工都用心記錄,這是他們對一個老朋友的懷念,也是彼此的約定:來生再結好緣。

## 蕭惠玲──擺脫桎梏 活出精采

蕭惠玲是因為母親的因緣,加入慈濟的。

1991 年,她剛生完第二胎,母親蕭張月子就被診斷出罹患乳癌。有一回,住在宜蘭的堂哥前來探視媽媽,並帶來了《渡》第二集的錄音帶。

「啊！這個人的命運，跟我很相像。」錄音帶的故事內容，讓媽媽很震撼，原來，她不是最苦的，世間還有人的命運跟自己一樣。頓時，她也想要有這樣的心靈依靠，雖在病中仍積極投入慈濟環保，終於 2000 年受證為慈濟委員。

　　惠玲依稀記得，母親加入慈濟前，每遇身體不舒服都會低吟：「**下輩子一定不要出生來做人。**」但是成為慈濟人以後，每當有慈濟的師兄姊鼓勵她，可以用自己由苦轉樂的生命故事與人分享，一向話不多的媽媽，竟然也能法喜自在地娓娓道來：「**我的故事，如果對別人有所幫助，我很願意跟大家分享。**」

　　病情更重時，母親堅決簽下「大體捐贈」的同意書。並篤定地對兒女說：「**你們誰都不要反對我，我這一生都是被別人安排的，只有這一次，我要自己安排自己。**」惠玲看到媽媽加入慈濟後的轉變，2001 年也開始志工培訓，2002 年受證成為委員。

　　2002 年 4 月 24 日，媽媽因乳癌往生，癌細胞已擴散，無法捐贈大體，所以只能捐出眼角膜。隔日，又做了

病理解剖提供醫學研究。

母親的離去，最讓惠玲震撼的一件事發生了：媽媽與病魔對抗，搶時間勤做志工的故事，宜蘭區影視志工賴亮妤，竟用了長達六年的時間跟拍，完整地紀錄了母親在社區做志工、癌末住進心蓮病房、從容面對死亡的歷程，這部長達二小時的紀錄片《約定》，還送往日本參展影展。

「我們這一組都是拿掃把，你比較年輕，你去拿筆。」資深志工的一句話，讓蕭惠玲一腳跨入人文真善美志工的領域，欲罷不能。

曾經有一回，她專訪一位環保志工，聽著老人家訴說著一生苦難乖舛的命運，說著聽著，兩人共用一包衛生紙，讓旁人搞不清誰是受訪者。

而她也承擔訪視志工投入社區關懷，其中關懷陪伴十多年的一對母女，最令她感慨萬千。十多年來，這位跟她只差兩歲的案主，身材瘦小，每天無怨無悔的背著身障的女兒，來回的上下相當兩層樓高的陡坡。現在案主的年紀已邁入半百，女兒已經是二十多歲的成年人，她還是這樣背著孩子走。

惠玲常覺得這對母女是來示現、度化她的貴人。進入慈濟做志工，讓她有緣走入別人的生命故事，記錄這麼多菩薩用生命寫下的酸、甜、苦、辣，怨憎愛離。她有什麼過不去、什麼怨恨放不下。

## 向當代「如是我聞」的行者致敬

「如是我聞」一詞來自梵文，又譯為「我聞如是」、「聞如是」等等，這句話常出現於佛經的開頭，「我」指的是佛弟子中「多聞第一」的阿難尊者的自稱。在佛滅後王舍城第一次聖典結集集會上，阿難以出色的記憶力背誦出很多佛陀以往的開示。那些經由阿難背誦而記錄下來的文稿就被整理成為佛經，包括《長阿含經》、《中阿含經》、《雜阿含經》、《增一阿含經》、《法句經》等等，對於佛法傳播起到了很大的作用。佛經中出現「如是我聞」指的就是阿難「親耳聽到佛這樣說的」原意。

兩千五百多年來，佛弟子便以這樣的方式傳承著佛教的法脈，成就了博大恢弘的智慧經藏。然而，大迦葉長什麼樣子？阿難本人長什麼樣子？文殊師利等諸佛菩薩的

神態身形如何？我們卻不得而知。

　　時間推移至兩千五百年後的現代，歷史的記錄工具已不僅僅局限於口傳和文字，影音視聽媒材的運用，讓史料得以更直接且真實的被留存。本世紀 20 年代，傳播科技間的整合和運用更為多元，文字、廣播、圖像、電視、網路等媒材的互補、合流，使得訊息的展演全面且多元。不同的傳播媒介，雖誕生於不同的年代，卻並未如趨勢專家所預估，新徹底取代舊，伴隨著全球化與科技化的腳步，反而各自精采。

　　要提問的反倒是，荷擔紀實留存慈濟史的傳播和傳法人，是以何種用心，書寫那一個時代的精采呢？

　　「歷史」的含義在中文的意涵中，最早僅用「史」一個字為代表。甲骨文中「史」字與「事」相似，指事件。許慎《說文解字》裡說：「史，記事者也；從又持中，中，正也。」意思是說「史」的原字義即為「記事者」，也就是「史官」，唯有特定的個人或階級才能從事。「歷史」一詞出現較晚，《三國志・吳書・吳主傳》注引《吳書》，吳主孫權「博覽書傳歷史，藉采奇異」。「史」前加「歷」字

是指經歷、曆法，也就是人類經歷的一段時間。在事件中加入時間的概念，「歷史」一詞就具有了當今的含義。

翻閱新聞，點評歷史，戰爭功績與領土擴張，高張的燒殺擄掠和暴力相向，似乎最容易占據新聞與傳說的主流，讓人不禁錯覺黷武飆功甚至屠殺欺凌，才可以是記錄史實、人類大歷史的真相。

修史者曾有謂「春秋之筆」，春秋史觀一講求信而有徵；二倡言人倫價值，褒善貶惡。這種史觀發軔於孔子的《春秋》，光大於司馬遷的《史記》。春秋史觀所主張的善惡褒貶，且作為一種道德標準，體現的是公正和永恆的信念，史家堅守的是一種信仰：行善者即使生前有德無福，多經苦難，定獲善報；作惡者即使生前無德而有福，多享富貴，但終而必遭惡報，讓後人唾罵。

有論者指出，春秋史觀頗類似於宗教情懷，具有追罰罪惡與補償善良的功能，這種史觀也好似擁有一雙犀利之眼，總能穿越世間的迷霧和魔障，讓後人看清世間的真偽善惡。

其實人類的歷史中，有惡也有善；世界能進步到今

天，真正有貢獻的是那些善良的、為人類生活謀幸福的人，與他們所做美好的事。而這些善良美好的歷史，在戰爭、死亡、仇恨、血腥的夾縫中努力延續的過程，才是一篇篇動人的史詩、人類高尚品德的昇華。

慈濟人文真善美志工，或許不似史家專精於順應現實臧否一個時代，成一家之言，但他們在當代「如是我聞」，以誠、正、信、實之心，所書寫的庶民史，後代人回看，終能看見那最璀璨豐盈的當代篇章。

# 第七章
# 感恩與榮耀

證嚴法師以宗教家的無私實踐人文關懷，其間所展現不畏艱難，只求度化眾生的精神，世人景仰，一生獲獎無數。

試舉 1991 年，證嚴法師獲頒菲律賓麥格塞塞獎的實例來說明。證嚴法師於獲頒獎項，無上殊榮之際，仍以一貫的恬安淡泊、無為無欲回應外界的祝福：

**天下事要天下人來做，獎勵雖集於證嚴一身，但實質榮耀應歸於所有慈濟人。**

1991，是慈濟從臺灣邁入國際 NGO 的關鍵年。

那一年，中國大陸華東華中發生嚴重水患，縱使兩岸關係緊繃，但法師仍提出「一粒米中藏日月，半升鍋裡煮山河」，呼籲全球慈濟人投入賑災。接續蒙古、衣索比亞、尼泊爾……慈濟人透過國際賑災，開啟了一條，充滿

感恩和愛的全球救援之路。

　　回看 1991 年的時空背景，兩岸關係緊繃，證嚴法師仍堅持對中國大陸受災戶的援助，此舉，在當年遭受到外界嚴重的攻擊。指謫慈濟拿臺灣人的錢，養肥敵人。這樣的輿論風暴，連資深的慈濟委員，都求見上人，期盼暫停對大陸的援助。

　　當著資深委員的面，證嚴法師掉下淚來。作為一個宗教家，她最重視的是生命的價值，而生命的價值，絕不因地域、人種、信仰乃至政治立場不同而有所分別。因為在法師心中，只要耳朵聽得見的眾生之苦，眼睛看得到的眾生之難，焉有不伸援救度的道理。

　　沒有區別的愛，沒有區別的眾生。一次又一次，證嚴法師帶著眾人，走一條長情大愛之路。

　　通向榮譽的路上，並未鋪滿鮮花；世界榮譽的桂冠，多是用荊棘紡織而成的。慈濟的真實作為，世人景仰。

　　1991 年，享有「亞洲諾貝爾獎」譽稱的菲律賓麥格塞塞獎，於 8 月 31 日在馬尼拉文化中心，由菲國總理艾奎諾夫人親自主持隆重的頒獎典禮，臺灣的證嚴法師，獲

頒社會領導獎。

證嚴上人委派代表出席盛會，亦在臺灣致上謝忱：

**如果說佛教慈濟功德會廿七年有成，那是所有佛教徒、慈濟委員、會員與社會愛心人士胼手胝足，共同創造出來的；如果說佛教慈濟功德會今後猶能持續發展，屹立不搖，那是所有慈濟人「以佛心為己心，以師志為己志」，代代相接，薪火相傳，有以致之的。所以，獎勵雖然集於證嚴一身，但實質的榮耀應歸於所有的慈濟人。**

面對掌聲，法師虛懷以應，對於所屬志業體每每獲致的獎項與榮耀，法師則又總是欣慰、鼓勵與讚賞有加。

慈濟人文志業中心所屬的文字與廣電媒體，因有別於商業媒體績效品評的標準，所以，提出作品於各式獎項中競逐，既有取法觀摩的深意，又有領受各界對於內容製作的公評，便成為例行性檢驗內容品質的一條途徑。

人文志業中心的得獎與榮耀，是由參與製作或得獎者共筆的專章，以得獎的時間為排序。

## 初試啼聲獲青睞

撰文／謝元凱

**永續臺灣報導獎《經典》〈民俗植物〉（1999）**

　　從事節目製作工作已超過二十年，製作過的題材不計其數，不過，大部分還是以知識與教育性的紀實報導和紀錄片為主，在大愛臺創立初期，就得到很好的機緣能充分發揮。當時所製作的【經典】節目其實一開始缺乏編導製作人才，連存檔都有很大的問題，遑論能製作出高水準的節目內容。但一股幹勁，邊走邊整隊，廣邀各方好手，互相磨合與切磋，逐漸找到適合節目播出期限要求的製作方法與步調。

　　節目製播半年左右，就以一部〈綠色希望－民俗植物〉獲得一九九九年第三屆永續臺灣報導獎，對節目同仁而言，初試啼聲，獲得肯定之餘，也就更明確這個節目的定位與方向。希望藉著各專題內容，發現臺灣乃至地球環境中挖掘不完的知識寶藏和文明遺產，同時藉著影像傳播的魅力，引領觀眾優游於廣闊的天地，以及深入探索人間具有價值的動人事蹟。

　　隔年，又以〈看山的人－苧蕉坑之歌〉獲 2000 年文

建會地方文化紀錄影帶獎優等獎，這是一部首次挑戰毫無一句旁白的純紀錄片，完全透過影像說故事，其實製作此片之初，內部就曾引起一番爭議與討論。節目雖有固定的風格較易操作，但適度自由開放的態度，或許能激發出好作品，而這也形成創作的熱情和持續不墜的動力。

同年，又以〈海岸溼地〉獲得第四屆金視獎的專題報導獎項，這是當時有線電視傳播界所自行舉辦的大型獎項，對當時有線電視蓬勃發展的年代，鼓舞不少人才投入。獲獎的專題並非十分新鮮，但卻是臺灣生態環境保育觀念逐漸成熟的重要題材。獲獎的主要關鍵，除了內容深度以外，生態攝影的技巧嶄露無遺，也成為往後製作類似節目的利器之一。果然，當家攝影師李學主接著在後來就連續兩年獲得金鐘獎最佳攝影獎，而最佳導演獎也跟著讓優秀的導演出現於領獎臺上。

回顧這段為大愛臺奠定優質節目基礎的歷史，不僅是連年入圍金鐘獎以及獲得各類獎項，其中最大的收穫是培養出各具專業能力與經驗的編導製作人才，而且在各自擅長的題材和領域找到目標和方向。往後在製作更大規模的

節目和影片時，雖然面臨更多的挑戰，仍能充分投入其中而樂此不疲。


## 大船師 運載群生

撰文／李欣元

### 電視金鐘獎 最佳公益廣告（2000 年）

廣告，廣而告之，它是一門面向大眾溝通的藝術；藝術的高雅性決定了它的受眾只能是小眾，而不是絕大多數人。廣告表現沒有固定的模式，手法也非常多元化，大愛電視，沒有一般的商業廣告，這樣的堅持與理想，是一條漫長而艱辛的道路。創臺之初，我們也一直在問：「什麼樣的廣告是大愛的廣告？」

記得當時，姚仁祿總監與製作團隊之間，歷經許多次腦力激盪，創意發想。總監一直很堅定的告訴我們，製作影片的使命，真的記錄、善的循環、美的涵養，都希望能使人「見聞利益」，看到聽到的當下貼近人心，心靈受益！

因此，我們有了大愛電視的第一支公益廣告〈慈濟大

體捐贈—李鶴振篇〉。

　　大多數的人，生命只在呼吸之間，可是有一群人，他們默默地讓生命「生生不息」，他們相信「人生沒有所有權，只有使用權」，他們選擇不做化療，不動刀子，只為留下完整的身體，給醫學院的學生實習，他們是大體捐贈者，無言的導師。

　　在廣告中的大體捐贈者李鶴振老師，從罹患末期胰臟癌，便決定捐贈大體，住進花蓮慈濟醫院的心蓮病房。這段期間與家人相愛相惜，與醫學院學生真誠互動，與慈濟志工豁達分享，直到李鶴振老師往生，大體移送到醫學院，讓學生進行解剖教學，影視志工用 DV 攝影機記錄下了這動人的一切。

　　李鶴振老師：

　　**「有時候半夜這個痛苦來的時候，真的是忍受不了，所以，有時候心裡在想，當有一天，他們真的在我身上動刀子的時候，也是我心願圓滿的時候。」**

　　這是一個多麼動人心魄的大願。我們想把這個故事，透過公益廣告的形式，感動更多的閱聽大眾。從找尋資

料、採訪、拍攝、後製到完成播出，身為導演的我，自己都流了好幾次眼淚。

「故事」是連結人與人之間的情感最快的方式。所以一個好的故事，可以激起內心的共鳴，讓人看見自己，甚至可以賦予力量採取行動。而好的畫面本身能說故事，這必須從原始腳本中開始，抓出核心的故事架構，才去發想怎麼透過視覺元素來布局，說一個好故事。每一個鏡頭都必須設計，以因應戲劇性的需求，特寫與遠景的對比，抽象與寫實的對比，角度不同的對比，從運鏡上展現情感與意境。雖然，受限於經費、設備，但是我們相信本著我們的初心與使命，去說好這個故事，一定可以完成令人感動的作品。

這部廣告在播出之後，引起了很大的迴響，觀眾們透過各種形式分享著自己深受感動的心情，我想這就是對電視工作者最大的鼓舞了。而這部廣告也奠定了接下來的二十幾年，我們都要用這樣的核心價值，說好每一個故事，製作每一支大愛電視公益廣告。

評審評語：

大愛電視臺的〈慈濟大體捐贈 - 李鶴振篇〉以記錄片的手法，動人有力，溫馨可信，具溝通效果。

# 醫療拓荒者

撰文／陳淑伶

### 電視金鐘獎 生活資訊節目獎《醫療拓荒者》（2000）

大愛電視成立之初，外界很多人都認為這是一個佛教的電視臺，但是事實證明這是一個紀錄人間美善的電視臺，是跨越宗教種族無分區域的電視臺。早期臺灣社會普遍貧窮，醫療資源匱乏，在那個需要美援的時代裡，一群來自異鄉的修女、傳教士跨海來到臺灣，為醫療貧瘠的土地默默奉獻，一待就是半世紀以上，這裡早成為他們的第二個故鄉。大愛電視在成立的第二年，1999 年 4 月，製作了《醫療拓荒者》節目，記錄的就是這群默默奉獻醫療與救助貧病的拓荒者。

採訪的過程中，最令人動容的是他們雖是長著一張西方人的面孔，卻可以操著一口流利的臺語與你對談，來自美國的瑪喜樂阿嬤，在彰化創立喜樂保育院，收容身心障礙的兒童，把院童當作自己孫兒；另一位來自匈牙利的葉由根，是醫師也是神父，將寶貴的一生都給了臺灣，在臺灣先後照顧一千多位智能及多重障礙的憨兒，對葉由根來

說，這些憨兒就是他的孩子。節目製作一百集特輯時，我們問他有什麼願望？當時高齡近九十歲的葉神父說他想回嘉義鹿草，看看剛來臺時創立的貧民醫院。當我們帶著他回到鹿草時，才剛下車，一位走路搖晃不穩的年輕人，緩步移動他的身軀衝過來抱住葉神父，彷彿是看見久別的親人般激動，這一幕著實令人動容。有人曾問他：「想回故鄉匈牙利嗎？」他說：「不走了，就在這裡了。」他是「匈牙利來的臺灣人」，人如其名的葉由根神父，早就在臺灣「落地生根」了。

　　節目中還有一群醫療拓荒的先驅者，比方說人稱烏腳病之父的王金河醫師、登革熱之父的連日清教授、為不孕症婦女找尋生機的試管嬰兒之父張昇平醫師、讓臺灣人遠離肝病威脅的肝病之父宋瑞樓教授等等。

　　《醫療拓荒者》節目在 2000 年時榮獲金鐘獎生活資訊類殊榮，與其說是節目獲獎，更貼切的說這分殊榮是為這群默默守護臺灣百姓生命的拓荒先驅者而頒，因為有他們的付出，才能讓生命的價值可以延續。

## 彩虹國度裡的愛心虹彩

撰文／歐君萍

金鼎獎 平面新聞雜誌類優等獎 彩虹國度裡的愛心虹彩——愛在南非（2002）

從小我就是一個喜歡看電視的人，不管是卡通、布袋戲、電視劇等等的節目，我幾乎都會守在電視機前面，準時收看。還記得國中畢業，考專科的時候，當時的成績剛好就錄取銘傳商專，但我對商業類的科別完全沒興趣，那時候要選填科系，父親隨口說了句，既然你愛看電視，那乾脆就選填「大眾傳播科」好了，以後就去做電視。就這樣，我從十五歲開始，跟傳播結下了不解之緣。

拿到學士學位的那一年，是 1997 年，也是慈濟籌備成立大愛電視臺的前一年，我應徵成為新聞部的一分子，那是我畢業後的第一份工作，沒想到就這麼一待，超過了二十年。

做電視新聞，因為有時間壓力，無法將我和受訪者的所有採訪內容都呈現出來，因此我在大愛新聞部做了三年後，毅然決然轉到了慈濟月刊，我希望透過平面媒體的長

篇幅，將我和受訪者的訪談內容及我的所見，都呈現給讀者。南非是我一直嚮往要去採訪的國度，沒想到提出企畫後也能順利成行。

我們去南非採訪的那一年（2002 年），其實慈濟在南非才耕耘十年，但這短短十年，志工不只幫助原住民婦女習得一技之長，還將慈善和教育的種子撒播在當地。所以我當時的報導方向，就放在這三個部分。

非洲對多數人來講，是個落後的地方，我在出發之前也一直這麼認為，所以我們從出門前的半個月，就開始服用奎寧（預防瘧疾），直到我們抵達了南非第一大城約堡，我看到約堡的進步，納悶地問了志工說，這麼先進的城市，會有瘧疾嗎？志工回我，你們在市區，應該不會，但你們要去鄉下採訪，吃了奎寧還是比較有保障。

因為我們只有半個月的採訪時間，但要跑三個城市（約堡、雷地史密斯、德本），其實光車程時間就得占掉三分之一，這是我企畫時沒有考慮進去的，但南非志工真的是使命必達，幫我們規畫了最省時的來回行程，讓我們一分鐘都沒有耽誤。

約堡是慈濟南非分會的起點，這裡華人志工與本土志工人數相當，還有一批為數不少的慈青，推動慈善工作，相對就很得心應手。但我比較深受感動的還是在德本及雷地史密斯兩地的採訪，德本當時是潘明水師兄，因為贈送縫紉機給當地婦女，讓她們習得一技之長而開始的，這群祖魯族婦女真的很心寬念純，因為接收到愛，所以回報愛。在非洲的曠野上，我親眼所見，她們逐戶去到愛滋病患者家中，幫他們做徹底的清潔，也貼心地問候他們，給他們活下去的力量。我採訪時問她們：「你們害怕嗎？」她們回我，她們不怕，因為這是在幫助對方，上帝會保佑她們。此時我的心被撼動了，這就是大無畏的精神。

　　除了在德本，被祖魯族婦女們感動，後來在雷地史密斯採訪慈濟協助援建的小學，我也哭得唏哩嘩啦。那是因為學生們知道有臺灣慈濟來的客人，要來拍攝記錄他們，因此他們特地練唱了中文的「普天三無」，我真的沒想到，竟會在這群小朋友黝黑的臉龐下，聽到中文歌詞，在那一刻，我滿臉都是淚。

　　結束了滿載而歸的南非之行，我寫了一萬六千字，搭

配攝影記者精選的二十餘張圖片，完成了「彩虹國度裡的愛心虹彩」的報導，但其實我們所報導出來的，尚不及志工所做的萬分之一。我從這群志工身上學到的是，「對的事情，做就對了。」

## 最美的女人 黃金線

**撰文／顧文珊**

**電視金鐘獎 大愛劇場「黃金線」最佳導演獎（2008年）**

大愛劇場已經走過二十二年的歲月，是大愛電視台的招牌，以真人真事故事呈現為其最大特色。因為是「真實」故事，所以能撼動人心。大愛劇場也感動了無數電視機前的觀眾，想了解慈濟到底是一個甚麼樣的團隊，而走入慈濟世界。

2006年開始，大愛台自製規劃大愛劇場，由證嚴上人命名為「撿稻穗」。「撿稻穗」系列以草根菩提紀錄片七位環保志工為故事藍本，這群草根菩提紀錄片團隊開始撰寫劇本並製作戲劇，由於熱愛田野調查，加上團隊成員富

涵紀錄片底蘊，主創人員雖無豐富戲劇製作經驗，但憑藉著熱誠與對戲劇的熱愛，為大愛台創下亮眼佳績。七個單元共入圍二十三項，包含最佳連續劇、最佳行銷、最佳導演、最佳男女主角等重要獎項。

「撿稻穗」系列有七位為命運所折磨的女性，因緣際會認識慈濟，從環保志工當中找到自我價值，進而得到救贖，擁抱新的人生。其中，「黃金線」是一位出生日據時代的傳統阿嬤，門當戶對嫁入當時台南豪門，但也展開不幸的命運。生了五個兒子，只有一位是身體健康的，先生因此另組家庭，黃金線不畏艱難，含辛茹苦撫養孩子長大。

評審評語：

細膩的分鏡手法，讓觀眾咀嚼品味過往的美麗時光，淡然的切割組合，讓觀眾深切感受到真實人生。

# 走過島嶼

撰文／陳世慧

金鼎獎雜誌報導獎《臺灣脈動》（2008）

金鼎獎雜誌報導獎、扶輪公益新聞金輪獎《川流臺灣》
（2009）

金鼎獎非文學類「一般圖書類獎」《川流臺灣》
（2010）

一直到現在，只要有機會分享個人的報導經驗時，
《臺灣脈動》和《川流臺灣》，仍是我最常引用的兩個例
子。對個人而言，它們除了是一個都市小孩，藉由工作的
機會，首次步出舒適圈，踏查臺灣各地的珍貴經驗外，對
深度報導這個文類而言，我相信它們也將成為某一特定類
型的範本。

拿《川流臺灣》來說，製作河川專題的媒體不在少
數，其中不乏投入大量人力、物力、時間成本，並獲得極
優秀成果的作品；但打破既有的框架，《經典》硬拉出一
個全新的觀點：從溯源開始，自上游、中游、下游，一直
到出海口都親自走過一趟，沿路，我們既描寫了河川千變

萬化的自然樣態，也為居住其沿岸的居民：包括人與各種動植物，留下了珍貴的紀錄。

還記得為了覓得秀姑巒溪的源頭，當時我們一行九人從東埔溫泉出發，在海拔三千多公尺的高山上，整整走了九天，一百二十多公里的路程。其間，遭林務局封山兩年的八通關古道，在沒有人為的干擾下，竟落石、坍塌依舊；面對一整片山頭的細碎石坡，嚮導印象中的小徑消失無蹤，為了脫困也為了完成工作，我們只能自闢蹊徑，一路小心翼翼，在經過無數次的上攀、下垂、盤繞，不斷的跌倒、被咬人貓刺傷、被螞蝗吸足血後，這條長 81 公里，流域面積 1790 平方公里的東部第一大河的源頭，終於出現在我們的面前。

更令人難忘的是，相較於之後其上游、中游、下游水量的豐沛、湍急，位在一道岩縫間的源頭，每每要等個十數秒才能迸出一滴水，滴水成河的道理，在看到那一幕的剎那，感動之餘，也一下子懂了。

認識一個地方最好的方法就是實際踏查，這是我在寫完道路、河川的題目後，最深刻的心得。

儘管臺灣的河川都不算長，但源頭所在的位置卻不比世界上其他長江大河來得容易抵達。所以感謝基金會對於《經典》的支持，溯源的壯舉，並非是每個報導者都有機會經歷的。

　　由山川地理而迄人文歷史，希望《臺灣脈動》和《川流臺灣》，不只是我個人愛上這片土地的起點，也是所有讀者認識臺灣的里程碑。

　　書寫《臺灣脈動》時，印象最深刻的是，歷經多年的碰撞、洗禮，許多受傳統訓練並相信「人定勝天」的公路局工程師，對於環保團體的生態訴求，終於從最初的不屑、不解，轉而到了願意展開對話的階段。儘管，雙方不見得馬上就能接受對方的主張，但至少，他們總算能理解彼此的動機，都發自於善意。這算是值得欣喜的結果。

# 南亞大地震‧海峽‧難行仍行

撰文／安培淂（Alberto Buzzola）

SOPA 2006 亞洲卓越中文雜誌類 最佳新聞攝影獎（南亞大地震）

2011 年金鼎獎最佳攝影獎（海峽系列）

2012 年吳舜文新聞獎專題新聞攝影獎（難行仍行）

我開始為經典雜誌工作後，獲得的第一個享有聲望的獎項，不是本地獎項，而是 SOPA（亞洲出版商協會）剛剛成立的亞洲獎項。頒獎典禮在香港舉行，我的總編輯王志宏代表我們雜誌赴港。2004 年，南亞海嘯襲擊，災難面積擴及南亞大陸許多國家。地震發生後不久，我被派遣到災區做紀錄報導。我花了幾週的時間，深入重災區，並帶回完整的災難記實影像。以最快的速度，《經典》雜誌刊載了這起災難的相關報導，我的其中一張照片也成為雜誌的封面，並入圍了這個競賽的平面作品類別。頒獎典禮的當晚，總編輯來電通知我，獲得殊榮。

這是我加入經典雜誌以來的第一次獲獎，雖然在幾年前，我的作品就已得到了認可。當然，我感到非常滿足，

從專業上來說，這對我來說意義非凡。

但是，經過數年的努力和幾次提名，我才有幸登上舞臺，並獲得了我的第一個重要攝影獎，即臺灣的金鼎獎。

對於一個居住在臺灣的外國人來說，獲得如此傑出的獎項是難忘的事情。此外，我相信這是外國人第一次獲得金鼎獎，也是我花了整整一年時間所專注的攝影專案。

我猶豫地走上了舞臺，仍然不相信輪到我了。我不得不用我有限的中文表達能力即興地對評審們，尤其是對整個臺灣表示感謝。我認為這不僅是一項專業成就，而且是我被整個臺灣社會接受的明確標誌。

在經典雜誌工作的許多年裡，我看到許多同事在我之前便贏得了獎項，每次我都能感覺到他們的成就感。在臺灣攝影界，你會經常聽到金鼎獎，對於任何認真的攝影師來說，這都是必不可少的。

不到一年後，我又入圍了另一個臺灣著名獎項——吳舜文新聞獎。剛消化了這一令人鼓舞的消息後，發現我本身就獲得了獎項是一個極大的激動。同一年，我還與一些非常有成就的臺灣攝影師一起被提名為最終獎項。這些攝

影師中的每一個都擁有出色的作品，老實說，我看不到自己的作品可以脫穎而出。並非我沒有信心。只是自覺應有更佳的故事與作品來與那些優秀的攝影工作者競逐。

在頒獎儀式時，我被困在臺灣最偏遠的位置，即高雄市以南約 1000 海里的南沙群島的太平島。典禮舉行的時候，我在遙遠太平島上的老觀音廟小憩，那裡是一個參拜的地方，坐落在樹木和灌木叢中。對我來說，這是島上最寧靜的地方，海風在一天中的任何時候都可以到達，這裡的溫度始終涼爽。

當時島上無法電話通訊，與外界的唯一聯繫方式就是通過越南電信，越南電信距離鄰近的中洲礁島有 13 公里，該島仍被越南占領。通過將手機放在海邊的一塊岩石上，離神廟只有幾步之遙，就獲得了信號。

電話開始響了，一位同行的攝影師打來的，這位攝影師也獲入圍競逐該獎項，他打來祝賀我獲得了勝利。不幸的是，在一千海里之外，我並未有榮幸走上舞臺，儘管如此，我還是欣喜若狂。在這種情況下，一位同事必須代表我接受獎項。

隨著時間的推移，我與同事們獲得了更多的個人提名和一些聯合提名。我不否認獎項對任何攝影師的職業生涯或任何職業都是重要的里程碑。他們有助於鼓舞士氣，無疑對人們來說是極大的幫助和鼓勵，敦促他們在各種困難下繼續自己的職業。然而，我們常常忘記，沒有缺點和多次的失敗，我們將無法完全領會獲獎所帶來的成功和鼓勵。（翻譯／吳智美）

## 問天

撰文／劉子正

2010 年吳舜文新聞獎專題新聞攝影獎〈問天：與自然共生〉

2016 年金鼎獎雜誌類最佳攝影獎〈真食餐桌〉系列專題

經典雜誌不是給我一份攝影的工作而已，它是給了我一個平台，我得以在這個平台上，在平面攝影專業上得以成長，茁壯。

2009 年我剛從研究所畢業，還不知道是不是應該要回到原來的日報攝影記者的工作時，非常感謝當時王總編輯願意提供一個機會，讓我到這本雜誌來服務，一服務就是 11 個年頭。

　　我猶然記得在甫進入到這本刊物，所看到的第一個由自己拍攝的專題版面呈現時，暗暗訝異於自己攝影作品竟然可以放到這樣大的篇幅的記憶。

　　經典雜誌使用影像的方式並不是單純的由主管對下屬，而是由攝影師們先初步構成版面之後，然後再經過琢磨成最後的成果，這一點和臺灣純粹由上對下，文字思維的主流平面媒體非常的不同。對於我們平面攝影的從業者來說，這就不會是一個單純的攝影工作，而是提供了我們一個舞台來去把一個又一個的專題給執行出來。

　　這個工作另外一個特別的地方是，因為執行專題的關係，我得以有機會和每一個合作的撰述同仁們長時間出差時的相處，以及對專題的構成有很多的思辯；我極為有榮幸，可以和這麼多卓越的文字工作者來一齊執行題目－撰寫食農專題的（真食餐桌）的蔡佳珊女士，撰寫兩岸關係

各個面向的（兩岸流動）趙中麒博士以及朱致賢先生，描述臺灣古道的（筆路臺灣）的陳歆怡女士，關於臺灣建築紋理的陳怡臻女士，還有文稿召集人潘美玲女士所撰寫關於臺灣林業（人樹之間）。

對我來說每一個大專題的執行，都是極其精彩的旅程。

## 環保人 回收物

### 撰文／黃世澤

#### 吳舜文新聞獎 專題新聞攝影獎（2011）

要成就一則好的報導，要素有很多，每當接到一個拍攝任務，我期待自己可以努力找出他人所忽略的事情。

記得 2010 年，我剛加入經典雜誌服務，人還在外面採訪拍攝，突然被招回辦公室開會，總編輯指示有一個重要的題目正要啟動，要我們以慈濟基金會的環保站為主題，規畫一系列的專題報導，當時負責撰述的同仁世慧企畫發想快速，整個專題很快就定為「環保人、回收物」，

報導以雙線進行，每篇都會有一個（組）慈濟環保站的志工為主角，同時搭配一種回收物進行探討，給讀者知識性的收穫。

剛聽到要進行這專題，坦白說，一開始內心有些排斥，資源回收並非新穎的題目，要怎樣才能有新意？環保站、回收場乃至垃圾場等場景，因為作業需求，往往十分混亂且光線昏暗，回收物與回收過程因為場景多元，每樣物件的特性尚易利用視覺表現出差異。但整個專題到底該以怎樣的方式呈現，我在腦海中想像了許多畫面，卻依然找不出一個攝影脈絡。

直到親身走進環保站，親眼看著志工們的工作狀況，才發現之前根本是典型地「想太多」，配合工作時間，我大多是清晨時拜訪環保站，清晨斜陽透過門窗灑進，志工們埋頭分類物資，那樣踏實與基本，如此細瑣、卻更見偉大。

原本懵懂的我當下馬上理解，自己的任務並非只是「照相」記錄，而是「造像」，除了如實表現回收環保站的工作實景，回收過程與方式等知識上的傳達，更要透過拍

攝出回收志工的故事，說出是什麼讓他們願意不計惡臭髒亂，實際投入的內心動力，進而感動讀者，引起共鳴，提醒讀者對資源回收的關心。

我要捕捉下環保志工身上的光芒，留下每位志工的「聖像」。能夠以環保志工這主題獲得第廿五屆吳舜文新聞獎專題新聞攝影獎，實是始料未及，卻也是最大的榮耀。

評審評語：

「回收場的寧靜革命」這組攝影專題中，每張照片對光線的敏銳運用、場景構圖的精準、影像語言的傳達，不但具有攝影者的觀點，也反映出庶民文化與現今社會的存在現象的省思，充分顯示資源回收觀念的革命，更意味著這是一場人類淨化的革命！

# 環境新五行

撰文╱潘美玲

扶輪社公益新聞金輪獎（潘美玲、林韋萱、居芮筠、陳世慧、黃子珊）(2012)

企畫「環境新五行」報導的當時，正值民國一百年底，我們回顧臺灣的歷史，撫今憶昔、百感交集。

回看臺灣的地理樣貌，蒼莽原始早已不再，眼前所見盡是人類文明進步的美好景象。人類在耕伐之初，從大自然所取用的種種資源，從農業社會進入工業社會到了今日的高科技文明，經濟上成績亮眼傲人，生活上舒適奢華更已近極致。

金、木、水、火、土是古人認知構成宇宙的最基本物質，宇宙間各種事物和現象的發展、變化，都是這五種不同屬性物質，不斷運動及相互作用的結果，國學大師南懷瑾更曾表示上古文化的五行，其實就是現代的地球文化。

五行的相生相剋，環環相扣，生剋之中，恩生於害，害又生恩。五行之外可能還要再加上干支的學問，這遠非我輩所能輕易參透，然而身處今日世界，我們已深刻地體

會到天地之間的四大不調（五行不順），地球在人類無所節制的欲望與過度濫用之下，已成一具病體。

其實，「環境新五行」這個專題最初的發想來自《經典》發行人王端正，王執行長希望採訪團隊能夠以五行作為報導架構，因此由潘美玲、林韋萱、居芮筠、陳世慧、黃子珊所組成的採訪團隊，在王總編的一聲令下，自《經典》158 期開始，以木、金、火、水、土作為「環境新五行」的檢視框架，陸續做出深度報導，從小而大、具體而微，從生態認知、環境教育、企業責任、能源政策、國土規畫等議題，將臺灣島的生態作一次把脈體檢。

如果把臺灣當成一有血肉的軀體，那麼近幾年來，福爾摩沙島真的是沉痾日重，特別在天災的肆虐之下遍體鱗傷。如果我們懂得計算所謂環境成本的 CP 值，捨得為了下一代子孫的利益放棄一己之私，那麼其實這一則環境成本的數學題，應該不難找得出計算的方向。以木、金、火、水、土作為環境的檢視框架，我們發現，自然界裡萬物相生相剋，求的無非是一個平衡。

我們想要一個什麼樣的臺灣？短視近利？富而有

智？試想，當我們的子孫在另一個百年之後省視臺灣，他們會皺著眉不敢親近眼前的山水，抑或，帶著微笑感謝祖先為他們預留下的一片潔淨大地？臺灣的最佳賞味期限，應該是現在，更應該在未來！

## 唐風綢繆

撰文／黃子珊

金鼎獎 雜誌類 最佳專題報導獎（黃子珊、潘美玲）（2013 年）

在全球化浪潮中，區域地方特色成為必須亟力保存並可衍伸為軟實力的另一個基礎工程。「唐風綢繆」專題即是《經典》放眼華人文化在異國滋生傳承，藉以反省並重新認識我們自身的文化樣態。這是一種探尋，同時也是一種大格局的拼圖，以臺灣為主體，去追索海外的唐山氛圍。

尤其當中國大陸歷經政治上遽變作為後，數千年來的細緻傳承連根刨除，我們所熟悉與傳承的一切消失在

彼岸的時空中，想尋唐風，早已人去樓空。於是突然發現串連在東南亞諸國的華裔社會，卻反倒是唐風吹拂過的粒粒珍珠。

「唐風綢繆」專題在 2012 年間，遍訪東南亞七國與港澳兩地華裔社區，勾勒出老祖宗代代遺留的精華，看見源自原鄉的信仰、廟會、儀式，尋覓那些踰越了海疆與國界的共同符號，同時也看見這些文化在地生根後的鮮活變貌。

如果「唐山過臺灣」是臺灣人的集體記憶，那麼，「下南洋」便是東南亞華人共同的家族史。

由於地理之便，華人對東南亞這個「南洋」之地，自古充滿遠行的想像——從漢、唐時的使節與僧侶，宋、元時的商賈和官兵，至明、清時期，因閩粵兩省山多田少、天災戰亂，不斷把人民推往南方。1860 年擴大開港通商，下南洋更一發不可收拾，至第一次世界大戰後達到高峰。

其時，東南亞在歐洲殖民下（除泰國外），需大量勞工開墾拓荒。閩粵人民或自願、或遭拐騙至南洋當苦力，隨遠洋船隻揚帆起航。他們一心惦記著衣錦還鄉，但很多人從此沒再踏上老家一步。

很多年後，中國崛起，漢語熱席捲全球，引來世人對華人文化更多的好奇。當世界把目光聚焦在中國，相對處於漢文化圈「邊緣」的東南亞，其實是七成海外華人聚居地，尤以閩粵兩省的五大方言群（福建、廣東、潮州、客家、海南）為主。

　　從香港和澳門，我們回溯這兩個華人離鄉起點，如何承襲了原鄉幾近支離破碎的粵文化，到馬星兩國如何因各自的歷史定位和現代政體，間接造就區域文化特徵最鮮明的華人群體；再到甫從大時代動亂中復甦的越南、印尼和緬甸，審察一度隱身於主流隙縫中的華人文化，如何重新開展破繭之姿。

　　最後，在華人融合程度最高的泰國和菲律賓，檢視中華文明如何在頻繁的互動和通婚中，與在地文明對話，進而發展出共生關係。

　　千百年來，縱然時局千迴百轉，華人文化兀自在南洋諸國輾轉迴盪。藉此探尋，希望引領讀者走出文化原鄉的大門，從另一道窗口張望它的流動，縫補原鄉失憶的文化缺口。

## 台灣綠食堂

撰文／潘美玲

### 消費者權益報導獎特優（潘美玲、蔡佳珊）（2013）

　　2013 年我與特約撰述蔡佳珊一起以「台灣綠食堂」專題為名，展開了一場食物大冒險。首先從國人食用量相當大的「黃豆」開始打先鋒，採訪團隊爬上了一艘六萬公噸的散裝貨輪，揭開臺灣進口黃豆高達九成為非食品級基因改造豆，對於國民健康存在著潛在風險的事實。七年後的今天，我們欣慰地看到臺灣人民對於基改豆議題，已經有了正確的認知，並且在行動上，從消費端要求業者有所改變，提供安全的非基改黃豆。

　　蔬菜，普遍被認為是最健康的食物，但在種植的過程中，卻有可能因為過度施肥而導致亞硝酸鹽嚴重超標的問題；在「雞蛋」一題則深入養雞場，看見工業化養雞產蛋過程中，人為投藥隱含藥物殘留風險與飼料汙染危機；對於素食者而言，素料不可避免，然而如何聰明地辨別健康素，應付防腐劑或色素、香精等人工添加物的威脅，以及如何對應農藥、抗生素和環境荷爾蒙無孔不入的威脅，都

是消費者必須用腦、用心去注意的事。

　　採訪團隊以民眾日常消費的各種食材：黃豆、雜糧、醬油、蔬菜、雞蛋、水果等為主題，深入產地探訪食物的來源與去路。除了關切消費者的食安問題，我們也看到攸關農業發展、土地復原、國民健康乃至於國族存亡的大事。例如在進口雜糧大軍壓境的狀況下，全臺各地的農田裡，一度因為不敷成本而被棄作、廢耕的各種雜糧，如何捲土重來，帶動農村重生的希望？

　　「台灣綠食堂」，是食堂也是學堂，透過無數個現場採訪的經驗，我們體認到，關於飲食，有太多事需要再學習。採訪團隊就以各種主要食材入手，介紹食物的生產與消費，希望傳達綠色消費觀念，打造產銷鏈的良性循環，也試圖從餐桌上尋回人與土地的連結。

　　這個專題除了獲得 2013 年消費者權益報導獎特優的殊榮，也很幸運地入圍了同年的卓越新聞獎、吳舜文新聞獎，「台灣綠食堂」預先敲響了食安警鐘，接下來幾年，臺灣社會陸續捲入了毒茶與食安風暴中……好好吃飯，實在是一件皇帝大事。

# 我和我的不完美

撰文／林慧芬

## 日本賞[1] 青少年項目類最優秀賞（2014 年）

　看著大愛臺的總監從當時的日本德仁皇太子（現今的德仁天皇）手中，接受這個獎項，我的興奮之情難以言喻。日本賞 Japan Prize 被譽為教育界的奧斯卡獎，頒獎典禮有十多臺攝影機錄影，還有專業攝影師拍照，讓得獎者感到備受尊崇。能夠拿到這個獎，完全在意料之外，這不是電視臺內部集中資源製作的所謂旗艦計畫，純粹只是一個讓工作團隊深受感動、希望將林彥良與父親生命經歷介紹給觀眾的故事。

　一號跑道上的林彥良選手，槍響之後努力跑了第一名，激動興奮的心情讓他一下子就醒了。原來那只是一場夢，因為現實生活中的林彥良，是個腦性麻痺而無法正常走路的孩子，他告訴自己要務實一點，心靈上的小小空虛

---

1 日本賞（JAPAN PRIZE），成立於 1965 年，為日本 NHK 電視臺每年舉辦一次的國際影展，以促進國際間教育節目的發展和教學相長為目的，在國際上素享盛名。

只能在夢中實現了。

第一次拍攝林彥良時，他念小學五年級，他的成長伴隨著復健，每次做復健的痛苦害怕，導致他一到復健中心門口就會吐，他曾經抱怨為什麼自己這麼倒楣，但他就算痛苦難過，還是用一種幽默的語氣說，上帝幫你關上一道門，一定會為你打開另一扇窗，所以我們不能輸嘛！

七年之後，彥良就讀高中，隨著年紀增長，他漸漸明白實現走路這個夢想並不簡單，就連上廁所他都無法自己處理，每次要上大號，都要打電話請爸爸來學校幫忙。他一直把上廁所這件事情想得很嚴重，直到有一次事出緊急，同學推著他到廁所解放還幫他擦屁屁，同學說這點小事一下子就處理好了，根本沒什麼，友情的支持讓他的高中生涯充滿歡笑。

復健之外，父親每天幫他推拿、腳底按摩，緩解他的肌肉攣縮，他每次痛苦的哀號中，總會蹦出有趣的話語，讓旁人哈哈大笑。在爸爸一路相隨下，彥良慢慢懂得接納自己的不完美。

這部影片在日本賞影展期間播出後，有位日本女學生

跑來找我，透過日文翻譯她激動的敘述自己深受感動的心情，以及自己要向彥良學習的決心……我想這就是對電視工作者最大的鼓舞了。

評審評語：

大愛電視台的《我和我的不完美》影片可以提升全世界青少年的同理心，雖然主角在日常生活中面臨許多挑戰，他卻能用幽默和勇氣面對，這個結構完美的故事讓我們看見一個非凡父親和同學友情對他的強力支持。這部影片不只在臺灣展現一個重要主題，同時也鼓舞全世界的觀眾。林彥良對生命的樂觀態度成為我們所有人的典範，讓我們也試著去擁抱自己的不完美。

# 千年一瞬 剎那芳華

撰文／吳思達

**韓國首爾國際戲劇獎 評審團特別獎〈頂坡角上的家〉
（2015）**

從「尋找陽光的記憶」開始，與大愛劇場結緣，不知
不覺已經超過 20 年了！在過往的製作歷程中，令我記憶
最深刻，也最特別的戲，應該就是「頂坡角上的家」了。

這是一個關於頂坡角上，一群漢生病人的血淚史。從
日治時期開始，漢生病（俗稱痲瘋病）一直被視為一種無
藥可醫的絕症，所有得病者皆被送往頂坡角上的「樂生療
養院」（現新莊區迴龍站旁）隔離，過著絕望且自生自滅
的日子。

然而，這些病友們並沒有自我放棄，在軍官金義楨的
帶領下，在院區內教大家識字學佛，並帶著病友們，一
磚一瓦的建立起屬於自己的精神堡壘「棲蓮精舍」，也因
此，他們一心向佛，也成為了真正的家人。

記得當初在籌拍這部戲時，一直不了解早期漢生病人
的樣貌，參考了許多照片資料，對照了病前病後的容貌變

化，才深刻的了解，為何病人都會覺得＂此生無望＂了！那真是一種慢性折磨，再加上漸漸疏離的親人，許多院友因此而輕生，其餘狀況較好的，也只能彼此依靠，相互扶持；漸漸地，他們成了真正的親人。

還記得，劇組第一次進入樂生採訪時，在山坡一角還有小型的木頭建築物，是當時仍在營業的福利社，還有理髮廳，電影院，但整個院區的木製走道、房舍、甚至是精舍，都已斑駁不堪，我與黃克義導演及美術許應宏都覺得扼惋，更難過的是，我們的男女主角本尊 -- 金義槙會長（金阿伯）與林葉師姑，是少數仍住在樂生的院友，金阿伯已躺在床上無法行動，林葉師姑依然精神抖擻地帶我們參觀院區；其中最特別的是，在院區的最高處，居然有兩座廢棄的焚化爐！經過林葉師姑的解釋，那就是早期的火葬場，以前重病的院友往生後，院友抬頭就看得到山頂上的白煙，院內還會有院友們組成的儀隊，風光地送往生的院友最後一程……

本劇最令人動容的是，當金阿伯知道慈濟的善款得之不易，院友們主動請慈濟停止救濟，大家還發動捐心蓮幫

助證嚴法師蓋醫院，看到院友們的心就如蓮花般的美麗與潔淨。

飾演金義楨的資深演員李天柱曾如此形容：有時我們認為自己一無所有，但只要願意去給、願意去做，就會發現付出的力量可以源源不絕；好比荒漠鑿井，看似枯竭，但只要打通水脈，愛就如湧泉一般滾滾而來⋯⋯

歷史可以原諒，但是不能遺忘，非常感恩有這個機會，能接觸到這個珍貴的歷史片段，也能在林葉師姑和金義楨會長有生之年，讓這段樂生院友的故事得以傳頌。


## 快門後的沉思

**蕭耀華**

**吳舜文新聞獎 新聞攝影〈中東難民跨界苦旅〉(2016)**
**社會光明面報導獎 平面新聞攝影佳作《慈濟月刊》〈點滴之愛 馳援東非〉2019**

我在香港出生，來臺灣受教育，繼而在這塊土地上安家，同事們可能早就習慣我在說話時的香港腔調，或許是

緣於特殊身分背景，或許是由於攝影專業的訓練，我在融入一個場域的時候，往往也能客觀地抽離，既記錄鏡頭裡的故事，也見證、思索鏡頭以外的大千世界。我試以幾個稍有印象的得獎作品，留存這篇文字與您們，分享我的見聞，也簡介一下我工作內容。

## 愈艱難愈堅強

北韓，一個離臺灣約三小時飛行時間的亞洲國家，基于其國策和意識形態的影響，遺世獨立；因為少與外界聯繫，它可能是世界上最難以被了解的國度之一。這國度從上世紀九十年代中期開始，長期饑荒不斷，影響國家運作至鉅，迫使國家領導階層放下身段，向外求援。西元2011年八月，我因為工作的因緣，有幸可以進入這個陌生的國度了解當地糧荒現況。因為政治情況特殊，我得排除一些困難，隱密而技巧性地用相機紀錄當時北韓人民的生活狀況。

北韓的拍攝工作並不容易，拍攝期間，總有兩三位相關政府人士相隨左右，時時用關愛的眼神，注視拍攝者的

一舉一動，拍攝動機、方法、角度；被拍物是什麼，為何而拍？等等……更甚者，不管任何場合，那怕是公共場所，或一个街景，相關人士都會隨時主動給你意見，這沒什麼好拍，那個沒意思。作為一個新聞攝影工作者而言，影像紀錄真實，是理所當然的事情，但這理所當然的事情並不是對任何人都是理所當然的，特別是牽扯上個人或團體或國家利害關係。這是攝影者經常受到考驗的問題，有朋友問，第一次在北韓這國度上碰到如此多的攝影障礙後，為什麼你還要爭取第二次，甚至第三次出差北韓的機會？我在想，在不同時空裡，或不同國度和不同族群中，就有不同的攝影條件與機會，北韓和臺灣不一樣，北韓甚至可以說與世上大部分國家比，它都是個另類的國家，放諸四海或許都錯不了的新聞攝影觀和理論及作法，在這裡並不是理所當然，在這樣的攝影條件，讓我有了不可多得的機會，考驗自身的工作能力，看看就攝影方面，能取得怎樣得成績。結果就是諸君在作者參賽作品所看到的。

## 海燕過後尋找力量

　　公元二〇一三年十一月八日，名叫海燕，號稱史上最強的颱風，以每小時超過三百公里的強勁風力，引發大規模風暴潮，在菲律賓中部萊特省，造成毀滅性破壞。受災最嚴重的包括萊特省獨魯萬市、奧莫克市以及薩馬省圭烏安島，超過六千五百人喪生（菲國官方數據），九百多萬人受災，失蹤人口逾兩萬五千人，一萬九千五百棟房子受損，其中一萬三千多棟全毀。

　　本攝影作品是記錄颱風過後，重災區現場即時狀況，藉由不同影像面向，讓讀者對災區有更多的了解。

## 點滴之愛 馳援東非

　　二零一九年三月中旬，強烈熱帶氣旋「伊代」重創東非，颶風豪雨從沿海深入內陸國度，局部地區累積雨量達一千毫米，引發山洪、土石流、水壩潰堤，莫三比克、辛巴威、馬拉威受影響居民近三百萬，莫三比克全國進入緊急狀態。貧困國度，災後蹣跚難行，偏遠災區路斷糧絕。災後臺灣慈濟功德會，莫三比克分會志工第一時間趕往災

區勘災，賑災，以解災民燃眉之急，及後，慈濟人醫會一行五十二人分別從臺灣、南非、美國、英國、澳洲、馬來西亞和香港出發，抵達莫三比克，在災區展開為期四天的義診活動，以實行人溺己溺的人道精神。圖為來自高雄的葉添浩醫師，結合當地翻譯志工，審視病童狀況。

每一次的作品獲得青睞，我的謝辭都很像，卻都出自真誠：

感謝評審肯定我的努力。

攝影工作，對我來說，從來都不是攝影一個人就能搞定的事。包括我的受訪者，以及協助我的作品成為出版品，最後與讀者見面的許多人。也再次感謝評審讓這個作品有再次曝光的機會，讓讀者多一次機會了解，在遙遠的不同國度到底發生了什麼事，而我們臺灣人在這個發生災難的地方，這個與臺灣毫無關係的地方，又作了哪些作為一個慈悲的人應該做到的事。同時，也要感謝慈濟基金會給我這個採訪機會，感謝月刊同仁的精神支持，感謝莫三比克在地朋友的幫忙，感謝評審的選擇，除了感謝，還是感謝，沒有別的，謝謝。

# 征戰啟示錄

撰文／賴展文

**卓越新聞獎 國際新聞報導獎 敘利亞來的訪客（2016 年）**

**吳舜文新聞獎 紀錄片獎 墻—歐洲難民啟示錄（2019 年）**

2011 年敘利亞內戰爆發，數以百萬計的敘利亞人逃往鄰國土耳其、約旦、黎巴嫩、甚至冒死橫渡愛琴海逃往歐洲，這場歷時十年至今未歇的難民危機，「大愛全紀錄」團隊也未缺席，從敘約邊界的難民營開始，記錄難民在嚴冬渴求一頂帳篷、一頓溫飽的生存記錄，這個專題於 2014 年，以「異境·求生」為題，入圍了卓越新聞獎國際新聞報導獎。

2015 年，一個跨越歐亞的拍攝計畫成形，在僑居土耳其的慈濟志工協助下，我們的關懷聚焦在幾戶準備逃往歐洲的敘利亞難民家庭。

從他們口中得知，人蛇集團會安排搭什麼船，上岸地點的車子接送，大人小孩各有不同的價錢，這趟也許失敗、也許連命都可能丟掉的旅程，不僅小孩、連大人都害怕。不會游泳的小女孩害怕的說，她聽過好多人溺斃海

中，其中包括她的朋友。

在難民登陸歐洲的第一道大門希臘，我們在希臘的柯斯島看見了小女孩的噩夢，在黑夜伸手不見五指的海邊，傳來一聲聲的呼救聲，幾個年輕人擠著一個橡皮艇載浮載沉，當地慈善志工奔進海中，救起快滅頂的青年，這一刻我才真正地體悟到那份寧死也要逃亡的決心，已無法回頭。

難民接著得面對長達三千多公里的巴爾幹之路，而大量的難民引發不少國家恐慌，紛紛封鎖邊界，拒絕難民借道，邊防警察甚至毆打難民搶奪財物，婦女小孩的處境更令人不捨，難民孩童凱西，哭著對鏡頭說，他想讓全世界知道，他們跟其他人沒什麼不同，他們也曾經是有房子有學校有人生有夢想，只是戰爭奪走了一切！

卓新獎的評審，認為記錄團隊身處複雜的事件現場，貼近難民家庭的採訪，給予《敘利亞來的訪客》高度評價。

原本對難民敞開大門的德國，因大量難民湧入引爆抗議潮，德國不得不緊縮難民政策，因此不少非敘利亞難民，來自其他中東、南亞的難民卡在塞爾維亞與克羅埃西

亞的邊界，2018 年 9 月，大愛全紀錄團隊再次挺進塞爾維亞的邊境小鎮，記錄下來自巴基斯坦的難民阿里，數度嘗試翻越佈滿地雷的高山，卻被克國警察毆打遣返的故事。吳舜文新聞獎的評審，認為採訪團隊從難民的角度切入，挖掘出難民跟我們一樣，都有求生、求安全、求發展的動力，因此堵在他們面前具體或無形的墻，也就更為險峻，無論敘事或影像，《墻—歐洲難民啟示錄》都是上乘之作。

## 衣之旅

撰文／李佩玲

**卓越新聞獎 電視類國際新聞獎 (2018)**

**台達能源與氣候特別獎 新聞媒體組電視類 (2018)**

大愛新聞年度旗艦專題，衣之旅，追蹤蝴蝶效應的旅程：從人心的欲望，讓衣服不斷產製；「誕生之地」，通常在發展中國家，例如孟加拉；「消費」，指的是轉賣到歐美等經濟發達的地方，但由於時裝業講求潮流，很多衣服都

在完好無缺的情況下，經歷「回收」，也許是被丟到回收箱，轉賣到第三世界肯亞；也許是又變成原料，走向「循環經濟」的過程，像是香港、中國大陸、臺灣，又回到了誕生的起點。專題帶觀眾看見華麗衣裳背後的代價。三組記者分別走訪中國大陸、香港、孟加拉、肯亞以及臺灣，從衣服的製造、消費、回收、再生等四個面向，一一剖析，這是一個非常複雜而且龐大的產業鏈，也有很多不為人知的細節。

專題製作的起點，從前一年的 11 月，邀請輔大丁瑞華老師，與他帶來的《一件 T 恤的全球經濟之旅》為緣起，或者更早之前，在彥珊與啟泉兩位記者為製作「舊衣的春天」，就已經開始醞釀發酵了吧。

如同我們陳述的主題：剖析問題重重的產業鏈，最後以再生與消費意識結束，給予閱聽眾反思，自身購衣行為，喚起與環境共存的意識。

這些核心價值，怎麼呈現？卻是在團隊磨合題目的腦力激盪中，爭辯最激烈的，與中部記者的視訊會議中，我們為了究竟去中國大陸還是東南亞國家？一路拉扯。

能不能去肯亞？也是在預算跟價值中，陷入兩難。終究香港跟中國大陸是早早就拍板的。

當記者們努力在前線拚搏，卻遇到人身安全威脅、硬碟毀損、空汙不適，計畫永遠趕不上變化，心情也陷入谷底，這題目不會就此夭折吧！

終於人都平安，菜都買回來了，準備炒菜，獲知我們有幸成為 3D 虛擬棚的實驗團隊，陷入另一個考驗。

怎麼做，大家都千頭萬緒，還好經理早有腹案，大愛臺人雖少，團結總是力量大！

場景怎麼建構？三個臭皮匠勝過諸葛亮！

跨部門協力，動腦一起點石成金！

在藍幕前，Key 不乾淨，就加燈吧！

最辛苦的說書者，要記的走位點有數百個吧！還得被燈曬出斑！

鏡頭調不好，就試到好為止！

動畫趕不出來，就讓小編啟動 B 方案吧！

最後連音效都來助力！

終於，我在參賽的報名表上這麼寫著：

這是每個人用生命，寫下的足跡，並且也創下了很多的業界第一。

一、經過孟加拉企業許可，進入紡織廠，看見成衣生產過程的悲哀。

二、直擊中國大陸廣州的成衣批發中心，記錄快時尚24小時的成衣壽命。

三、追蹤衣服的最後一哩路，來到肯亞，觀察二手衣如何崩解當地傳統產業。

四、尋找解決方案，提供不同視角，掌握衣服進入閉鎖循環，創造零廢棄的可能性。

評審評語：

大愛電視臺的《衣之旅：華衣的秘密、衣黑大地、穿著智慧走》派了很多記者去不同的國家採訪，電視臺資源夠才能做到這點。這件作品對於「快時尚」造成的問題講得很好，整個團隊的配合很棒，感覺得出花了很多心思，做了完整全面的報導。共分成22集每天播出，不僅提出問題，也有建設性新聞的概念在裡面，很不容易。

# 留住一滴水

撰文／李佩玲

**扶輪公益新聞金輪獎 電視類特優 (2019)**

**全球華文永續報導獎 影片類（長片）優等獎 (2019)**

　　水資源欠缺，是全球難題。世界銀行警告，未來 20 年內，有 16 億人口無水可用。你，是其中之一嗎？大愛新聞團隊製作「留住一滴水」，以肯亞、日本、香港、臺灣的現況，分別從上、中、下游來探討用水的智慧，希望喚起民眾對水資源的重視。第一站深入肯亞西波克特郡，當地有支游牧民族，得走上 250 公里，才能獲得一小杯的汙水讓生命延續。在日本，各地持續興建水庫，為了防止水庫淤積，更買下周邊山林，徹底做好水土保持。地小人稠的香港，利用大型堤壩，連結兩座島嶼，再把海水抽乾，成為香港最重要的水庫。至於用水要付出多少代價？以東京、香港兩地，官方與民間都朝向共同節水的方向前進。反觀臺灣，水價凍漲超過 20 年，是世界水價第三便宜的國家，而設備老舊、漏水率高形成資源浪費，才是我們需要面對的真相。

製作專題最難的，莫過於無中生有，求題如求法，「水」這個題目非常廣、非常深，到底要討論什麼？團隊虛心求教，拜訪了國內的幾位水利界大老、官方代表以及學者，也決定了出訪國家——肯亞、日本、香港、臺灣。

　　但這些學者百家爭鳴：水庫派強調，再不蓋水庫，臺灣後代子孫就沒水可用；伏流水專家表示，只要有地下水庫，臺灣就不怕；推廣再生水的業者，希望敦促政府立法，臺灣再生水發展條例，還不夠落實。不同流派的教授，核心價值都在留住這滴水。

　　四組記者克服語言隔閡、政治因素及文化差異，完成報導。肯亞這一組，忍辱負重，面對強悍的民風，為求專題圓滿，背負莫大壓力。赴日本採訪的文字記者，每天大奔走，當時還有孕在身。香港採訪的時間點，選在山竹颱風後，班機延誤，路斷難行。

　　用 2D 攝影棚，土法煉鋼，打破時空限制，帶大家到不同國家，去感受這些現象，去體會這一滴水，能不能留下來，都是眾生的造就。

　　系列報導強調水的重要和用水省思。面對極端氣候頻

傳，我們能做的，便是把珍惜水資源的觀念傳播出去，肩負起傳播人的使命。

評審評語：

全球化視角強調人類地球村的關聯性，也能比較臺灣水資源的問題，整體製作質感和議題討論廣度，都屬於優質的新聞企畫專題。

# 慈濟人文志業中心 歷年得獎紀錄

（截至 2020.12.31.）

| 時間 | 獎項 | 獎別 | 內容 | 得獎人 |
|---|---|---|---|---|
| 1997 | 第 2 屆中廣節目日新獎 | 外製節目第三名 | 《慈濟世界》廣播節目〈慈濟骨髓庫四年回顧「落地為兄弟，何必骨肉親」〉 | 慈韻 |
| 1998 | 廣播電視社會建設獎 | 電視獎 | 《慈濟世界》台視（頻道託播） | |
| 1999 | 廣播電視社會建設獎 | 電視獎 | 向命運挑戰的卑南勇士 | 林豪勳 |
| 2000 | 廣播電視社會建設獎 | 電視獎 | 靜思語教學系列 | 倪美英 |
| 2001 | 廣播電視社會建設獎 | 電視獎 | 三棧溪的守護神 | 熊位遠 |
| 1999 | 廣播電視社會建設獎 | 電視獎 | 《一百分的生活》 | 陳芝安顧文珊 |
| 1999 | 廣播電視社會建設獎 | 電視獎 | 《愛在春風裏》 | 陳芝安蔡德貞 |
| 1999 | 廣播電視社會建設獎 | 廣播獎 | 《慈濟世界》節目 | 廣播部 |
| 1999 | 第 3 屆中廣節目日新獎 | 外製節目第三名 | 《慈濟世界》廣播節目〈生命的春天—生時燦似夏花，死時美如秋葉〉 | 葉育鎏 |

| 時間 | 獎項 | 獎別 | 內容 | 得獎人 |
|------|------|------|------|--------|
| 1999 | 第 3 屆永續臺灣報導獎 | | 《經典》〈民俗植物〉 | 大愛電視台 |
| 1999 | 第 3 屆兩岸關係暨大陸新聞報導獎 | 佳作 | 〈兩岸情懷日月長〉廣播節目 | 葉育鎏 |
| 2000 | 第 35 屆電視金鐘獎 | 生活資訊節目獎 | 《醫療拓荒者》 | 陳淑伶 |
| 2000 | 第 36 屆電視金鐘獎 | 公益類廣告獎 | 〈慈濟大體捐贈─李鶴振篇〉 | 李欣元 |
| 2000 | 廣播電視社會建設獎 | 電視獎 | 《人間菩提》 | 陳芝安 |
| 2000 | 廣播電視社會建設獎 | 電視獎 | 《醫療拓荒者》 | 陳淑伶 |
| 2000 | 廣播電視社會建設獎 | 電視獎 | 《心靈園丁》 | 莊壁如 |
| 2000 | 廣播電視社會建設獎 | 廣播獎 | 《慈濟世界》〈悲痛與重生─地震過後一百天〉 | 林美蘭 陳怡君 |
| 2000 | 第 4 屆優良地方文化紀錄影帶獎 | 優等獎 | 《經典》〈茍蕉坑之歌─看山的人〉 | 陳榮顯 |
| 2000 | 第 5 屆優良地方文化紀錄影帶獎 | 優等獎 | 《溫暖滿人間》〈一九九九心蓮〉 | 陳合平 陳慧翎 杜玉萍 |

| 時間 | 獎項 | 獎別 | 內容 | 得獎人 |
|---|---|---|---|---|
| 2000 | 第 6 屆優良地方文化紀錄影帶獎 | 佳 作 | 《大愛客家週刊》〈我的藍布衫〉 | 許子苹 |
| 2000 | 第 7 屆優良地方文化紀錄影帶獎 | 佳 作 | 《溫暖滿人間》〈花之嶼〉 | 李立劭 王秀芳 |
| 2000 | 第 1 屆優良衛星電視頻道獎 | | | 大愛電視臺 |
| 2000 | 第 4 屆金視獎 | 節目獎專題報導獎 | 《經典》〈海岸濕地生命的大舞台〉 | 謝元凱 |
| 2000 | 第 4 屆金視獎 | 節目獎新聞報導獎 | 《大愛全球新聞》 | 新聞部 |
| 2000 | 第 4 屆金視獎 | 個人技術獎剪輯獎 | 《當代作家映象》〈與永恆對壘〉 | 崔鑑衛 |
| 2000 | 第 4 屆金視獎 | 個人技術獎教育文化節目主持人 | 《文化印象》 | 姚仁祿 謝佳勳 |
| 2000 | 第 4 屆金視獎 | 個人技術獎 - 導播（導演）獎 | 《菩提種子》〈牽阮的手〉 | 林福祥 |
| 2000 | 第 24 屆金鼎獎 | 雜誌類個人獎：最佳編輯獎 | 《經典雜誌》 | 王志宏 王端正 |
| 2000 | 第 24 屆金鼎獎 | 雜誌類個人獎：公共服務獎 | 《國際老人年系列》 | 陳淑華 |

| 時間 | 獎項 | 獎別 | 內容 | 得獎人 |
|---|---|---|---|---|
| 2000 | 第 24 屆金鼎獎 | 優良雜誌出版推薦（家庭及生活類） | 《慈濟月刊》 | |
| 2001 | 第 36 屆電視金鐘獎 | 攝影獎 | 《經典》〈虎頭蜂〉 | 李學主 |
| 2001 | 第 36 屆電視金鐘獎 | 連續劇男配角獎 | 《阿母醒來吧》 | 何豪傑 |
| 2001 | 第 5 屆優良地方文化紀錄影帶獎 | 地方文史紀錄獎 | 《經典》〈美麗新世界——馬祖列島〉 | 李學主 楊慧梅 |
| 2001 | 第 5 屆優良地方文化紀錄影帶獎 | 佳作 | 《溫暖滿人間》〈2000 心蓮〉 | 陳慧翎 |
| 2001 | 第 5 屆優良地方文化紀錄影帶獎 | 佳作 | 《溫暖滿人間》〈畫滿九又二分之一〉 | 彭世生 顧文珊 |
| 2001 | 第 24 屆時報廣告金像獎 | 影片（電視）獎公共服務別佳作 | 《慈濟基金會：用生命做志工系列》〈金義楨篇 簡春梅篇〉 | 李欣元 |
| 2001 | 第 24 屆金穗獎紀錄片 | 優等錄影帶獎 | 〈1935 墩仔腳大地震〉 | 李立劭 |
| 2001 | 第 2 屆優良衛星電視頻道獎 | | | 大愛電視臺 |
| 2001 | 社會光明面新聞報導獎 | 廣播新聞類 - 優等獎 | 〈90 年度慈濟骨髓相見歡〉 | 盧佩玉 陳怡君 |

| 時間 | 獎項 | 獎別 | 內容 | 得獎人 |
|---|---|---|---|---|
| 2001 | 社會光明面新聞報導獎 | 平面新聞雜誌類佳作獎 | 〈基隆河畔，藍天白雲——象神風災特別報導〉 | 高怡蘋 曾婉莉 |
| 2001 | 第 25 屆金鼎獎 | 雜誌出版綜合類金鼎獎 | | 慈濟月刊 |
| 2001 | 第 25 屆金鼎獎 | 優良雜誌出版推薦（人文及社會類） | | 經典雜誌 |
| 2002 | 社會光明面新聞報導獎 | 電視新聞類報導獎 | 《志工系列報導》〈斷掌清潔工、愛心菜販、視障調音師、護樹媽媽、發票助創世、唐氏症勇將〉 | 呂和采 李明華 |
| 2002 | 社會光明面新聞報導獎 | 廣播新聞類報導優等獎第一名 | 〈美麗相伴——張美麗的故事〉 | 葉育鎏 陳怡君 |
| 2002 | 第 37 屆電視金鐘獎 | 戲劇節目連續劇獎 | 《別來無恙》 | 龐宜安 陳慧玲 |
| 2002 | 第 37 屆電視金鐘獎 | 連續劇女主角 | 《別來無恙》 | 田麗 |
| 2002 | 第 37 屆電視金鐘獎 | 單元劇男配角 | 《人間友愛》 | 高振鵬 |
| 2002 | 第 37 屆電視金鐘獎 | 非戲劇導演 | 《經典》〈滄海鹽田〉 | 萬榮奭 |
| 2002 | 第 37 屆電視金鐘獎 | 攝影獎 | 《經典》〈蕈類〉 | 李學主 |

| 時間 | 獎項 | 獎別 | 內容 | 得獎人 |
|---|---|---|---|---|
| 2002 | 第 25 屆時報廣告金像獎 | 影片（電視）類 - 水資源特別獎 金像獎 | 〈水資源系列：北迴歸線篇〉 | 李欣元 |
| 2002 | 海華獎 | 光碟組佳作 | 《醫病醫人醫心》 | 王理 |
| 2002 | 第 26 屆金鼎獎 | 圖書類個人獎最佳圖書主編獎 | 《發現南島》 | 王志宏 |
| 2002 | 第 26 屆金鼎獎 | 平面新聞雜誌類優等獎 | 《慈濟月刊》〈彩虹國度裡的愛心虹彩——愛在南非〉 | 歐君萍 |
| 2002 | 第 13 屆金曲獎 | 最佳兒童樂曲專輯 | 〈月亮在看你廣播劇〉 | 廣播部 出版部 |
| 2002 | 第 25 屆金穗獎紀錄片 | 優等錄影帶獎 | 〈彩虹的孩子在跳舞〉 | 李立劭 |
| 2003 | 第 7 屆兩岸關係暨大陸 | 佳作 | 《大愛新聞雜誌》〈淮河人家霍邱精神〉 | 童湘玲 楊棟樑 |
| 2003 | 新聞報導獎 | 佳作 | 《大愛新聞雜誌》〈叫我山裡娃兒〉 | 王俊富 馬雋人 |
| 2003 | 第 2 屆卓越新聞獎 | 電視類－專題報導獎 | 《戰爭的代價》 | 童湘玲 楊棟樑 |
| 2003 | 第 38 屆電視金鐘獎 | 非商品類廣告獎 | 〈環保十年系列——髮菜篇〉 | 李欣元 |

| 時間 | 獎項 | 獎別 | 內容 | 得獎人 |
|------|------|------|------|--------|
| 2003 | 第 38 屆電視金鐘獎 | 單元劇男主角 | 《軍官與面具》 | 王耿豪 |
| 2003 | 社會光明面新聞報導獎 | 雜誌類獎 | 《慈濟月刊》〈彩虹國度裏的愛心虹彩—愛在南非〉 | 歐君萍 |
| 2003 | 第 24 屆「耕莘文學獎」報導獎 | 優等 | 《慈濟月刊》〈花蓮北埔社區的環保娘子軍〉 | 邱淑絹 |
| 2003 | 第 24 屆「耕莘文學獎」報導獎 | 優等 | 《慈濟月刊》〈巫喜教—讓醫療器材的良能循環再生〉 | 李委煌 |
| 2003 | 第 24 屆「耕莘文學獎」報導獎 | 優等 | 《慈濟月刊》〈用音樂演奏生命〉 | 劉雅嫻 |
| 2003 | 第 24 屆「耕莘文學獎」報導獎 | 佳作 | 《慈濟月刊》〈從植物人邊緣走過〉 | 黃秀花 |
| 2003 | 第 24 屆「耕莘文學獎」報導獎 | 佳作 | 《慈濟月刊》〈大地上的小小螢火蟲——大里市環保志工〉 | 陳柏州 |
| 2003 | 第 2 屆臺灣國際民族誌影展 | 入選 | 遷徙故事 臺灣篇〈看山的人 -- 芎蕉坑之歌〉 | 陳榮顯 |
| 2003 | 第 27 屆金鼎獎 | 最佳人文類雜誌獎 |  | 《經典雜誌》 |
| 2003 | 第 27 屆金鼎獎 | 最佳攝影獎 | 〈我們需要希望〉 | 王志宏 |

| 時間 | 獎項 | 獎別 | 內容 | 得獎人 |
|---|---|---|---|---|
| 2004 | 社會光明面新聞報導獎 | 電視新聞類報導獎 | 《大愛新聞》〈母親節系列〉 | 劉芳瑜<br>李明華 |
| 2004 | 社會光明面新聞報導獎 | 電視新聞類報導獎 | 《大愛新聞》〈雪山英雄傳〉 | 吳屏珊<br>謝啟泉 |
| 2004 | 第 39 屆電視金鐘獎 | 技術獎 | 《四重奏》 | 王兆仲（攝影）吳寶玉（剪輯）洪筠惠（音效）吳嘉莉（音效）宋偉（燈光）張宇翔（美術指導）邴啟飛（美術指導） |
| 2004 | 第 39 屆電視金鐘獎 | 戲劇類女配角獎 | 《四重奏》 | 林嘉俐 |
| 2004 | 艾美獎 亞太地區紀錄片 | 入圍 | 〈清水之愛〉 | |
| 2004 | 亞洲電視獎 | 入圍 | 《天堂的媽媽》 | 男演員<br>游安順 |
| 2004 | 2004 競報 NPO 媒體報導獎 | 第參獎 | 《大愛新聞雜誌》〈志工年代〉 | 童湘玲 |
| 2004 | 第 28 屆金鼎獎 | 雜誌類 最佳專題報導獎 | 《西域記風塵》 | 王志宏<br>李菁菁 |
| 2004 | 第 28 屆金鼎獎 | 雜誌類 最佳攝影獎 | 《西域記風塵》〈尋訪玄奘法師取經之路：印度〉 | 王嘉菲 |
| 2004 | 第 28 屆金鼎獎 | 圖書類 出版獎 一般圖書人文類獎 | 《西域記風塵》 | 經典雜誌 |

| 時間 | 獎項 | 獎別 | 內容 | 得獎人 |
|---|---|---|---|---|
| 2004 | 第 28 屆金鼎獎 | 圖書類個人獎：最佳圖書主編獎 | 《西域記風塵》 | 王志宏 |
| 2004 | 第 28 屆金鼎獎 | 圖書類出版獎：一般圖書科學類獎 | 《經典雜誌》〈我們姓臺灣〉 | 經典雜誌 |
| 2004 | 第 3 屆卓越新聞獎 | 平面媒體類：國際新聞報導獎 | 《慈濟月刊》〈深入伊朗大地震現場〉 | 徐錫滿 |
| 2005 | 第 40 屆電視金鐘獎 | 戲劇類女配角獎 | 《把愛找回來》 | 高玉珊 |
| 2005 | 第 40 屆電視金鐘獎 | 研究發展獎 | 《大愛電視數位實驗室》 | 何建明 李建興 顏志中 |
| 2005 | 第 40 屆廣播金鐘獎 | 社會服務節目獎 | 《慈濟傳播》〈真心看世界〉 | 葉育鎏 |
| 2005 | 第 29 屆金鼎獎 | 雜誌類攝影獎 | 《慈濟月刊》〈伊朗大地震 - 傷慟見希望〉 | 顏霖沼 |
| 2005 | SOPA 2005 亞洲卓越獎 | 中文雜誌類 - 榮譽提名獎 | | 《經典雜誌》 |
| 2006 | 第 41 屆電視金鐘獎 | 年度電視節目行銷獎 | 《草山春暉》 | 龐宜安 陳慧玲 |
| 2006 | 第 41 屆電視金鐘獎 | 戲劇節目最佳男主角獎 | 《流金歲月》 | 李天柱 |

| 時間 | 獎項 | 獎別 | 內容 | 得獎人 |
|---|---|---|---|---|
| 2006 | 第 41 屆電視金鐘獎 | 戲劇節目最佳女主角獎 | 《草山春暉 》 | 楊麗音 |
| 2006 | 第 41 屆電視金鐘獎 | 美術設計獎 | 《明月照紅塵》 | 劉基福 |
| 2006 | 第 2 屆電視小金鐘 | 最佳導演（播）獎 | 《地球的孩子》〈我的青春美夢〉 | 楊裕明 |
| 2006 | 第 30 屆金鼎獎 | 雜誌類出版獎：最佳人文類雜誌獎 | | 《經典雜誌》 |
| 2006 | 第 30 屆金鼎獎 | 雜誌類個人獎：最佳專題報導獎 | 《經典雜誌》〈一九四五專題系列〉 | 黃同弘 |
| 2006 | 第 30 屆金鼎獎 | 雜誌類個人獎：最佳攝影獎 | 《經典雜誌》〈十八年來「第一班」中國麻瘋村裏的臺灣情〉 | 林國彰 |
| 2006 | 第 30 屆金鼎獎 | 雜誌類個人獎：最佳專欄寫作獎 | 《經典雜誌》〈杏林筆記〉 | 賴其萬 |
| 2006 | SOPA 2006 亞洲卓越獎 | 中文雜誌類 - 最佳新聞攝影獎 | 《經典雜誌》〈南亞大地震〉 | 安培淂 |
| 2006 | 第 10 屆兩岸關係暨大陸新聞報導獎 | 最佳新聞攝影獎 | 《石頭山上的脫貧夢》 | 蕭耀華 |
| 2006 | 第 10 屆兩岸關係暨大陸新聞報導獎 | 佳作 | 《擺渡》 | 葉育鎏 |

| 時間 | 獎項 | 獎別 | 內容 | 得獎人 |
|---|---|---|---|---|
| 2006 | 社會光明面新聞報導獎 | 平面媒體報導雜誌類佳作 | 《慈濟月刊》〈留住澎湖自然之美——菊島吹拂環保風〉 | 賴怡伶 |
| 2006 | 第 28 次推介中小學生優良課外讀物 | 人文類 | 《人生旅程》 | 大愛電視台 |
| 2006 | 第 28 次推介中小學生優良課外讀物 | 人文類 | 《草山春暉》 | 大愛電視台 |
| 2006 | 第 28 次推介中小學生優良課外讀物 | 人文類 | 《生命圓舞曲》 | 大愛電視台 |
| 2006 | 第 28 次推介中小學生優良課外讀物 | 人文類 | 《大地之子》 | 大愛電視台 |
| 2006 | 第 28 次推介中小學生優良課外讀物 | 人文類 | 《妙手絕活——臺灣人文工藝特輯》 | 梁美玲 楊慧梅 |
| 2006 | 第 28 次推介中小學生優良課外讀物 | 人文類 | 《路且徐行——藥師蘇蘇的繪事本 用心看世界》 | 蘇芳霈 |
| 2007 | 第 1 屆國際扶輪臺灣地區公益新聞金輪獎 | 電視類新聞採訪報導獎 | 《清貧、簡單、愛——印度垂死之家記實》 | 范婷 |
| 2007 | 第 31 屆金鼎獎 | 雜誌類出版獎：最佳人文類雜誌獎 | | 經典雜誌 |
| 2007 | 第 31 屆金鼎獎 | 雜誌類個人獎：最佳專題報導獎 | 《雪山魔咒 vs. 臺灣精神——雪山隧道的開鑿與影響》 | 燕珍宜 |

| 時間 | 獎項 | 獎別 | 內容 | 得獎人 |
|---|---|---|---|---|
| 2007 | 第 31 屆金鼎獎 | 雜誌類個人獎：最佳編輯獎 | 《經典雜誌》 | 王志宏 蔡文村 潘美玲 |
| 2007 | 第 31 屆金鼎獎 | 雜誌類個人獎：最佳攝影獎 | 《紅潮消褪後的烏蘭巴托——蒙古帝國八百年》 | 杜志剛 |
| 2007 | 第 31 屆金鼎獎 | 一般圖書類個人獎：最佳主編獎（經典、中文期刊、出版部） | 《臺灣四百年（慈善、醫療、教育、人文專書））》 | 黃同弘 洪淑芬 賴志銘 |
| 2007 | 社會光明面新聞報導獎 | 雜誌類攝影獎 | 〈互補互助，最佳拍檔專題報導〉 | 顏霖沼 |
| 2007 | 第 3 屆廣播電視小金鐘 | 最佳學齡兒童節目獎 | 《地球的孩子》 | 陳芝安 林慧芬 |
| 2007 | 第 3 屆廣播電視小金鐘 | 最佳兒童少年演出（含主持人及演員）獎 | 《地球的孩子》 | 詹蘋 |
| 2007 | 第 42 屆電視金鐘獎 | 戲劇節目女主角獎 | 《美麗晨曦》 | 高慧君 |
| 2007 | 第 42 屆電視金鐘獎 | 迷你劇集女配角獎 | 《呼叫 223》 | 沈韶姮 |
| 2007 | 第 42 屆電視金鐘獎 | 戲劇節目男配角獎 | 《鐵樹花開》 | 張嘉年（太保） |
| 2007 | 96 年度家庭暴力、性侵害、性騷擾防治及兒少保護優質新聞 | 專題報導獲獎 | 《大愛新聞》〈走出家傷〉 | 吳志怡 林立一 |

| 時間 | 獎項 | 獎別 | 內容 | 得獎人 |
|---|---|---|---|---|
| 2007 | 第一季「優良電視節目評鑑」 | 優良電視節目 | 《人文飄香》 | |
| 2007 | 第二季「優良電視節目評鑑」 | 優良電視節目 | 《校園物語》 | |
| 2007 | 第三季「優良電視節目評鑑」 | 優良電視節目 | 《大愛醫生館》 | |
| 2007 | 第 29 次推介中小學生優良課外讀物 | 文學語文類 | 《月球休閒樂園》 | 王金選 |
| 2007 | 第 29 次推介中小學生優良課外讀物 | 文學語文類 | 《一對好朋友》 | 陳啟淦 |
| 2008 | 第二屆國際扶輪臺灣地區公益新聞金輪獎 | 電視類一般題材 | 〈滴水是金金門系列報導〉 | 林珮霖 |
| 2008 | 第三十四屆曾虛白先生新聞獎 | 電視新聞報導獎 | 〈E 毒浩劫系列報導〉 | 孫祖儀 |
| 2008 | 廣播電視小金鐘獎 | 最佳原創音樂獎 | 《幸福聯絡簿》 | 吳嘉祥 |
| 2008 | 廣播電視小金鐘獎 | 最佳兒童少年演出（含主持人及演員）獎 | 《有禮 不亦樂乎》 | 李傅剛 |
| 2008 | 電視金鐘獎 | 戲劇節目導播（演）獎 | 《黃金線》 | 陳慧翎 |

| 時間 | 獎項 | 獎別 | 內容 | 得獎人 |
|---|---|---|---|---|
| 2008 | 電視金鐘獎 | 戲劇節目男配角獎 | 《黃金線》 | 陳宇風 |
| 2008 | 電視金鐘獎 | 頻道廣告獎 | 〈希望‧愛系列〉 | |
| 2008 | 第 32 屆金鼎獎 | 雜誌類個人獎 最佳專題報導獎 | 《經典雜誌》〈臺灣之路專題系列〉 | 陳世慧 |
| 2008 | 第 32 屆金鼎獎 | 雜誌類個人獎：最佳攝影獎 | 《經典雜誌》〈大河入海 ── 湄公河的富饒與嗚咽〉 | 杜志剛 |
| 2008 | 消費者權益報導獎 | 專題報導獎 | | 吳志怡 林立一 |
| 2008 | 消費者權益報導獎 | 平日報導獎 | | 吳志怡 林立一 |
| 2008 | 家庭暴力、性侵害、性騷擾防治及兒少保護優質新聞獎 | 電視媒體類 -- 一般新聞報導獎 | 〈家暴防治社〉 | 吳志怡 林立一 |
| 2008 | 第 1 季國人自製兒童及青少年優質節目 | 自製兒童及青少年優質節目 | 《唐朝小栗子》 | |
| 2008 | 第 2 季國人自製兒童及青少年優質節目 | 自製兒童及青少年優質節目 | 《呼叫妙博士》 | |
| 2008 | 第 3 季國人自製兒童及青少年優質節目 | 自製兒童及青少年優質節目 | 《唐朝小栗子》 | |

| 時間 | 獎項 | 獎別 | 內容 | 得獎人 |
|---|---|---|---|---|
| 2008 | 第 3 季國人自製兒童及青少年優質節目 | 自製兒童及青少年優質節目 | 《地球的孩子》 | |
| 2008 | 第 4 季國人自製兒童及青少年優質節目 | 自製兒童及青少年優質節目 | 《呼叫妙博士》 | |
| 2008 | 第 5 季國人自製兒童及青少年優質節目 | 自製兒童及青少年優質節目 | 《唐朝小栗子》 | |
| 2008 | 第 6 季國人自製兒童及青少年優質節目 | 自製兒童及青少年優質節目 | 《幸福聯絡簿》 | |
| 2008 | 第 4 季國人自製兒童及青少年優質節目 | 自製兒童及青少年優質節目 | 《地球的孩子》 | |
| 2008 | 第 5 季國人自製兒童及青少年優質節目 | 自製兒童及青少年優質節目 | 《呼叫妙博士》 | |
| 2008 | 第 6 季國人自製兒童及青少年優質節目 | 自製兒童及青少年優質節目 | 《唐朝小栗子》 | |
| 2008 | 第 7 季國人自製兒童及青少年優質節目 | 自製兒童及青少年優質節目 | 《幸福聯絡簿》 | |
| 2008 | 第 30 次推介中小學生優良課外讀物 | 人文類 | 《映象真情》 | 林炎煌 顏霖沼 |
| 2008 | 第 30 次推介中小學生優良課外讀物 | 文學語文類 | 《小精靈的世界》 | 傅林統 |

| 時間 | 獎項 | 獎別 | 內容 | 得獎人 |
|---|---|---|---|---|
| 2009 | 第 2 季國人自製兒童暨青少年優質電視節目 | | 《地球的孩子》 | |
| 2009 | 第 2 季國人自製兒童暨青少年優質電視節目 | | 《呼叫妙博士》 | |
| 2009 | 第 2 季國人自製兒童暨青少年優質電視節目 | | 《幸福聯絡簿》 | |
| 2009 | 第 2 季國人自製兒童暨青少年優質電視節目 | | 《唐朝小栗子》 | |
| 2009 | 第三屆國際扶輪臺灣地區公益新聞金輪獎 | 一般類 / 平面採訪報獎 | 〈川流臺灣 - 蘭陽溪、高屏溪〉 | 陳世慧 田哲榮 |
| 2009 | 第三屆國際扶輪臺灣地區公益新聞金輪獎 | 一般類 / 電視採訪報導 | 〈海洋與垃圾的秘密 - 幽靈水母〉 | 王俊富 黃棋爐 |
| 2009 | 第 3 季國人自製兒童暨青少年優質電視節目 | | 《地球的孩子》 | |
| 2009 | 第 3 季國人自製兒童暨青少年優質電視節目 | | 《唐朝小栗子》 | |
| 2009 | 第 3 季國人自製兒童暨青少年優質電視節目 | | 《小主播看天下》 | |
| 2009 | 第 3 季國人自製兒童暨青少年優質電視節目 | | 《呼叫妙博士》 | |

| 時間 | 獎項 | 獎別 | 內容 | 得獎人 |
|---|---|---|---|---|
| 2009 | 第 3 季國人自製兒童暨青少年優質電視節目 | | 《芳草碧連天》 | |
| 2009 | 第 3 季國人自製兒童暨青少年優質電視節目 | | 《發現》 | |
| 2009 | 第 3 季國人自製兒童暨青少年優質電視節目 | | 《幸福聯絡簿》 | |
| 2009 | 第 31 次推介中小學生優良課外讀物 | 文學語文類 | 《人間有愛笑開懷》 | 曾維惠 |
| 2009 | 第 31 次推介中小學生優良課外讀物 | 文學語文類 | 《好習慣銀行》 | 曾維惠 |
| 2009 | 第 31 次推介中小學生優良課外讀物 | 文學語文類 | 《小矮人的秘密》 | 吳燈山 |
| 2009 | 第 31 次推介中小學生優良課外讀物 | 文學語文類 | 《花神玩大風吹》 | 謝鴻文 |
| 2009 | 第 31 次推介中小學生優良課外讀物 | 文學語文類 | 《失去聲音的腳印》 | 陳一華 |
| 2009 | 社會光明面新聞報導獎 | 電視新聞報導獎 | 《大愛人物誌》〈高崗上的波麗士〉 | 王陳保莊文華 |
| 2009 | 社會光明面新聞報導獎 | 電視新聞報導獎 | 《大愛全紀錄》〈浪濤盡後，歸零重生〉 | 趙德瑤梁明 |

| 時間 | 獎項 | 獎別 | 內容 | 得獎人 |
|---|---|---|---|---|
| 2009 | 第 33 屆金鼎獎 | 最佳人文類雜誌獎 | 《經典雜誌》 | |
| 2009 | 第 33 屆金鼎獎 | 最佳專題報導獎 | 〈川流臺灣系列〉 | 陳世慧<br>田哲榮 |
| 2009 | 第 33 屆金鼎獎 | | 〈浮游國度系列〉 | 王汶松 |
| 2009 | 第 33 屆金鼎獎 | 最佳主編獎 | 《臺灣脈動－省道的築夢與築路》 | 王志宏<br>黃同弘 |
| 2009 | 第 4 季國人自製兒童暨青少年優質電視節目 | | 《地球的孩子》 | |
| 2009 | 第 4 季國人自製兒童暨青少年優質電視節目 | | 《呼叫妙博士》 | |
| 2009 | 第 4 季國人自製兒童暨青少年優質電視節目 | | 《小主播看天下》 | |
| 2009 | 第 4 季國人自製兒童暨青少年優質電視節目 | | 《唐朝小栗子》 | |
| 2009 | 第 4 季國人自製兒童暨青少年優質電視節目 | | 《幸福聯絡簿》 | |
| 2009 | 第 4 季國人自製兒童暨青少年優質電視節目 | | 《蘭心飄芳》 | |

| 時間 | 獎項 | 獎別 | 內容 | 得獎人 |
|---|---|---|---|---|
| 2009 | 第 4 季國人自製兒童暨青少年優質電視節目 | | 《醫世情》 | |
| 2009 | 第二十三屆吳舜文新聞獎 | 專題新聞攝影獎 | 〈糧慌系列報導—災後 緬甸米〉 | 陳弘岱 |
| 2009 | 全球華語廣播獎 | 公益貢獻獎 | 《幸福的力量》 | 林美蘭 |
| 2009 | 98 年度兒童暨青少年優質節目 | | 《唐朝小栗子》 | |
| 2009 | 98 年度兒童暨青少年優質節目 | | 《呼叫妙博士》 | |
| 2009 | 98 年度兒童暨青少年優質節目 | | 《地球的孩子》 | |
| 2009 | 美國 Accolade 電視獎（The Accolade TV Awards） | 優質兒童及闔家觀賞節目獎 | 《不亦樂乎》 | |
| 2009 | 美國國際電影及電視節 兒童節目螢幕獎 | 兒童節目螢幕獎 | 《不亦樂乎》 | |
| 2009 | 好書大家讀 | 年度最佳少年兒童讀物獎 | 《當龍與龜相遇》 | |
| 2010 | 第 1 季國人自製兒童暨青少年優質電視節目 | | 《地球的孩子》 | |

| 時間 | 獎項 | 獎別 | 內容 | 得獎人 |
|---|---|---|---|---|
| 2010 | 第 1 季國人自製兒童暨青少年優質電視節目 | | 《呼叫妙博士》 | |
| 2010 | 第 1 季國人自製兒童暨青少年優質電視節目 | | 《幸福聯絡簿》 | |
| 2010 | 第 1 季國人自製兒童暨青少年優質電視節目 | | 《唐朝小栗子》 | |
| 2010 | 第 1 季國人自製兒童暨青少年優質電視節目 | | 《小主播看天下》 | |
| 2010 | 第 1 季國人自製兒童暨青少年優質電視節目 | | 《我的尪我的某》 | |
| 2010 | 金浪獎 | 台海重大新聞類 | 〈八八水災後〉 | 劉子正 |
| 2010 | 第 2 季國人自製兒童暨青少年優質電視節目 | | 《地球的孩子》 | |
| 2010 | 第 2 季國人自製兒童暨青少年優質電視節目 | | 《呼叫妙博士》 | |
| 2010 | 第 2 季國人自製兒童暨青少年優質電視節目 | | 《幸福聯絡簿》 | |
| 2010 | 第 2 季國人自製兒童暨青少年優質電視節目 | | 《唐朝小栗子》 | |

| 時間 | 獎項 | 獎別 | 內容 | 得獎人 |
|------|------|------|------|--------|
| 2010 | 第 2 季國人自製兒童暨青少年優質電視節目 | | 《小主播看天下》 | |
| 2010 | 第 2 季國人自製兒童暨青少年優質電視節目 | | 《愛的練習題》 | |
| 2010 | 第 2 季國人自製兒童暨青少年優質電視節目 | | 《情義月光》 | |
| 2010 | 第四屆國際扶輪2009-10 年度臺灣公益新聞金輪獎 | 電視媒體新聞採訪報導獎 | 《『漂浮的未來』環境教育、『學習泯哀愁』八八災後教育，和『綠島生死學』生命教育 三部曲系列》 | 林珮霖宋和祥 |
| 2010 | 第 3 季國人自製兒童暨青少年優質電視節目 | | 《小主播看天下》 | |
| 2010 | 第 4 季國人自製兒童暨青少年優質電視節目 | | 《地球的孩子》 | |
| 2010 | 第 5 季國人自製兒童暨青少年優質電視節目 | | 《呼叫妙博士》 | |
| 2010 | 第 6 季國人自製兒童暨青少年優質電視節目 | | 《唐朝小栗子》 | |
| 2010 | 第 7 季國人自製兒童暨青少年優質電視節目 | | 《幸福的青鳥》 | |
| 2010 | 第 8 季國人自製兒童暨青少年優質電視節目 | | 《幸福聯絡簿》 | |

| 時間 | 獎項 | 獎別 | 內容 | 得獎人 |
|------|------|------|------|--------|
| 2010 | 第 9 季國人自製兒童暨青少年優質電視節目 | | 《大愛全紀錄》 | |
| 2010 | 第 10 季國人自製兒童暨青少年優質電視節目 | | 《發現》 | |
| 2010 | 社會光明面新聞報導獎 | 電視新聞報導類 | 〈移動的故事城堡〉 | 黃宗南 呂信綺 |
| 2010 | 金鼎獎 | 特別貢獻獎 | 《經典雜誌》 | 王志宏 |
| 2010 | 金鼎獎 | 最佳人文藝術雜誌獎 | 《經典雜誌》 | |
| 2010 | 金鼎獎 | 最佳年度雜誌獎 | 《經典雜誌》 | |
| 2010 | 金鼎獎 | 非文學獎 圖書類 | 《川流臺灣》 | 陳世慧 田哲榮 安培淂 徐安隆 陳弘岱 |
| 2010 | 金鼎獎 | 雜誌類個人最佳主編獎 | | 王志宏 蔡文村 潘美玲 |
| 2010 | 金鼎獎 | 雜誌類個人獎 - 最佳專欄寫作獎 | 〈科學手記〉 | 江才健 |
| 2010 | 金鼎獎 | 雜誌類個人獎 - 最佳攝影獎 | 〈返家八千里：黑面琵鷺遷徙紀事〉 | 王徵吉 |

| 時間 | 獎項 | 獎別 | 內容 | 得獎人 |
|------|------|------|------|--------|
| 2010 | 勞工金像獎 | 身心障礙勞工關懷獎 特優 | 《草根菩提》〈『人生失手』台南陳素琴師姊的故事〉 | 何清達 鍾紋易 |
| 2010 | 勞工金像獎 | 一般勞工關懷類獎 佳作 | 《大愛新聞》〈愛上苦差事---下水道忍者龜〉 | 孫祖儀 謝啟泉 |
| 2010 | 金鐘獎 | 戲劇節目獎 | 《情義月光》 | |
| 2010 | 金鐘獎 | 戲劇節目男主角獎 | 《情義月光》 | 吳政迪 |
| 2010 | 金鐘獎 | 戲劇節目女配角獎 | 《芳草碧連天》 | 高慧君 |
| 2010 | 第 24 屆吳舜文新聞獎 | 專題新聞攝影獎 | 《大愛新聞》〈問天〉 | 劉子正 |
| 2010 | 亞洲電視獎 | 最佳動畫節目 | 《唐朝小栗子》 | |
| 2010 | 亞洲電視獎 | 戲劇節目女主角獎 | 《芳草碧連天》 | 楊貴媚 |
| 2010 | 亞洲電視獎 | 戲劇節目女主角獎 | 《逆子》 | 潘麗麗 |
| 2010 | 內政部優質新聞獎 | 電視類即時新聞獎 | 《大愛新聞》〈關懷家暴目睹兒〉 | 吳志怡 楊俊亭 |

| 時間 | 獎項 | 獎別 | 內容 | 得獎人 |
|------|------|------|------|--------|
| 2010 | 99 年度兒童暨青少年「優質節目五星獎」 | 生活資訊類 | 《呼叫妙博士》 | |
| 2010 | 99 年度兒童暨青少年「優質節目五星獎」 | 社會教育類 | 《小主播看天下》 | |
| 2010 | 兩岸新聞報導獎 | 廣播專題獎 | 〈雲彩之南 台商在昆明〉 | 陳怡君 |
| 2011 | 第一季國人自製兒童暨青少年優質電視節目 | | 《地球的孩子》 | |
| 2011 | 第一季國人自製兒童暨青少年優質電視節目 | | 《呼叫妙博士》 | |
| 2011 | 第一季國人自製兒童暨青少年優質電視節目 | | 《幸福聯絡簿》 | |
| 2011 | 第一季國人自製兒童暨青少年優質電視節目 | | 《唐朝小栗子》 | |
| 2011 | 第一季國人自製兒童暨青少年優質電視節目 | | 《小主播看天下》 | |
| 2011 | 第一季國人自製兒童暨青少年優質電視節目 | | 《發現》 | |
| 2011 | 第一季國人自製兒童暨青少年優質電視節目 | | 《悅讀‧浮世繪》 | |

| 時間 | 獎項 | 獎別 | 內容 | 得獎人 |
|------|------|------|------|--------|
| 2011 | 第一季國人自製兒童暨青少年優質電視節目 | | 《大愛劇場我愛美金》 | |
| 2011 | 第二季國人自製兒童暨青少年優質電視節目 | | 《地球的孩子》 | |
| 2011 | 第二季國人自製兒童暨青少年優質電視節目 | | 《呼叫妙博士》 | |
| 2011 | 第二季國人自製兒童暨青少年優質電視節目 | | 《幸福聯絡簿》 | |
| 2011 | 第二季國人自製兒童暨青少年優質電視節目 | | 《小主播看天下》 | |
| 2011 | 第二季國人自製兒童暨青少年優質電視節目 | | 《大愛劇場讓愛飛翔》 | |
| 2011 | 第二季國人自製兒童暨青少年優質電視節目 | | 《大愛劇場戀戀情深》 | |
| 2011 | 第二季國人自製兒童暨青少年優質電視節目 | | 《大愛劇場何處是我家》 | |
| 2011 | 第二季國人自製兒童暨青少年優質電視節目 | | 《悅讀 · 浮世繪》 | |
| 2011 | 第二季國人自製兒童暨青少年優質電視節目 | | 《臺灣森林的故事》 | |

| 時間 | 獎項 | 獎別 | 內容 | 得獎人 |
|---|---|---|---|---|
| 2011 | 第五屆國際扶輪2011 年度臺灣公益新聞金輪獎 | 電視一般題材 | 〈達伊歌〉 | 洪菁菁王陳保 |
| 2011 | 第三季國人自製兒童暨青少年優質電視節目 | | 《地球的孩子》 | |
| 2011 | 第三季國人自製兒童暨青少年優質電視節目 | | 《唐朝小栗子》 | |
| 2011 | 第三季國人自製兒童暨青少年優質電視節目 | | 《呼叫妙博士》 | |
| 2011 | 第三季國人自製兒童暨青少年優質電視節目 | | 《小主播看天下》 | |
| 2011 | 第三季國人自製兒童暨青少年優質電視節目 | | 《美味人生》 | |
| 2011 | 第三季國人自製兒童暨青少年優質電視節目 | | 《回家的路》 | |
| 2011 | 第三季國人自製兒童暨青少年優質電視節目 | | 《幸福聯絡簿》 | |
| 2011 | 第二屆全球華語廣播獎 | 【主題廣播獎】 | 《真心看世界 -- 不是異鄉人》 | 陳怡君 |
| 2011 | 第二屆全球華語廣播獎 | 【公益貢獻獎】提名獎 | 《真心看世界：一生無量 寰宇有情》 | 林美蘭、王秀芳、張嘉玲、陳怡君 |

| 時間 | 獎項 | 獎別 | 內容 | 得獎人 |
|------|------|------|------|--------|
| 2011 | 金鼎獎 | 最佳攝影 | 〈黃土高原大變遷〉 | 劉子正 |
| 2011 | 金鐘獎 | 迷你劇集／電視電影女主角獎 | 《大愛長情劇展——你的眼我的手》 | 李美秀 |
| 2011 | 第四季國人自製兒童暨青少年優質電視節目 | | 《地球的孩子》 | |
| 2011 | 第四季國人自製兒童暨青少年優質電視節目 | | 《唐朝小栗子》 | |
| 2011 | 第四季國人自製兒童暨青少年優質電視節目 | | 《呼叫妙博士》 | |
| 2011 | 第四季國人自製兒童暨青少年優質電視節目 | | 《長情劇場 - 祖孫情》 | |
| 2011 | 第四季國人自製兒童暨青少年優質電視節目 | | 《長情劇場 - 峰迴青春路》 | |
| 2011 | 第四季國人自製兒童暨青少年優質電視節目 | | 《長情劇場 - 爸爸加油》 | |
| 2011 | 第四季國人自製兒童暨青少年優質電視節目 | | 《大愛劇場 - 畫人生》 | |
| 2011 | 勞工金像獎 | | 〈高山上的保線員〉 | 呂信綺 徐永樹 |

| 時間 | 獎項 | 獎別 | 內容 | 得獎人 |
|---|---|---|---|---|
| 2011 | 勞工金像獎 | | 《ZOO IN》 | 王陳保<br>洪菁菁 |
| 2011 | 100 年度兒童暨<br>青少年優質節目 | | 《小主播看天下》 | |
| 2011 | 100 年度兒童暨<br>青少年優質節目 | | 《呼叫妙博士》 | |
| 2011 | 100 年度兒童暨<br>青少年優質節目 | | 《地球的孩子》 | |
| 2011 | 100 年度兒童暨<br>青少年優質節目 | | 《唐朝小栗子》 | |
| 2011 | 第廿五屆吳舜文<br>新聞獎 專題新聞<br>攝影獎 | | 〈回收場裡的寧靜革命〉 | 黃世澤 |
| 2011 | 卓越新聞獎 新聞<br>攝影獎 | | 〈巴基斯坦 世紀洪患後〉 | 蕭耀華 |
| 2011 | 亞洲電視獎 最佳<br>連續劇獎 | | 《大愛劇場——我愛美金》 | |
| 2011 | 亞洲電視獎 | 最佳戲劇節目女<br>主角獎 | 《大愛長情劇展——仙女不<br>下凡》 | 李淑楨 |
| 2012 | 第一季國人自製<br>兒童暨青少年優<br>質電視節目 | | 《地球的孩子》 | |

| 時間 | 獎項 | 獎別 | 內容 | 得獎人 |
|------|------|------|------|--------|
| 2012 | 第一季國人自製兒童暨青少年優質電視節目 | | 《幸福聯絡簿》 | |
| 2012 | 第一季國人自製兒童暨青少年優質電視節目 | | 《唐朝小栗子》 | |
| 2012 | 第一季國人自製兒童暨青少年優質電視節目 | | 《呼叫妙博士》 | |
| 2012 | 第一季國人自製兒童暨青少年優質電視節目 | | 《大愛劇場－生命花園》 | |
| 2012 | 第一季國人自製兒童暨青少年優質電視節目 | | 《大愛劇場－守著你的我》 | |
| 2012 | 第一季國人自製兒童暨青少年優質電視節目 | | 《大愛劇場－陪你看天星》 | |
| 2012 | 第一季國人自製兒童暨青少年優質電視節目 | | 《小主播看天下》 | |
| 2012 | 第六屆公益新聞金輪獎 平面媒體類 一般題材新聞採訪報導獎 | | 《經典雜誌——環境新五行系列作品：金木水火土篇》 | 潘美玲 林韋萱 黃子珊 居芮筠 |
| 2012 | 第六屆公益新聞金輪獎平面媒體 一般題材新聞採訪攝影獎 | | 〈一碗菜粥〉 | 蕭耀華 |
| 2012 | 第六屆公益新聞金輪獎電視類 一般題材新聞採訪報導獎 | | 《大愛新聞——老要陪著你》 | 吳志怡 楊俊亭 |

| 時間 | 獎項 | 獎別 | 內容 | 得獎人 |
|---|---|---|---|---|
| 2012 | 第二季國人自製兒童暨青少年優質電視節目 | | 《唐朝小栗子》 | |
| 2012 | 第二季國人自製兒童暨青少年優質電視節目 | | 《小主播看天下》 | |
| 2012 | 第二季國人自製兒童暨青少年優質電視節目 | | 《呼叫妙博士》 | |
| 2012 | 第二季國人自製兒童暨青少年優質電視節目 | | 《地球的孩子》 | |
| 2012 | 第二季國人自製兒童暨青少年優質電視節目 | | 《長情劇場——伴你同行》 | |
| 2012 | 第二季國人自製兒童暨青少年優質電視節目 | | 《長情劇場——迎向驕陽》 | |
| 2012 | 金鐘獎 迷你劇集電視電影女配角獎 | | 《大愛長情劇展——爸爸加油》 | 賴曉誼 |
| 2012 | 金鐘獎 特別獎 | | | 張美瑤 |
| 2012 | 勞工金像獎 | | 《大愛新聞 傾聽——職場告白》 | 孫祖儀 謝啟泉 |
| 2012 | 勞工金像獎 | | 《大愛新聞 青菜不ㄑㄧㄥˋ菜》 | 周玲秀 許俊傑 |

| 時間 | 獎項 | 獎別 | 內容 | 得獎人 |
|------|------|------|------|--------|
| 2012 | 勞工金像獎 | | 《小人物大英雄——國3英雄讚》 | 王陳保 洪菁菁 |
| 2012 | 勞工金像獎 | | 《小人物大英雄——消失中的看柵工》 | 徐永樹 呂信錡 |
| 2012 | 兩岸新聞報導獎 | 平面新聞攝影獎 | 〈遷徙承襲－香港華人文化的流放更生〉 | 黃世澤 |
| 2012 | 消費者權益報導獎 | 電視媒體類專題報導獎 | 〈食品真面目〉 | 余國維 周玲秀 |
| 2012 | 第廿六屆吳舜文新聞獎 | 專題新聞攝影 | 〈難行仍行〉 | 安培淂 |
| 2012 | 下半季國人自製兒童暨青少年優質電視節目 | | 《地球的孩子》 | |
| 2012 | 下半季國人自製兒童暨青少年優質電視節目 | | 《飛天仙子故事屋》 | |
| 2012 | 下半季國人自製兒童暨青少年優質電視節目 | | 《唐朝小栗子》 | |
| 2012 | 下半季國人自製兒童暨青少年優質電視節目 | | 《呼叫妙博士》 | |
| 2012 | 下半季國人自製兒童暨青少年優質電視節目 | | 《大愛劇場——家好月圓》 | |

| 時間 | 獎項 | 獎別 | 內容 | 得獎人 |
|------|------|------|------|--------|
| 2012 | 下半季國人自製兒童暨青少年優質電視節目 | | 《大愛劇場——聽見愛》 | |
| 2012 | 下半季國人自製兒童暨青少年優質電視節目 | | 《小主播看天下》 | |
| 2012 | 下半季國人自製兒童暨青少年優質電視節目 | | 《長情劇展——愛在旭日升起時》 | |
| 2012 | 下半季國人自製兒童暨青少年優質電視節目 | | 《長情劇展——尋找幸福的種子》 | |
| 2012 | 下半季國人自製兒童暨青少年優質電視節目 | | 《長情劇展——微笑星光》 | |
| 2012 | 下半季國人自製兒童暨青少年優質電視節目 | | 《長情劇展——正義的化身》 | |
| 2012 | 下半季國人自製兒童暨青少年優質電視節目 | | 《年輕人讚起來》 | |
| 2012 | 下半季國人自製兒童暨青少年優質電視節目 | | 《當我們童在一起》 | |
| 2012 | 國人自製兒童暨青少年優質節目五星獎 | | 《飛天仙子故事屋》 | |
| 2013 | 金鼎獎 最佳人文藝術雜誌獎 | | 《經典雜誌》 | |

| 時間 | 獎項 | 獎別 | 內容 | 得獎人 |
|------|------|------|------|--------|
| 2013 | 金鼎獎 | 最佳專題報導獎 | 《經典雜誌》〈唐風綢繆〉 | 潘美玲<br>黃子珊 |
| 2013 | 第七屆國際扶輪2013年度臺灣公益新聞金輪獎 | 電視特定題材類公益新聞金輪獎 | 〈牽你一輩子〉 | 熊其娟<br>蕭于傑 |
| 2013 | 102年度上半年適齡兒童電視節目標章 | | 《唐朝小栗子》 | |
| 2013 | 102年度上半年適齡兒童電視節目標章 | | 《地球的孩子》 | |
| 2013 | 102年度上半年適齡兒童電視節目標章 | | 《呼叫妙博士》 | |
| 2013 | 102年度上半年適齡兒童電視節目標章 | | 《小主播看天下》 | |
| 2013 | 102年度上半年適齡兒童電視節目標章 | | 《當我們童在一起》 | |
| 2013 | 102年度上半年適齡兒童電視節目標章 | | 《飛天仙子故事屋》 | |
| 2013 | 上半年國人自製兒童暨青少年優質電視節目 | | 《年輕人讚起來》 | |
| 2013 | 上半年國人自製兒童暨青少年優質電視節目 | | 《地球的孩子》 | |

| 時間 | 獎項 | 獎別 | 內容 | 得獎人 |
|---|---|---|---|---|
| 2013 | 上半年國人自製兒童暨青少年優質電視節目 | | 《長情劇展》〈人醫群俠傳--築夢的人〉 | |
| 2013 | 上半年國人自製兒童暨青少年優質電視節目 | | 《大愛劇場》〈愛在陽光下〉 | |
| 2013 | 上半年國人自製兒童暨青少年優質電視節目 | | 《長情劇展》〈人醫群俠傳--菊島醫師情〉 | |
| 2013 | 上半年國人自製兒童暨青少年優質電視節目 | | 《當我們童在一起》 | |
| 2013 | 上半年國人自製兒童暨青少年優質電視節目 | | 《小主播看天下》 | |
| 2013 | 上半年國人自製兒童暨青少年優質電視節目 | | 《呼叫妙博士》 | |
| 2013 | 上半年國人自製兒童暨青少年優質電視節目 | | 《飛天仙子故事屋》 | |
| 2013 | 上半年國人自製兒童暨青少年優質電視節目 | | 《小人物大英雄》 | |
| 2013 | 第三屆全球華語廣播獎公益貢獻獎 | | 〈髓緣之愛——骨髓 20 周年特別報導〉 | 林美蘭 陳怡君 |
| 2013 | 全國優良教育影片獎社會組 | | 〈教育改觀〉 | 周玲秀 余國維 |

| 時間 | 獎項 | 獎別 | 內容 | 得獎人 |
|---|---|---|---|---|
| 2013 | 全國優良教育影片獎社會組 | | 〈愛的朗讀〉 | 熊其娟 蕭于傑 |
| 2013 | 廣播金鐘獎 | 企劃編撰獎 | 〈音樂共和國——大愛廣播劇場〉 | 王秀芳 |
| 2013 | 金鐘獎 | 攝影獎 | 《發現》 | 李學主 |
| 2013 | 曾虛白新聞獎暨台達能源獎 | 特別獎 | 〈文明密碼〉 | 居芮筠 張子午 陳世慧 |
| 2013 | 兩岸新聞報導獎 | 廣播專題報導獎 | 〈伴震而行 川愛不息－從汶川到雅安〉 | 張嘉玲 |
| 2013 | 兩岸新聞報導獎 | 平面新聞攝影獎 | 〈尋找最後的媽姐〉 | 黃世澤 |
| 2013 | 勞工金像獎 | 一般勞工關懷獎 | 〈風機保母〉 | 宋和祥 尤美心 |
| 2013 | 勞工金像獎 | 一般勞工關懷獎 | 〈魔鬼引水人〉 | 張晃維 何宸葳 |
| 2013 | 勞工金像獎 | 國際移工關懷獎 | 〈我愛歐兜邁〉 | 林靜憶 陳昭宏 林志勇 |
| 2013 | 勞工金像獎 | 國際移工關懷獎 | 〈南洋魔法 MAMA- 吳觀妹的故事〉 | 陳潔瑤 林志勇 劉志文 楊欽名 葉嘉雯 林貞吟 |

| 時間 | 獎項 | 獎別 | 內容 | 得獎人 |
|------|------|------|------|--------|
| 2013 | 勞工金像獎 | 國際移工關懷獎 | 〈舞夢〉 | 楊孟嘉 劉志文 |
| 2013 | 勞工金像獎 | 沒落產業文化關懷獎 | 〈越南花旦安妮〉 | 梁祥龍 賴麗君 |
| 2013 | 勞工金像獎 | 一般勞工關懷獎 | 〈台北心樂園〉 | 張晃維 何宸葳 |
| 2013 | 勞工金像獎 | 身心障礙勞工關懷獎 | 〈舊衣運轉手〉 | 余國維 周玲秀 |
| 2013 | 勞工金像獎 | 國際移工關懷獎 | 〈自從相思河畔見到妳〉 | 王陳保 洪菁菁 |
| 2013 | 2013 社會公器獎暨第十二屆卓越新聞獎 | 平面類 - 國際新聞報導獎 | 《/ 經典雜誌》〈紛分和合〉 | 張子午 黃子珊 |
| 2013 | 消費者權益報導獎 | 電視新聞類專題報導獎 | 〈新衣的祕密〉 | 熊其娟 林家慧 |
| 2013 | 消費者權益報導獎 | 雜誌類專題報導獎 | 〈臺灣綠食堂〉 | 潘美玲 蔡佳珊 |
| 2013 | 亞洲電視獎 | 最佳男主角獎 | 《長情劇展》〈愛在旭日升起時〉 | 吳慷仁 |
| 2013 | 亞洲電視獎 | 最佳原創劇本獎 | 《長情劇展》〈愛在旭日升起時〉 | 周美玲 |

| 時間 | 獎項 | 獎別 | 內容 | 得獎人 |
|---|---|---|---|---|
| 2013 | 亞洲電視獎 | 最佳原創劇本獎 | 《長情劇展》〈微笑星光〉 | 張秀玲 |
| 2013 | 第廿六屆吳舜文新聞獎 | 專題新聞攝影獎 | 〈敘利亞難民路〉 | 蕭耀華 |
| 2013 | 102 年優質新聞獎及忠實報導獎 | 電視即時新聞類 | 〈家暴轉善念〉 | 吳志怡 王介士 鄭瑞萍 |
| 2013 | 102 年優質新聞獎及忠實報導獎 | 評審團獎 | 〈守護孩子〉 | 吳志怡 王以謙 林立一 |
| 2013 | 102 年度下半年適齡兒童電視節目標章 | | 《快樂小蘑菇》 | |
| 2013 | 102 年度下半年適齡兒童電視節目標章 | | 《飛天仙子故事屋》 | |
| 2013 | 102 年度下半年適齡兒童電視節目標章 | | 《呼叫妙博士》 | |
| 2013 | 102 年度下半年適齡兒童電視節目標章 | | 《生活裡的科學》 | |
| 2013 | 102 年度下半年適齡兒童電視節目標章 | | 《地球的孩子》 | |
| 2013 | 102 年度下半年適齡兒童電視節目標章 | | 《當我們童在一起》 | |

| 時間 | 獎項 | 獎別 | 內容 | 得獎人 |
|------|------|------|------|--------|
| 2013 | 102 年度下半年適齡兒童電視節目標章 | | 《小主播看天下》 | |
| 2013 | 102 年度下半年適齡兒童電視節目標章 | | 《唐朝小栗子》 | |
| 2013 | 下半年國人自製兒童暨青少年優質電視節目 | | 《唐朝小栗子》 | |
| 2013 | 下半年國人自製兒童暨青少年優質電視節目 | | 《生活裡的科學》 | |
| 2013 | 下半年國人自製兒童暨青少年優質電視節目 | | 《地球的孩子》 | |
| 2013 | 下半年國人自製兒童暨青少年優質電視節目 | | 《當我們童在一起》 | |
| 2013 | 下半年國人自製兒童暨青少年優質電視節目 | | 《飛天仙子故事屋》 | |
| 2013 | 下半年國人自製兒童暨青少年優質電視節目 | | 《呼叫妙博士》 | |
| 2013 | 下半年國人自製兒童暨青少年優質電視節目 | | 《心開運轉》 | |
| 2013 | 下半年國人自製兒童暨青少年優質電視節目 | | 《年輕人讚起來》 | |

| 時間 | 獎項 | 獎別 | 內容 | 得獎人 |
|---|---|---|---|---|
| 2013 | 下半年國人自製兒童暨青少年優質電視節目 | | 《小主播看天下》 | |
| 2013 | 下半年國人自製兒童暨青少年優質電視節目 | | 《快樂小蘑菇》 | |
| 2013 | 下半年國人自製兒童暨青少年優質電視節目 | | 《心願》 | |
| 2013 | 國人自製兒童暨青少年優質節目五星獎 | | 《年輕人讚起來》 | |
| 2013 | 第八屆深圳公益廣告大賽 | 【特別參與獎】 | | 慈濟大愛電視台 |
| 2014 | 八屆扶輪公益新聞金輪獎 | 平面報導獎 | 〈咱ㄟ社區〉 | 陳世慧 居芮筠 張子午 |
| 2014 | 新住民幸福家庭生活短片競賽 | 首獎 | 《在臺灣站起》〈布袋戲愛相隨〉 | 梁祥龍 賴麗君 |
| 2014 | 新住民幸福家庭生活短片競賽 | 貳獎 | 《在臺灣站起》〈就是愛Juicy Life〉 | 林靜憶 |
| 2014 | 第六屆海峽論壇·海峽影視季 | 最受大陸觀眾歡迎的臺灣電視劇獎 | 《大愛劇場》〈芳草碧連天〉 | 戲劇一部 |
| 2014 | 103 年度上半年適齡兒童電視節目評選 | 《呼叫妙博士》 | | |

| 時間 | 獎項 | 獎別 | 內容 | 得獎人 |
|---|---|---|---|---|
| 2014 | 103 年度上半年適齡兒童電視節目評選 | 《證嚴法師說故事》 | | |
| 2014 | 103 年度上半年適齡兒童電視節目評選 | 《生活裡的科學》 | | |
| 2014 | 103 年度上半年適齡兒童電視節目評選 | 《地球的孩子》 | | |
| 2014 | 103 年度上半年適齡兒童電視節目評選 | 《小主播看天下》 | | |
| 2014 | 103 年度上半年適齡兒童電視節目評選 | 《當我們童在一起》 | | |
| 2014 | 103 年度上半年適齡兒童電視節目評選 | 《唐朝小栗子》 | | |
| 2014 | 兩岸四地廣播電視欄目創新峰會暨 2013-2014 年度兩岸四地創新廣播電視欄目表彰觀摩活動 | 2013-2014 年度兩岸四地創新廣播電視頻道十強 | | 大愛電視台 |
| 2014 | 兩岸四地廣播電視欄目創新峰會暨 2013-2015 年度兩岸四地創新廣播電視欄目表彰觀摩活動 | 2013-2014 年度兩岸四地最具創新力生活服務類及社教類電視 | 《呼叫妙博士》 | |
| 2014 | 兩岸四地廣播電視欄目創新峰會暨 2013-2016 年度兩岸四地創新廣播電視欄目表彰觀摩活動 | 2013-2014 年度兩岸四地最具創新力生活服務類及社教類電視 | 《唐朝小栗子》 | |
| 2014 | 2014 年日本賞 | 青少年類項目 | 《地球的孩子》〈我和我的不完美〉 | 林慧芬 |

| 時間 | 獎項 | 獎別 | 內容 | 得獎人 |
|------|------|------|------|--------|
| 2014 | 金鐘獎 | 兒童少年節目獎 | 《生活裡的科學》 | |
| 2014 | 金鐘獎 | 兒童少年主持人獎 | 《生活裡的科學》 | 王伯源 / 陳瑋薇 |
| 2014 | 金鐘獎 | 教育節目主持人獎 | 《大愛醫生館》 | 簡守信 |
| 2014 | 金鐘獎 | 綜合節目獎 | 《農夫與他的田》 | |
| 2014 | 消費者權益報導獎 | 電視新聞類專題報導獎 | 〈食在好味道〉 | 熊其娟 柯信志 |
| 2014 | 消費者權益報導獎 | 電視新聞類專題報導獎 | 〈餿油食難安〉 | 吳志怡 林國新 吳帛勳 陳彥珊 許俊傑 王以謙 柯信志 蔡佩吟 林立一 |
| 2014 | 消費者權益報導獎 | 雜誌類專題報導獎 | 〈臺灣綠食堂〉 | 潘美玲 蔡佳珊 |
| 2014 | 2014 社會公器獎暨第十三屆卓越新聞獎 | 新聞攝影獎（系列） | 〈兩岸流動〉 | 劉子正 |
| 2014 | 2014 社會公器獎暨第十三屆卓越新聞獎 | 電視類：調查報導獎 | 〈汙染的真相〉 | 張澤人 楊俊亭 |
| 2014 | 下半年國人自製兒童暨青少年優質電視節目 | | 《唐朝小栗子》 | |

| 時間 | 獎項 | 獎別 | 內容 | 得獎人 |
|---|---|---|---|---|
| 2014 | 下半年國人自製兒童暨青少年優質電視節目 | | 《小主播看天下》 | |
| 2014 | 下半年國人自製兒童暨青少年優質電視節目 | | 《沒有黑板的社會課》 | |
| 2014 | 下半年國人自製兒童暨青少年優質電視節目 | | 《地球的孩子》 | |
| 2014 | 下半年國人自製兒童暨青少年優質電視節目 | | 《年輕人讚起來》 | |
| 2014 | 103 年度下半年適齡兒童電視節目標章 | | 《飛天妙妙屋》 | |
| 2014 | 103 年度下半年適齡兒童電視節目標章 | | 《生活裡的科學》 | |
| 2014 | 103 年度下半年適齡兒童電視節目標章 | | 《地球的孩子》 | |
| 2014 | 103 年度下半年適齡兒童電視節目標章 | | 《當我們童再一起》 | |
| 2014 | 103 年度下半年適齡兒童電視節目標章 | | 《小主播看天下》 | |
| 2014 | 103 年度下半年適齡兒童電視節目標章 | | 《唐朝小栗子》 | |

| 時間 | 獎項 | 獎別 | 內容 | 得獎人 |
|---|---|---|---|---|
| 2014 | 103 年度下半年適齡兒童電視節目標章 | | 《呼叫妙博士》 | |
| 2014 | 103 年度國人自製兒童暨青少年優質節目」五星獎 | | 《唐朝小栗子》 | |
| 2014 | 103 年度國人自製兒童暨青少年優質節目」五星獎 | | 《年輕人讚起來》 | |
| 2014 | 103 年度國人自製兒童暨青少年優質節目」五星獎 | | 《小主播看天下》 | |
| 2014 | 103 年度國人自製兒童暨青少年優質節目」五星獎 | | 《沒有黑板的社會課》 | |
| 2014 | 103 年度國人自製兒童暨青少年優質節目」五星獎 | | 《地球的孩子》 | |
| 2015 | 紅棉獎 | 最佳組織獎 | | |
| 2015 | 紅棉獎 | 人文關懷類 | 〈臺北城 巷弄溫情〉 | |
| 2015 | 紅棉獎 | 公益節目類 | 《證嚴法師說故事》〈牧童哭牛〉__ | |
| 2015 | 紅棉獎 | 紀實類 | 〈六輪同學會〉 | 張煥宇 |

| 時間 | 獎項 | 獎別 | 內容 | 得獎人 |
|------|------|------|------|--------|
| 2015 | 紅棉獎 | | 〈大山的呼喚〉 | 鄧及敦 龍曉惠 |
| 2015 | 第四屆台海新聞攝影大賽 | 金浪獎 | 〈兩岸流動〉 | 劉子正 |
| 2015 | 第四屆全球華語廣播獎 | 公益貢獻獎 | 〈情牽甘肅，幸福水窖〉 | 張嘉玲 |
| 2015 | 第四屆全球華語廣播獎 | 主題廣播獎提名獎 | 〈黑色大陸的愛心奇蹟〉 | 林美蘭 |
| 2015 | 【適齡兒童電視節目標章評選】104 年度上半年 | | 《飛天妙妙屋》 | |
| 2015 | 【適齡兒童電視節目標章評選】105 年度上半年 | | 《呼叫妙博士》 | |
| 2015 | 【適齡兒童電視節目標章評選】106 年度上半年 | | 《地球的孩子》 | |
| 2015 | 【適齡兒童電視節目標章評選】107 年度上半年 | | 《小主播看天下》 | |
| 2015 | 【適齡兒童電視節目標章評選】108 年度上半年 | | 《唐朝小栗子》 | |
| 2015 | 【適齡兒童電視節目標章評選】109 年度上半年 | | 《生活裡的科學》 | |

| 時間 | 獎項 | 獎別 | 內容 | 得獎人 |
|------|------|------|------|--------|
| 2015 | 【適齡兒童電視節目標章評選】110 年度上半年 | | 《當我們童在一起》 | |
| 2015 | 2015 文創產業新聞報導獎 | 電視新聞報導類 | 〈文創變調？〉 | 吳志怡 王以謙 林立一 范毓雯 柯信志 陳彥珊 李俊葳 |
| 2015 | 2015 首爾國際戲劇獎 | 評審團特別獎 | 《》〈頂坡角上的家〉 | |
| 2015 | 2015( 第三屆 )兩岸四地廣播電視新媒體欄創新峰會 | 最具創新力欄目獎 | 《年輕年讚起來》 | |
| 2015 | 2015( 第三屆 )兩岸四地廣播電視新媒體欄創新峰會 | 最具創新力欄目獎 | 《呼叫妙博士》 | |
| 2015 | 臺灣優質醫療報導獎 | 「專業新聞組」 | 《小人物大英雄》〈陪伴到終點〉 | 楊雅穎 陳宇範 鄭琬蓉 |
| 2015 | 兩岸新聞報導獎 | 電視新聞報導獎 | 《大愛新聞》〈漁工移跡〉 | 吳志怡 陳彥珊 李俊葳 林國新 吳帛勳 |
| 2015 | 兩岸新聞報導獎 | 雜誌報導獎 | 《經典雜誌》〈中國線上〉 | 趙中麒 黃書緯 |
| 2015 | 兩岸新聞報導獎 | 平面新聞攝影獎 | 《經典雜誌》〈兩岸文明分野 - 對兩岸社會的觀察〉 | 劉子正 黃世澤 |
| 2015 | 勞動金像獎 | | 《小人物大英雄》〈地下任務〉 | 張晃維 洪菁菁 |

| 時間 | 獎項 | 獎別 | 內容 | 得獎人 |
|---|---|---|---|---|
| 2015 | 勞動金像獎 | | 《在臺灣站起》〈Modern Hero〉 | 葉嘉雯 陳惠美 |
| 2015 | 勞動金像獎 | | 《大愛探索週報》〈正義 - 未完待續〉 | 李俊葳 陳彥珊 |
| 2015 | 勞動金像獎 | 最新奇獎 | 《大愛探索週報》〈烙印勇氣的臉〉 | 李俊葳 陳彥珊 |
| 2015 | 消費者權益報導獎 | 電視新聞類專題報導獎 | 《發現》〈『食器』、『秀色可餐 - 食物中的色素』〉 | 李學主 蕭維龍 谷訓其 林雅慧 |
| 2015 | 104 年度下半年適齡兒童電視節目標章 | | 《當我們童在一起》 | |
| 2015 | 104 年度下半年適齡兒童電視節目標章 | | 《地球的孩子》 | |
| 2015 | 104 年度下半年適齡兒童電視節目標章 | | 《小主播看天下》 | |
| 2015 | 104 年度下半年適齡兒童電視節目標章 | | 《呼叫妙博士》 | |
| 2015 | 104 年度下半年適齡兒童電視節目標章 | | 《飛天妙妙屋》 | |
| 2015 | 下半年國人自製兒童暨青少年優質電視節目 | | 《小主播看天下》 | |

| 時間 | 獎項 | 獎別 | 內容 | 得獎人 |
|------|------|------|------|--------|
| 2015 | 下半年國人自製兒童暨青少年優質電視節目 | | 《生活裡的科學》 | |
| 2015 | 下半年國人自製兒童暨青少年優質電視節目 | | 《地球的孩子》 | |
| 2015 | 下半年國人自製兒童暨青少年優質電視節目 | | 《年輕人讚起來》 | |
| 2015 | 下半年國人自製兒童暨青少年優質電視節目 | | 《金門大國銘》 | |
| 2015 | 下半年國人自製兒童暨青少年優質電視節目 | | 《永不放棄》 | |
| 2015 | 下半年國人自製兒童暨青少年優質電視節目 | | 《長情劇展》〈春子〉 | |
| 2015 | 下半年國人自製兒童暨青少年優質電視節目 | | 《呼叫妙博士》 | |
| 2016 | 第十屆國際扶輪2016年度臺灣公益新聞金輪獎 | 優等獎 | 〈融冰之家〉 | 孫沛芬 陳民紋 |
| 2016 | 第40屆金鼎獎 | 最佳攝影獎 | 〈真食餐桌〉 | 劉子正 黃世澤 |
| 2016 | 上半年「適齡兒童電視節目」 | | 《呼叫妙博士》 | |

| 時間 | 獎項 | 獎別 | 內容 | 得獎人 |
|---|---|---|---|---|
| 2016 | 上半年「適齡兒童電視節目」 | | 《地球的孩子》 | |
| 2016 | 上半年「適齡兒童電視節目」 | | 《小主播看天下》 | |
| 2016 | 上半年「適齡兒童電視節目」 | | 《唐朝小栗子》 | |
| 2016 | 上半年「適齡兒童電視節目」 | | 《當我們童在一起》 | |
| 2016 | 2016 文創產業新聞報導獎 | 電視新聞報導類 | 〈紅磚屋啟示錄〉 | 吳志怡 王以謙 林立一 |
| 2016 | 105 年「社會光明面報導獎」 | 電視新聞報導獎 | 〈愛在翻轉〉 | 李雅萍 楊俊亭 |
| 2016 | 金鐘獎 | 教育文化節目獎 | 《青春愛讀書》 | |
| 2016 | 金鐘獎 | 終身貢獻獎 | | 龐宜安 |
| 2016 | 廣播金鐘獎 | 廣播劇獎 | 〈鑼聲若響 -- 男丁週記〉 | |
| 2016 | 2016 社會公器獎暨第十五屆卓越新聞獎 | 國際新聞報導獎 | 〈敘利亞來的訪客〉 | 趙德瑤 賴展文 黃棋爐 |

| 時間 | 獎項 | 獎別 | 內容 | 得獎人 |
|------|------|------|------|--------|
| 2016 | 2016 社會公器獎暨第十五屆卓越新聞獎 | 電視類調查報導獎 | 〈混凝土大問題〉 | 張澤人 楊俊亭 |
| 2016 | 消費者權益報導獎 | 電子媒體專題報導獎 | 〈混凝土大問題〉 | 張澤人 楊俊亭 |
| 2016 | 2016 傳播管理獎 | 團體獎 | | |
| 2016 | 勞動金像獎 | 第三名 | 《穿梭在病房間的愛》〈三軍總醫院八仙塵爆──彩虹紋章〉 | 黃秀華 楊秉海 |
| 2016 | 亞洲電視獎 | 最佳男主角獎 | 《崇良家之味》 | 龍劭華 |
| 2016 | 105 年度下半年適齡兒童電視節目標章 | | 《人文講堂》 | |
| 2016 | 105 年度下半年適齡兒童電視節目標章 | | 《唐朝小栗子》 | |
| 2016 | 105 年度下半年適齡兒童電視節目標章 | | 《青春愛閱讀》 | |
| 2016 | 105 年度下半年適齡兒童電視節目標章 | | 《小主播看天下》 | |
| 2016 | 105 年度下半年適齡兒童電視節目標章 | | 《呼叫妙博士》 | |

| 時間 | 獎項 | 獎別 | 內容 | 得獎人 |
|------|------|------|------|--------|
| 2016 | 105 年度下半年適齡兒童電視節目標章 | | 《當我們童在一起》 | |
| 2016 | 兩岸新聞報導獎暨兩岸華人金媒獎 | 金媒公益獎 | 〈減塑行動拯救海洋〉網路與實體行動 | 大愛電視 |
| 2016 | 吳舜文新聞獎 | 新聞攝影獎 | 〈中東難民跨界苦旅〉 | 蕭耀華 |
| 2016 | 105 年度國人自製兒童暨青少年優質節目」五星獎 | 社會教育類 | 《小主播看天下》 | |
| 2016 | 105 年度國人自製兒童暨青少年優質節目」五星獎 | 社會教育類 | 《生活裡的科學》 | |
| 2016 | 105 年度國人自製兒童暨青少年優質節目」五星獎 | 社會教育類 | 《青春愛讀書》 | |
| 2016 | 105 年度國人自製兒童暨青少年優質節目」五星獎 | 紀實類 | 《地球的孩子》 | |
| 2016 | 105 年度國人自製兒童暨青少年優質節目」五星獎 | 紀實類 | 《年輕人讚起來》 | |
| 2016 | 105 年度國人自製兒童暨青少年優質節目」五星獎 | 社會教育類 | 《呼叫妙博士》 | |
| 2016 | 105 年度國人自製兒童暨青少年優質節目」五星獎 | | 《當我們童在一起》 | |

| 時間 | 獎項 | 獎別 | 內容 | 得獎人 |
|---|---|---|---|---|
| 2016 | 105 年度國人自製兒童暨青少年優質節目」五星獎 | | 《大愛探索週報》 | |
| 2016 | 105 年度國人自製兒童暨青少年優質節目」五星獎 | | 《大愛劇場》〈我家的方程式〉 | |
| 2016 | 105 年度國人自製兒童暨青少年優質節目」五星獎 | | 《大愛劇場》〈人生逆轉勝〉 | |
| 2016 | 105 年度國人自製兒童暨青少年優質節目」五星獎 | | 《國民漢字須知》 | |
| 2016 | 105 年度國人自製兒童暨青少年優質節目」五星獎 | | 《歡喜相逢》 | |
| 2016 | 105 年度國人自製兒童暨青少年優質節目」五星獎 | | 《鑼聲若響》 | |
| 2016 | 105 年度國人自製兒童暨青少年優質節目」五星獎 | | 《唐朝小栗子》 | |
| 2016 | 105 年度國人自製兒童暨青少年優質節目」五星獎 | | 《大愛劇場》〈我和我母親〉 | |
| 2016 | 105 年度國人自製兒童暨青少年優質節目」五星獎 | | 《大愛劇場》〈阿燕〉 | |
| 2017 | 第十一屆國際扶輪 2016 年度臺灣公益新聞金輪獎 | 優等獎 | 《小人物大英雄》〈白袍醫者的捎艙之旅〉 | |

| 時間 | 獎項 | 獎別 | 內容 | 得獎人 |
|------|------|------|------|--------|
| 2017 | 「106 年度上半年適齡兒童電視節目評選」7-12 歲 | | 《小主播看天下》 | |
| 2017 | 「106 年度上半年適齡兒童電視節目評選」7-12 歲 | | 《地球保衛戰》 | |
| 2017 | 「106 年度上半年適齡兒童電視節目評選」7-12 歲 | | 《呼叫妙博士》 | |
| 2017 | 「106 年度上半年適齡兒童電視節目評選」7-12 歲 | | 《當我們童在一起》 | |
| 2017 | 「106 年度上半年適齡兒童電視節目評選」7-12 歲 | | 《生活裡的科學》 | |
| 2017 | 「106 年度上半年適齡兒童電視節目評選」7-12 歲 | | 《國民漢字須知》 | |
| 2017 | 「第 52 屆電視金鐘？ | 兒童少年節目獎 | 《地球的孩子》 | |
| 2017 | 「首爾戲劇獎」 | 評審團特別獎 | 《望月》 | |
| 2017 | 「106 年社會光明面報導獎」 | 平面新聞攝影獎 | 〈食農教育 深溝國小學生下田收割〉 | 劉子正 |
| 2017 | 「106 年社會光明面報導獎」 | 廣播新聞報導獎？ | 〈那一夜之後 - 喪親之痛 ‧ 轉悲化愛〉 | 彭欣怡 陳雅菱 |

| 時間 | 獎項 | 獎別 | 內容 | 得獎人 |
|---|---|---|---|---|
| 2017 | 「臺灣優質醫療報導獎」 | 廣電類佳作獎 | 〈白袍發明家〉 | 王以謙 陳彥珊 于曉茹 李俊葳 吳帛勳 林文森 張略家 |
| 2017 | 「2017 第 39 屆金穗獎影展」 | 一般組最佳紀錄片獎 | 〈餘生〉 | |
| 2017 | 「106 年度年國人自製兒童暨青少年優質節目」五星獎 | | 《童在一起》 | |
| 2017 | 「106 年度年國人自製兒童暨青少年優質節目」五星獎 | | 《生活裡的科學》 | |
| 2017 | 「106 年度年國人自製兒童暨青少年優質節目」五星獎 | | 《青春愛讀書》 | |
| 2017 | 「106 年度年國人自製兒童暨青少年優質節目」五星獎 | | 《呼叫妙博士》 | |
| 2017 | 「106 年度年國人自製兒童暨青少年優質節目」五星獎 | | 《小主播看天下》 | |
| 2017 | 「106 年度年國人自製兒童暨青少年優質節目」五星獎 | | 《奔跑吧！阿飛》 | |
| 2017 | 「106 年度年國人自製兒童暨青少年優質節目」五星獎 | | 《稻香家味》 | |
| 2017 | 「106 年度年國人自製兒童暨青少年優質節目」五星獎 | | 《愛上ㄆㄤˋ 滋味》 | |

| 時間 | 獎項 | 獎別 | 內容 | 得獎人 |
|------|------|------|------|--------|
| 2017 | 「106 年度年國人自製兒童暨青少年優質節目」五星獎 | | 《唐朝小栗子》 | |
| 2017 | 「106 年度年國人自製兒童暨青少年優質節目」五星獎 | | 《在臺灣站起》 | |
| 2017 | 「106 年度年國人自製兒童暨青少年優質節目」五星獎 | | 《國民漢字須知》 | |
| 2017 | 「106 年度年國人自製兒童暨青少年優質節目」五星獎 | | 《人文講堂》 | |
| 2017 | 「106 年度年國人自製兒童暨青少年優質節目」五星獎 | | 《地球保衛戰》 | |
| 2017 | 「106 年度年國人自製兒童暨青少年優質節目」五星獎 | | 《我綿一家人》 | |
| 2017 | 「106 年度年國人自製兒童暨青少年優質節目」五星獎 | | 《車站人生》 | |
| 2017 | 「106 年度下半年適齡兒童電視節目評選」7-12 歲 | | 《唐朝小栗子》 | |
| 2017 | 「106 年度下半年適齡兒童電視節目評選」7-12 歲 | | 《呼叫妙博士》 | |
| 2017 | 「106 年度下半年適齡兒童電視節目評選」7-12 歲 | | 《童在一起》 | |

| 時間 | 獎項 | 獎別 | 內容 | 得獎人 |
|------|------|------|------|--------|
| 2017 | 「106 年度下半年適齡兒童電視節目評選」7-12 歲 | | 《生活裡的科學》 | |
| 2017 | 「106 年度下半年適齡兒童電視節目評選」7-12 歲 | | 《小主播看天下》 | |
| 2017 | 「106 年度下半年適齡兒童電視節目評選」7-12 歲 | | 《地球保衛戰》 | |
| 2017 | 「106 年度下半年適齡兒童電視節目評選」10-12 歲 | | 《國民漢字須知》 | |
| 2017 | 「106 年度下半年適齡兒童電視節目評選」10-12 歲 | | 《曾經　我們一起 12 歲》 | |
| 2018 | 文化部「第 40 次中小學生優良課外讀物評選推介活動」 | 71 本精選之星必讀推薦 | 《考古臺灣》 | |
| 2018 | 「107 年度上半年適齡兒童電視節目評選」7-12 歲 | | 《小主播看天下 WOW!》 | |
| 2018 | 「107 年度上半年適齡兒童電視節目評選」7-12 歲 | | 《生活裡的科學》 | |
| 2018 | 「107 年度上半年適齡兒童電視節目評選」7-12 歲 | | 《唐朝小栗子》 | |
| 2018 | 「107 年度上半年適齡兒童電視節目評選」13 歲以上 | | 《國民漢字須知》 | |

| 時間 | 獎項 | 獎別 | 內容 | 得獎人 |
|------|------|------|------|--------|
| 2018 | 「107 年社會光明面報導獎」 | 電視新聞報導類 | 《小人物大英雄》〈百里送藥情〉 | 楊惠雯 張喬鈞 |
| 2018 | 17th 卓越新聞獎 | | 《大愛新聞》〈衣之旅──華衣的秘密、衣黑大地、穿著智慧走〉 | 陳竹琪 張澤人 楊俊亭 |
| 2018 | 「107 年度下半年適齡兒童電視節目評選」7-12 歲 | | 《小主播看天下 WOW！》 | |
| 2018 | 「107 年度下半年適齡兒童電視節目評選」7-12 歲 | | 《唐朝小栗子》 | |
| 2018 | 「107 年度下半年適齡兒童電視節目評選」7-12 歲 | | 《生活裡的科學》 | |
| 2018 | 「107 年度下半年適齡兒童電視節目評選」13 歲以上 | | 《熱青年》 | |
| 2018 | 「107 年度下半年適齡兒童電視節目評選」13 歲以上 | | 《青春愛讀書》 | |
| 2018 | 「107 年度下半年適齡兒童電視節目評選」13 歲以上 | | 《國民漢字須知》 | |
| 2018 | 「107 年度下半年適齡兒童電視節目評選」13 歲以上 | | 《圓夢心舞臺》 | |
| 2018 | 歐洲處女之泉電影節 VIRGIN SPRING CINEFEST | 【最佳配樂】&【最佳聲音設計】【Best Score】&【Best Sound Design】 | 《憨嘉 (The Silence of OM)》 | |

| 時間 | 獎項 | 獎別 | 內容 | 得獎人 |
|------|------|------|------|--------|
| 2018 | 義大利奧尼羅斯電影節 Oniros Film Awards | 【最佳聲音設計】&【最佳配樂】月冠軍【Best Score】&【Best Sound Design】 | 《憨嘉 (The Silence of OM)》 | |
| 2018 | (紐約)雅典評論電影大獎影展 | 【最佳聲音設計】【Best Sound Design】 | 《憨嘉 (The Silence of OM)》 | |
| 2018 | (英國)倫敦 Latitude Film Awards 月冠軍銅獎 | 【最佳電影原創配樂】 | 《憨嘉 (The Silence of OM)》 | |
| 2018 | (美國)景深國際電影影展 Depth Of Field International Film Festival | 入圍【最佳配樂設計】【Best Film Score】 | 《憨嘉 (The Silence of OM)》 | |
| 2018 | (美國)洛杉磯 BLASTOFF 最佳編劇 - 主題音樂以及原創電影影展 | 入圍決選 - 進入準決賽(前四強)【最佳聲音設計】【Best Sound Design】 | 《憨嘉 (The Silence of OM)》 | |
| 2018 | (美國)頂尖獨立電影節 Top Indie Film Award | 入圍【最佳音樂、最佳聲音設計】【Best Sound】【Best Music】 | 《憨嘉 (The Silence of OM)》 | |
| 2018 | 風兒國際影展 Wind International Film Festival | 入圍【最佳音樂編曲家、最佳配樂】【Best Music Composer】、【Best Scoring】 | 《憨嘉 (The Silence of OM)》 | |
| 2018 | 107 年國人自製兒童及少年優質節目五星獎 | | 《熱青年》 | |
| 2018 | 107 年國人自製兒童及少年優質節目五星獎 | | 《青春愛讀書》 | |
| 2018 | 107 年國人自製兒童及少年優質節目五星獎 | | 《圓夢心舞臺》 | |

| 時間 | 獎項 | 獎別 | 內容 | 得獎人 |
|---|---|---|---|---|
| 2018 | 107 年國人自製兒童及少年優質節目五星獎 | | 《小主播看天下 WOW！》 | |
| 2018 | 107 年國人自製兒童及少年優質節目五星獎 | | 《生活裡的科學》 | |
| 2018 | 107 年國人自製兒童及少年優質節目五星獎 | | 《在臺灣站起》 | |
| 2018 | 107 年國人自製兒童及少年優質節目五星獎 | | 《唐朝小栗子》 | |
| 2018 | 107 年國人自製兒童及少年優質節目五星獎 | | 《大愛劇場》〈長盤決勝〉 | |
| 2018 | 107 年國人自製兒童及少年優質節目五星獎 | | 《大愛劇場》〈曾經我們一起 12 歲〉 | |
| 2018 | 107 年國人自製兒童及少年優質節目五星獎 | | 《國民漢字須知》 | |
| 2018 | 107 年國人自製兒童及少年優質節目五星獎 | 入圍兒童發聲獎 | 《小主播看天下 WOW!》 | 馮秀齡 莊桂梅 |
| 2018 | 107 年國人自製兒童及少年優質節目五星獎 | 入圍企業特別獎中華電信 MOD 獎 | 《生活裡的科學》 | 探璐媒體整合有限公司 |
| 2018 | AAA 亞洲影藝創意大獎 | 入圍最佳紀錄片系列 | 《島嶼路》 | |

| 時間 | 獎項 | 獎別 | 內容 | 得獎人 |
|---|---|---|---|---|
| 2018 | AAA 亞洲影藝創意大獎 | 入圍最佳導演（非劇情類） | 《憨嘉》 | 李鼎 |
| 2018 | AAA 亞洲影藝創意大獎 | 入圍最佳單元劇/電視電影 | 《憨嘉》 | |
| 2018 | 53th 電視金鐘獎 | 入圍戲劇節目女主角獎 | 《大愛劇場》〈我綿一家人〉 | 嚴藝文 |
| 2018 | 53th 電視金鐘獎 | 入圍戲劇節目女配角獎 | 《大愛劇場》〈清風無痕〉 | 潘奕如 |
| 2018 | 53th 電視金鐘獎 | 入圍金鐘獎音效獎 | 《大愛劇場》〈戲人生〉 | 余政憲 |
| 2018 | 53th 電視金鐘獎 | 特別貢獻獎 | 《大愛劇場》〈戲人生〉 | 高振鵬 |
| 2018 | 8th 中國公益節映像獎 | | 〈愛‧ 無所不在 - 短片「等著你回來」〉 | |
| 2019 | 2019 臺灣扶輪公益新聞金輪獎 | 電視新聞媒體報導獎一般題材類 - 特優獎 | 《大愛新聞》〈留住一滴水〉 | 張淑兒 萬家宏 王以謙 林立一 |
| 2019 | 108 年社會光明面報導獎 | 平面新聞攝影類 - 佳作 | 《慈濟月刊》〈631 期點滴之愛 馳援東非〉 | 蕭耀華 |
| 2019 | 43th 金鼎獎 | 專題報導獎 | 〈羅興亞系列報導〉 | 楊智強 |

| 時間 | 獎項 | 獎別 | 內容 | 得獎人 |
|---|---|---|---|---|
| 2019 | 43th 金鼎獎 | 優良出版品推薦名單 - 雜誌類，人文藝術類 | | 《經典雜誌》 |
| 2019 | 2019 全球華文永續報導獎 | 最佳人氣獎 | 〈人樹之間〉 | |
| 2019 | 2019 全球華文永續報導獎 | 專業影片（長）優等獎 | 〈留住一滴水〉 | |
| 2019 | 54th 電視金鐘獎 | 戲劇節目男主角獎 | 《菜頭梗的滋味》 | 陳坤倉 |
| 2019 | 2019NCC 身障進用聘僱優良企業 | | 〈NCC 身障進用聘僱優良企業〉 | |
| 2019 | 108 年度國人自製兒童及少年優質節目五星獎 | | 《青春愛讀書》 | |
| 2019 | 108 年度國人自製兒童及少年優質節目五星獎 | | 《伯源哥哥的秘密屋》 | |
| 2019 | 108 年度國人自製兒童及少年優質節目五星獎 | | 《小主播看天下 WOW！》 | |
| 2019 | 108 年度國人自製兒童及少年優質節目五星獎 | | 《叩叩叩到你家》 | |
| 2019 | 108 年度國人自製兒童及少年優質節目五星獎 | | 《OH! 這就是美》 | |

| 時間 | 獎項 | 獎別 | 內容 | 得獎人 |
|---|---|---|---|---|
| 2019 | 2019 年吳舜文新聞獎 | 紀錄片獎 | 〈墙——歐洲難民啟示錄〉 | 趙德瑤 賴展文 余自成 林興來 |
| 2019 | 2019 無毒有愛系列活動 大愛無冕王 | | | 大愛電視 |
| 2019 | 108 年度消費者權益報導獎 | 電視新聞類 - 專題報導獎 - 特優獎 | 〈學保，保不保？〉 | 吳志怡 |
| 2019 | 108 年度臺灣醫療報導獎 | 新媒體類 - 佳作 | 〈不放棄的奇蹟 跑出自己人生路〉 | 廖唯晴 |
| 2019 | 108 年度臺灣醫療報導獎 | 廣電類 - 優勝 | 〈用生命迎接生命〉 | 劉又榕 |
| 2019 | 108 年度臺灣醫療報導獎 | 廣電類 - 佳作 | 〈超越仁醫仁術〉 | 陳明輝 |
| 2019 | 18th 卓越新聞獎 | 新聞攝影類 - 系列新聞攝影獎 | 〈獵徑、社路與海陸貿易網——臺灣路之初〉 | 金成財 |
| 2019 | 2019 花蓮微電影創作 | 銀獎 | 〈探している宮川圓夢〉 | 練志龍 黃琳惠 |
| 2019 | 2019 年度人權貢獻獎 | 新聞報導人權服務獎 | 〈愛的暴暴〉 | 許斐莉 余國維 萬家宏 |
| 2020 | 44th 金鼎獎 | 雜誌類 - 攝影獎 | 〈人樹之間系列〉 | 劉子正 |

| 時間 | 獎項 | 獎別 | 內容 | 得獎人 |
|---|---|---|---|---|
| 2020 | 44th 金鼎獎 | 優良出版品推薦名單 - 雜誌類 | | 《經典雜誌》 |
| 2020 | 55th 電視金鐘獎 | 入圍戲劇節目女配角獎 | 《大林學校》 | 朱繼屏（李璇） |
| 2020 | 55th 電視金鐘獎 | 入圍兒童少年節目獎 | 《青春愛讀書》 | 節目部 |
| 2020 | 55th 電視金鐘獎 | 入圍非戲劇類節目導演獎 | 〈那年盛夏的花火〉 | 林慧芬 李文鴻 |
| 2020 | 55th 電視金鐘獎 | 入圍兒童少年節目主持人獎 | 《青春愛讀書》 | 謝哲青 |
| 2020 | 55th 電視金鐘獎 | 入圍兒童少年節目主持人獎 | 《小主播看天下 WOW》 | 陳瑋薇 |
| 2020 | 15thSDA 首爾國際電視節 | 入圍最佳戲劇 Serial Drama | 《人生二十甲》 | |
| 2020 | 15thSDA 首爾國際電視節 | 最佳女主角 Best Actress | 《人生二十甲》 | 柯淑勤 |
| 2020 | 4th 全球華文永續報導獎 | 入圍專業組 - 平面類 | 《經典雜誌》〈「水啊」專題報導〉 | 陳世慧 黃世澤 安培淂 |
| 2020 | 4th 全球華文永續報導獎 | 專業組 - 影片類（長片）優等獎 | 《大愛新聞》〈救救腦危機——系列專題〉 | 張澤人 林鑫宏 郭繼宗 |

| 時間 | 獎項 | 獎別 | 內容 | 得獎人 |
|---|---|---|---|---|
| 2020 | 2020 教育部藝術教育貢獻獎 | 活動奉獻獎 | 明華園戲劇團 | 孫翠鳳女士 |
| 2020 | 2020AAA 亞洲影藝創意大獎 | 入圍最佳女主角 | 《舞出寂靜》 | 江宜蓉 |
| 2020 | 2020 日本賞 | 入圍終身學習類別 (Lifelong Learning Division) | 〈那年盛夏的花火 (Ting Yu)〉 | 林慧芬 李文鴻 |
| 2020 | 2020 花蓮微電影創作 | 社會組——佳作 | 〈跑者華凡〉 | 林思  黃兆輝 蘇國志 |
| 2020 | 46th 曾虛白先生新聞獎 | 入圍信義房屋社區營造與地方創生報導獎 | 《大愛全紀錄》〈故鄉啊請停止消失〉 | 卓嘉鴻 尤美心 |
| 2020 | 109 年臺灣醫療報導獎 | 新媒體 - 佳作 | 〈臉書 DR.I 健康 - 病毒 恐懼 愛〉 | 柴筱涓 |
| 2020 | 109 年臺灣醫療報導獎 | 廣電類 - 優勝 | 《大愛全紀錄》〈SENSEI 生命的那一道光〉 | 宋和祥 潘盛娟 |
| 2020 | 109 年吳舜文新聞獎 | 徵文活動入圍攝影類 - 新聞攝影獎 | 〈守住防疫陣線〉 | 洪崇豪 |
| 2020 | 34th 吳舜文新聞獎 | 入圍新聞攝影獎 | 《獅子山下自由行》 | 蕭耀華 |
| 2020 | 109 年度國人自製兒童及少年優質節目五星獎 | | 《熱青年》 | |

| 時間 | 獎項 | 獎別 | 內容 | 得獎人 |
|---|---|---|---|---|
| 2020 | 109 年度國人自製兒童及少年優質節目五星獎 | | 《青春愛讀書》 | |
| 2020 | 109 年度國人自製兒童及少年優質節目五星獎 | | 《伯源哥哥的祕密屋陪伴篇》 | |
| 2020 | 109 年度國人自製兒童及少年優質節目五星獎 | | 《小主播看天下 WOW！》 | |
| 2020 | 109 年度國人自製兒童及少年優質節目五星獎 | | 《ＴＲＹ科學》 | |
| 2020 | 109 年度國人自製兒童及少年優質節目五星獎 | | 《人文講堂》 | |
| 2020 | 19th 卓越新聞獎 | 入圍 電視及網路影音類 深度報導獎 | 〈用愛扭轉心障礙〉 | 張澤人 楊俊亭 |
| 2020 | 1th 僑見世界臺灣短片 | 社會組 | 〈我的寶島夢 - 香港移居〉 | 林國新 林文森 |
| 2020 | 1th 僑見世界臺灣短片 | 社會組 | 〈我的寶島夢臺灣女婿〉 | 鄭青青 謝啟泉 |
| 2020 | 1th 僑見世界臺灣短片 | 社會組 | 〈臺灣 - 印度 - 臺灣〉 | 趙德瑤 賴展文 |
| 2020 | 1th 僑見世界臺灣短片 | 社會組 | 〈星月下的愛〉 | 鄧志銘 楊景卉 |

# 慈濟人文志業—— 法音宣流 大愛清流

策劃執行／財團法人印證教育基金會、慈濟教育志業執行長辦公室
編　　著／慈濟傳播人文志業基金會
文字提供／楊憲宏、何建明、吳智美、胡毋意、謝元凱、李欣元、
　　　　　陳淑伶、歐君萍、顧文珊、陳世慧、安培淂、劉子正、
　　　　　黃世澤、潘美玲、黃子珊、林慧芬、吳思達、蕭耀華、
　　　　　賴展文、李佩玲（依章節序）
責任編輯／何建明、吳智美、胡毋意
圖片提供／慈濟花蓮本會、佛教慈濟基金會文史處圖像資料組


發 行 人／王端正
總 編 輯／王志宏
叢書主編／蔡文村
叢書編輯／何祺婷
美術指導／邱宇陞
內頁排版／極翔企業有限公司
出 版 者／經典雜誌
　　　　　財團法人慈濟傳播人文志業基金會
地　　址／台北市北投區立德路二號
電　　話／（02）2898-9991
劃撥帳號／19924552
戶　　名／經典雜誌
製版印刷／禹利電子分色有限公司
經 銷 商／聯合發行股份有限公司
地　　址／新北市新店區寶橋路 235 巷 6 弄 6 號 2 樓
電　　話／（02）2917-8022
出版日期／2021 年 4 月初版
定　　價／新台幣 350 元

國家圖書館出版品預行編目 (CIP) 資料

慈濟人文志業——法音宣流 大愛清流 = Tzu Chi mission of humanity /
慈濟傳播人文志業基金會編著 . -- 初版 . -- 臺北市：經典雜誌，財團法
人慈濟傳播人文志業基金會，2021.04
384 面；15*21 公分
ISBN 978-986-06341-1-2（精裝）
1. 佛教慈濟慈善事業基金會 2. 財團法人慈濟傳播人文志業基金會 3. 大
愛電視 4. 大愛廣播 5. 慈濟月刊 6. 經典雜誌 7. 人文真善美志工
548.126　　　　　　　　　　　　　　　　　　　　110004281